RICHMOND
CALIFORNIA, 94804
PUBLIC
LIBRARY

D0889127

Cocine a gusto

Cocine a gusto

BERTA CABANILLAS, B.S., M.A.

CARMEN GINORIO, B.S., M.A.

Catedráticas Auxiliares
Departamento de Economía Doméstica
Universidad de Puerto Rico

CARMEN QUIRÓS DE MERCADO, B.S., M.A.

Instructora Departamento de Economía Doméstica

•

DECIMOQUINTA EDICIÓN REVISADA Y AUMENTADA

LA EDITORIAL
UNIVERSIDAD DE PUERTO RICO

LA EDITORIAL
UNIVERSIDAD DE PUERTO RICO

Todos los derechos reservados bajo International and Pan-American Copyright
Conventions. Publicado y distribuido por La Editorial, Universidad de Puerto Rico.
Apartado 23322
San Juan, Puerto Rico 00931-3322
www.laeditorialupr.com

Ediciones de las autoras, 1950-1970
Ediciones de La Editorial, Universidad de Puerto Rico:
Undécima edición, 1972
Duodécima edición, 1974
Decimotercera edición, 1976
Decimocuarta edición, 1980
Decimoquinta edición, 1983

© Berta Cabanillas, Carmen Ginorio de Mercado y sus herederos, 1950, 1951
© Berta Cabanillas, Carmen Ginorio, 1952, 1954
© Editorial Universitaria, 1972

ISBN 0-8477-2775-0 LC A.-71-234

Revisión y corrección: Alba Guzmán / La Editorial
Diseño de portada, diagramación y producción fotográfica : Rosalía Ortiz Luquis
Fotografía: Willy Berríos / Leslie Colombani
Confección y presentación de recetas: Profesora Wanda Pantojas y estudiantes de la
Escuela de Administración de Hoteles y Restaurantes, Universidad de Puerto Rico,
Recinto de Carolina

Impreso en Colombia / Printed in Colombia
Impreso por Cargraphics S.A.

Prohibida la reproducción parcial o total de este libro, por cualquier medio, sin previo
consentimiento escrito de La Editorial.

*En memoria de nuestra querida
compañera y colaboradora
Carmen Quirós de Mercado*

Contenido

ÍNDICE DE TABLAS

Nota a la presente edición

Publicado a partir de 1950 en sucesivas ediciones de las autoras, *Cocine a gusto* pasó en 1972 a formar parte de las publicaciones de la entonces conocida como Editorial Universitaria. Así, como corresponde a su misión, esta casa editora acogía una obra de investigación realizada por tres profesoras, Berta Cabanillas, Carmen Ginorio y Carmen Quirós de Mercado, y añadía a su fondo un título que cumplía múltiples propósitos: documentar y divulgar el recetario de la cocina puertorriqueña, servir de apoyo a la docencia en programas universitarios, y ser de utilidad para el público general.

Muchas cosas han cambiado en los casi sesenta años que han pasado: se han dado importantes transformaciones sociales, han cambiado nuestros hábitos alimenticios, ha habido nuevas influencias en nuestra gastronomía, hay nuevas tecnologías y utensilios disponibles para los aficionados a la cocina. Sin embargo, *Cocine a gusto* sigue teniendo gran demanda popular por la sencillez y claridad de sus procedimientos; o por la presentación de ingredientes, platillos o procedimientos en cierto desuso que muchos buscan redescubrir. Igualmente, sigue siendo libro de consulta y enseñanza en los programas de formación de profesionales de los sectores de la gastronomía y la hospedería.

El público de este campo ha crecido con el floreciente interés general en la gastronomía, del que son evidencia la proliferación de programas de estudio, el aumento de las publicaciones dedicadas a la cocina de todas las tradiciones, y las numerosas ofertas televisivas –que van desde el tradicional programa de cocina al *reality show*, pasando por los viajes de aventuras gastronómicas. También ha marcado este crecimiento, la flexibilización, aunque no ruptura, con rígidos roles tradicionales de género que, por un lado, en la casa, confinaban a la mujer a la cocina, y por otro, vedaban este espacio a los hombres. En el mundo del trabajo, en tendencia contraria y contradictoria, la cocina parecía ser un reino principalmente masculino. Aunque muchas son las excepciones, tanto ahora como antes, se puede decir que hoy la cocina es un espacio personal más abierto para la experimentación, la creación, la diversión y para preparar y compartir un platillo preparado a gusto, es decir, de forma placentera. En el sector profesional, es también más mixto el número de mujeres y hombres que aspiran a carreras de chefs y propietarios de restaurantes, muchos de los y las cuales adaptan la cocina tradicional del Caribe a nuevas tendencias culinarias. Para todas y todos, *Cocine a gusto* sigue representando una interesante fuente de conocimiento e inspiración.

Por eso hoy, más de dieciséis ediciones y varias reimpresiones después, La Editorial presenta al público, una vez más, el texto original de las autoras, manteniendo inalteradas sus recetas y sus explicaciones y consejos, de igual interés para los investigadores, para los aficionados a la gastronomía y para los que recién se inician en el arte culinario. *Cocine a gusto* se ofrece esta vez en una edición de fácil consulta, más atractiva y moderna, más a tono con las tendencias actuales, renovando la invitación de las autoras a disfrutar del placer de aprender en el laboratorio de la cocina.

Los editores
17 de julio de 2009

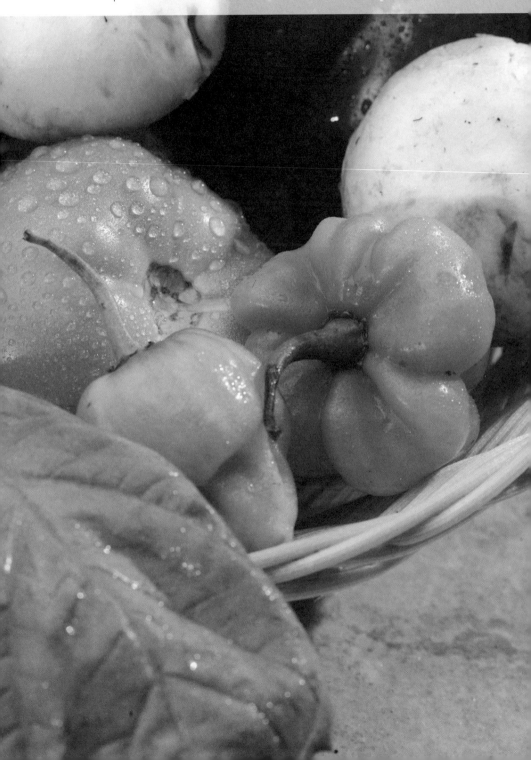

INTRODUCCIÓN

La idea de escribir este libro surgió hace muchos años, cuando decidimos revisar y reorganizar, para su publicación, las recetas que guardábamos en nuestros archivos. Comenzamos a trabajar con entusiasmo y voluntad. Entrábamos en un terreno virgen y fértil, pero que requería verdadera dedicación y perseverancia para recoger el fruto de nuestros empeños. Por causas ajenas a nuestra voluntad, la labor fue interrumpida varias veces por largos periodos de tiempo. Cuando ya el material estaba compilado, la vida de nuestra colaboradora, la señora Carmen Quirós de Mercado, fue tronchada prematuramente. La labor de revisión y edición continuó lenta; pero empeñadas en terminarla hemos podido al fin ofrecer este trabajo a la consideración de los lectores.

El interés mostrado por las amas de casa puertorriqueñas en las recetas que ofrecíamos en los artículos que publicábamos en periódicos y revistas del país, así como las cartas y consejos de nuestras compañeras y amigas, han sido un gran estímulo que nos ha ayudado en la realización del trabajo.

En Puerto Rico se han publicado muy pocos libros en español sobre esta materia; tampoco hay literatura que podamos repasar para orientarnos. Conocemos solamente el *Cocinero Puertorriqueño* publicado en 1859.

Un repaso de nuestra historia nos ha proporcionado valiosos datos acerca del origen y desarrollo de nuestra cocina. Vemos a través de esta época la formación de nuestros hábitos alimenticios y la adopción de platos de origen indígena, de los que trajeron los conquistadores de la madre patria y de otros típicos hechos con los frutos de esta tierra. También hemos incorporado a nuestra cocina aquellos platos que nos han traído personas de otros países que han convivido con nosotros. Por la brevedad de esta introducción no podemos extendernos acerca de las distintas influencias que han moldeado nuestros gustos, pero si debemos apuntar que la producción agrícola ha sido el factor más importante en el desarrollo de nuestra cocina.

Además de las recetas nuestras, hemos obtenido otras de varias personas, en forma verbal o escrita, a veces incompleta o vaga en su expresión. Estas recetas las hemos enmendado y después de varias experimentaciones las hemos escrito. Solamente hemos considerado aquellas recetas de mayor arraigo popular, que luego han sido revisadas y clasificadas cuidadosamente.

Un sentimiento patriótico nos inspira a publicar este libro: darle forma permanente a las recetas que han ido pasando de boca en boca a través de generaciones, para ayudar a la consagración de la cocina regional y ofrecer a nuestro pueblo una obra en el vernáculo. No pretendemos presentar una obra perfecta; sabemos que ha de adolecer de defectos, pero abrigamos la esperanza de estimular a otros a continuar la labor que hemos comenzado.

Deseamos expresar nuestro reconocimiento a todas aquellas personas, y han sido muchas, que con el calor de su entusiasmo, sus valiosas sugestiones y la lectura del manuscrito han contribuido a la publicación de este libro. Nuestro agradecimiento para todas, especialmente a la doctora Lydia J. Roberts, por su estímulo y sabia orientación, a las señoras Julia C. de Braschi, Carmen Ruiz de Arrillaga, Engracia C. de Ponce, Patria T. de Ramírez, a las señoritas Obdulia Rivera, Carmen Gómez Tejera y al doctor Rubén del Rosario, por sus juiciosas indicaciones. Con todos hemos contraído una deuda de gratitud.

Berta Cabanillas
Carmen Ginorio

Universidad de Puerto Rico
Agosto, 1950

Capítulo I

CONSIDERACIONES GENERALES

El laboratorio del hogar

La cocina es el laboratorio del hogar donde se preparan los alimentos para la familia. Como en todo laboratorio, el orden es indispensable. El principio de "un sitio para cada cosa y cada cosa en su sitio" facilitará el trabajo que en ella se haga. El orden en el arreglo y distribución apropiada del espacio disponible redundará en una notable economía de tiempo y energía, bien para el ama de casa o para la cocinera.

En la cocina, más que en ningún otro sitio de la casa, debe prevalecer la más absoluta limpieza como garantía para la salud, ya que en una cocina limpia no es fácil el desarrollo de cucarachas, ratones y otras sabandijas domésticas que dañen los alimentos. Los muebles deben ser de materiales fáciles de limpiar, de diseños sencillos sin rincones oscuros e inaccesibles, que puedan servir de escondrijo para las cucarachas. Una cocina limpia y ordenada debe ser el orgullo de toda dueña de casa.

Organización del trabajo

Antes de comenzar cualquier tarea, es conveniente organizar por anticipado el trabajo, esto es, planear lo que se va a hacer y habilitar lo que se necesita. Todos los comestibles y utensilios necesarios se reúnen en la mesa de trabajo, y así tener todo disponible en vez de dar innumerables vueltas por la cocina cada vez que se necesita algo. Si van a seguirse las instrucciones de un libro, éste debe ponerse en la mesa, en sitio visible. Los moldes pueden engrasarse antes de empezar a preparar cualquier plato que va al horno, y el horno debe prenderse, de modo que esté caliente cuando se necesite. Si en vez de un plato solo, el ama de casa tiene que preparar una comida completa, deberá poner mayor cuidado aún en la organización, y calcular el tiempo que necesita para la preparación de cada plato y el tiempo que tardará en cocerse. Es natural que prepare primero los que mayor tiempo requieren para su cocción, o aquellos que se pueden guardar en la nevera, como las ensaladas y los postres, hasta el tiempo de servirse.

Cómo medir

Para tener éxito en la confección de cualquier plato, es indispensable medir con exactitud los comestibles que se necesitan para su preparación. Hay personas que confían demasiado en los cálculos que hacen a mera vista, pero esto, además de inexacto, es arriesgado, ya que la más experta puede equivocarse resultando todo en perdida y fracaso. Toda persona necesita usar alguna medida que le facilite el trabajo y le asegure el éxito.

Los ingredientes para una receta pueden calcularse bien pesándolos o midiéndolos. No todas las personas tienen en su casa balanzas apropiadas, y como el uso de las mismas constituye una tarea enojosa que consume mucho tiempo, se ha generalizado el uso de medidas exactas más fáciles de adquirir.

La taza que se usa para medir ha sido adoptada por el Negociado de Pesas y Medidas de los Estados Unidos. Tiene una capacidad de 8 onzas fluidas, o sea, media pinta. La taza equivale a la cuarta parte de un cuartillo[1] (quart) y se usa para medir comestibles secos o líquidos indistintamente. Está dividida en tercios y cuartos debidamente señalados en los lados opuestos. Al usar la taza de medir, debe observarse bien dónde están las líneas indicadoras, pues hay algunas que marcan la taza completa más abajo del borde. También hay juegos de cuatro medidas individuales de un tercio, un cuarto, una mitad y una taza completa. Se encuentran en distintos materiales: vidrio, aluminio y material plástico, una pasta fuerte y de pulcra apariencia.

La cuchara que se emplea para medir es también una medida exacta, y su capacidad constituye una dieciseisava parte de la taza. Las cucharas de medir se encuentran en juegos de cuatro: cuchara grande, cucharilla o cucharita, media y cuarto de cucharita. Éstas son generalmente de aluminio o pasta en colores, sujetas por un aro. Tanto la taza como las cucharas de medir deben conservarse libres de abolladuras, y las orillas deben estar perfectas, pues en tazas y cucharas abolladas no pueden medirse los ingredientes con exactitud.

Otros utensilios indispensables para medir son: una espátula, un cernidor y algunas escudillas; es conveniente tener más de una taza de medir y preferiblemente una de vidrio para medir los líquidos.

Para medir ingredientes secos. La harina debe cernirse antes de medirla. Nunca debe moverse la taza para acomodar la harina u otro ingrediente seco. Los terrones que tengan el azúcar, maicena, etc. deben desbaratarse antes de medir. La azúcar mascabada o "trigueña", por ser un poco húmeda y de granos más grandes, sí debe medirse acomodándola para lograr la medida más exacta. La taza o cuchara se llena hasta el borde y luego se nivela pasando la espátula de filo.

Para medir líquidos. La taza se coloca sobre una superficie plana y se llena hasta el borde o hasta la línea que marca la taza, los tercios y cuartos. La cuchara se sumerge dentro del líquido y se llena.

Para medir grasas. La grasa puede medirse o pesarse. Media libra de grasa es igual a una taza, o sea, ocho onzas. Para medir un tercio de taza de grasa, se echa agua hasta dos terceras partes de la taza; se le echa la manteca, hasta que el agua llegue al borde de la taza. Igualmente si se desea medir un cuarto, se echa tres cuartas partes de agua. Para medir grasa por cucharadas, se llena y luego se nivela, pasando el filo de la espátula sobre la orilla de la cuchara.

---

[1] En Puerto Rico se usa el cuartillo aunque se le llama litro por costumbre o tradición.

Cómo combinar los comestibles

Cuando preparamos algún plato usamos distintos movimientos que ayudan a que los ingredientes se mezclen bien. Al revolver hacemos un movimiento circular con la cuchara, mientras el círculo se va ensanchando y se van uniendo los ingredientes secos y líquidos. Al batir, ya sea con un tenedor o un batidor, se incorpora aire dentro de la clara o cualquier otro alimento. Cuando deseamos incorporar la clara, que ha sido batida a punto de merengue, con otros comestibles (por ejemplo, el batido para un bizcocho), se hace con una cuchara de madera, introduciéndola de lado y revolviendo para distribuir bien la clara.

Métodos de cocinar

Los alimentos se cuecen por medio de calor aplicado en forma directa o indirecta. Cuando se cocinan por medio del vapor o agua, el calor es indirecto y si se asa carne en el horno o sobre las brasas, el calor es directo. Al preparar los alimentos para la mesa, seguimos distintos procedimientos o métodos según el medio que se emplea, y el equipo que usamos. Los modos más conocidos son los siguientes:

Hervir	Cocer en agua hirviendo añadiendo sal y salcochar.
Guisar	Aderezar los alimentos y rehogarlos en un sofrito con tomates, cebollas, pimiento, jamón, tocino o cualquier otro condimento, en manteca o aceite. Luego se les añade agua y se cuecen en esta salsa, a fuego lento.
Freír	Cocer los alimentos en manteca u otra grasa hirviendo.
Asar	Asar sobre fuego vivo directamente sobre las ascuas.
A la parrilla	Colocar la parrilla sobre el fuego.
A la sartén	Untar la sartén con un poco de grasa y calentarla bien.
Al horno	Cocer los alimentos por la acción directa del aire caliente.
Al vapor	Cocer los alimentos en una vasija colocada dentro de otra que contiene agua hirviendo, por ejemplo el baño de María.
	Por medio del vapor directo, por ejemplo la olla perforada que contiene el alimento y que se coloca sobre otra que contiene el agua hirviendo.
Al vacío	Cocer los alimentos al vapor en una vasija tapada, donde no penetra el aire y se produce el vacío, obteniéndose temperaturas desde 228°F hasta 274°F.

Uso correcto del horno

El horno es una de las piezas de equipo más útiles en la cocina moderna. Cada día se utiliza más el horno para cocer no solamente bizcochos y galletitas, sino también una comida completa, desde el plato principal hasta el postre. Es necesario conocer bien y saber usar el horno. Éste debe tener un termómetro para regular la temperatura a que deben cocerse los distintos alimentos.

Los hornos de las estufas eléctricas y de gas están provistos de termómetros para regular la temperatura. Muchos de estos termómetros son automáticos, tienen una luz que se apaga cuando el calor llega a la temperatura indicada y vuelve a prender si está baja. Hay también unos termómetros con una base, que se colocan dentro del horno para marcar la temperatura. Si no hay termómetro se prueba el calor del horno en la siguiente forma: se espolvorea un poco de harina en un molde llano y se coloca en el horno. La harina toma un color atabacado más o menos oscuro en cinco minutos de acuerdo con el calor del horno.

Color	Tiempo	Temperatura aproximada
Atabacado claro	5 min.	250°F a 350°F
Atabacado mediano	5 min.	350°F a 400°F
Atabacado oscuro	5 min.	400°F a 450°F
Atabacado muy oscuro	3 min.	450°F a 500°F

Como hemos dicho, los alimentos se cuecen en el horno por la acción del aire caliente que circula dentro de éste. Los moldes deben colocarse en tal forma que no interrumpan esta corriente de aire para que la distribución del calor sea uniforme. Por ejemplo: si se colocan dos moldes en cada parrilla del horno, éstos deben colocarse en forma alterna, o sea, en forma de X. Siempre debe dejarse una distancia como de una pulgada entre cada molde, y entre el molde y las paredes del horno. Nunca deben ponerse demasiados moldes que ocupen toda la parrilla.

Si se usa un solo molde, éste debe ponerse en el centro de la parrilla.

Todos los alimentos se colocan primero en la parrilla inferior. Se pasan a la parrilla superior cuando les falta muy poco, o para dorarlos.

Cuando distintos alimentos requieren la misma temperatura, pueden cocerse al mismo tiempo. Se economiza combustible y se aprovecha mejor el espacio en el horno.

Nunca deben dejarse los alimentos después de cocidos en el horno, porque se resecan.

No debe abrirse la puerta del horno más de lo necesario, porque se sale el aire caliente y esto baja la temperatura, corriendo el riesgo de que se pueda dañar el bizcocho. Se gasta más combustible y se tarda más en cocer.

Utensilios de cocina

La preparación de los alimentos para la familia es una faena constante y requiere muchas horas de trabajo. Para que esta labor resulte placentera y se haga con rapidez, es necesario tener los utensilios indispensables que faciliten las distintas tareas. Así como en una fábrica son indispensables las máquinas y herramientas para producir diversos artículos, también en la cocina se necesitan utensilios para convertir la materia prima, que son los alimentos, en los distintos platos, atractivos y bien condimentados, para el deleite de la familia.

Los utensilios de cocina, de acuerdo con el uso a que se destinan, pueden clasificarse en tres grupos: utensilios para cocer directamente al fuego como ollas y calderos; para cocer al horno como los moldes, cuchillos y utensilios misceláneos. El fondo de las ollas y calderos debe ser plano y más o menos del tamaño de la hornilla, pero no demasiado grande. Las vasijas con el fondo plano reciben todo el calor, y el alimento se cuece más ligero. La olla es la vasija alta y estrecha, de aluminio o hierro esmaltado con dos asas y tapa, que se usa generalmente para cocer la sopa y las habichuelas. El caldero es de hierro, con dos asas y fondo redondo, y se usa para hacer el arroz y otros platos. Hacemos esta aclaración, pues en distintos pueblos, se llama caldero[2] a la olla y olla al caldero.

Los moldes se consiguen en aluminio y hojalata; hay también algunos moldes de vidrio refractario para cocer al horno, flan, pasteles dulces, budín y otros platos.

El cuchillo es uno de los utensilios más indispensable en una cocina, el cual se usa constantemente. Hay infinidad de cuchillos para distintos usos, pero los que se consideran más necesarios son: el cuchillo para uso general, que llaman de cocina, pero que en inglés se conoce como cuchillo de carnicero (butcher's knife), el cuchillo para mondar y el cuchillo para cortar pan, que es dentado. Estos cuchillos deben tener buen filo, y es preferible por esta razón, comprarlos de acero corriente, pues los de acero inoxidable, aunque de buena apariencia, no tienen buen filo.

Hay utensilios misceláneos, que son esenciales en la cocina para el trabajo preliminar de medir, rallar, batir, cernir, moler, colar, etc. Estos utensilios, además, ayudan al ama de casa en su trabajo y con su uso se economiza tiempo. A continuación damos algunos de los más necesarios:

Pilón o mortero
Tabla para picar

---

[2]. *El nombre correcto es caldera por lo parecido de esta vasija a una caldera, pero el uso ha consagrado el nombre de caldero.*

Máquina de moler
Cernidores-harina
Colador-sopa, jugos
Greca o colador
Espátula
Cuchara de madera
Batidor
Cuchara de cocina
Sacacorchos
Tenedor de freír
Cucharones
Abrelatas
Espumaderas
Punzón de hielo
Escudillas
Tazas de medir
Cucharas de medir
Rallos (guayos)

Selección de utensilios de cocina

Los utensilios se fabrican de distintos materiales: hierro, hojalata, acero, acero o hierro esmaltado, aluminio y vidrio refractario. Todos estos materiales tienen cualidades ventajosas y otras menos aceptables. La selección del material depende, desde luego, del gusto y de la cantidad de dinero de que se dispone.

Al comprar utensilios de cocina es conveniente observar los siguientes detalles: el material de que están hechos; cómo están terminadas las orillas y la unión o soldadura del metal; la forma del fondo y la inclinación de los lados; el material de que está hecho el mango y las asas y cómo están unidas a la pieza; si tiene diseño o detalles innecesarios que hacen difícil la limpieza y el cuidado del utensilio.

Cuidado de los utensilios

Los utensilios de cocina, por el uso constante que se les da, se deterioran más rápidamente que cualquier otro equipo de la casa. El aluminio es liviano, pero es un metal blando, que se gasta si se limpia con polvos raspantes[3] y se abolla al caerse al suelo. Los utensilios esmaltados son fáciles de limpiar, pero al menor golpe la capa de esmalte se salta o se desprende, dejando al descubierto

---

[3.] *Polvos comerciales de limpiar, finos como arenilla que raspan la superficie.*

el metal en lunares o manchas oscuras. Cuando el fondo de una olla esmaltada se cuartea o el esmalte se ha saltado, el calor no se distribuye uniformemente, y los alimentos se pegan al fondo o se ahúman. La hojalata requiere mucho cuidado, pues consiste de una lámina fina de hierro o acero cubierta por una capa protectora de estaño puro. Si estos utensilios se limpian con polvos, se gasta el estaño, queda expuesto el hierro y enmohecen rápidamente. Los calderos y utensilios de hojalata deben secarse bien antes de guardarlos o cubrirlos con grasa para evitar que se enmohezcan.

Al sacar los utensilios de loza o vidrio refractario del horno no deben colocarse sobre una superficie fría, como el fregadero, porque la diferencia en temperatura hace que el vidrio o loza se cuartee o se parta. Por la misma razón, cuando se saca un molde de vidrio de la nevera, no debe colocarse cerca de la hornilla ni sobre una superficie caliente.

Capítulo II
TÉRMINOS CULINARIOS Y DEFINICIONES

Aderezar.	Componer, adornar, condimentar o sazonar los manjares.
Adobo.	Aderezo hecho de sal, pimienta, cebolla, ajo y ají dulce para sazonar la carne y otros alimentos.
Asar.	Hacer comestible cualquier alimento por la acción directa del fuego, asar a la parrilla o por la acción del aire caliente, como cocer en horno.
Azucarar.	Nombre que se da al sirop cuando se cristaliza.
Azúcar mascabado.	Azúcar trigueña, sin refinar.
Asopao.	Plato preparado con arroz con ave y varios condimentos; queda de consistencia blanda por el caldo que se le añade. Se aadereza con guisantes, pimientos morrones y queso parmesano rallado. También se hace con mariscos, granos y otros alimentos.
Barquillo (waffle).	Torta compuesta de harina, huevos, leche, etcétera, frita en un aparato eléctrico. Se sirve con almíbar, melao, jalea, etc.
Batido.	Mezcla de harina, un líquido y otros ingredientes de consistencia semilíquida.
Bollo.	Hogaza de pan; carne cocida al horno o frita en forma de hogaza.
Café tinta.	Extracto de café para preparar café con leche.
Café negro.	Café que se sirve sin leche.
Coca.	Masa de harina de figura redonda, rellena con carne, pescado u otro alimento cocido al horno; alimento típico de la cuaresma.
Cocer.	Hacer que un alimento crudo sea comestible, por medio de la aplicación del calor.
Cocinar.	Guisar, aderezar los alimentos.
Compota.	Dulce de fruta cocida en agua y azúcar (dulce en almíbar).
Conserva.	Fruta hervida en agua con azúcar o melao hasta el punto necesario para que esté cocida y se conserve.
Consomé.	Consumado. Caldo claro.
Crema.	Postre hecho de maicena, huevos, leche y azúcar.
Cuadritos.	Viandas o frutas cortadas en pedazos cuadrados pequeños.

Cuajar.	Cuando un líquido se cuece y espesa. Cualquier líquido que adquiere consistencia sólida.
Cuartillo.	Medida de capacidad para líquidos; el cuartillo americano es de 57.75 pulgadas cúbicas.
Chicharrón.	El residuo tostado que queda después de freír la capa (empella) para derretir la manteca.
Dorar.	Tomar color dorado, "dorarse las papas".
Escabeche.	Salsa o adobo con vino o vinagre, hojas de laurel y otros ingredientes, para conservar y hacer sabrosos los pescados y otros manjares.
Escalfar.	Cocer, en agua hirviendo o en caldo, los huevos sin el cascarón.
Empanar.	Encerrar un alimento en masa o migas de pan para freírlo o cocerlo en el horno.
Empanadilla (pastelillo).	Pastel pequeño de forma de media luna; se hace doblando un circulo de pasta sobre sí mismo para cubrir el relleno de carne, queso u otro alimento.
Entremés.	Encurtidos, aceitunas, emparedados pequeños, lonjas finas de jamón, embutidos, queso y otros alimentos que se ponen en la mesa para comer mientras se sirven los platos; también se sirven con las bebidas.
Espolvorear.	Esparcir sobre una cosa, otra hecha polvo.
Estofado.	Guiso en el que se condimenta un manjar con aceite, vino o vinagre, especialmente cebolla y especias, puesto todo en crudo y bien tapado.
Fricasé.	Guisado de la cocina francesa, cuya salsa se bate con huevos.
Funche.	Comida compuesta de harina de maíz cocida con agua y sal, la cual se puede aderezar con leche, azúcar, miel u otro alimento.
Galón.	Medida de capacidad para líquidos; el galón americano es de 231 pulgadas cúbicas.
Gazpacho.	Genero de sopa fría que se hace regularmente con pedazos de pan y con aceite, vinagre, sal, ajo, cebolla y otros alimentos.
Guisar.	Preparar los alimentos haciéndolos cocer, después de rehogados, en una salsa compuesta de grasa, agua o caldo, cebolla y otros condimentos.

Helado (sorbete). Jugo o pulpa de frutas en agua o leche sazonada con azúcar, con vainilla u otra esencia, el cual se cuaja en una sorbetera o garrafa para darle consistencia sólida.

Horchata. Bebida que se hace de almendras, ajonjolí, chufas, avellanas, todo machacado y exprimido con agua y sazonado con azúcar.

Hortaliza. Verduras y demás plantas comestibles que se cultivan en las huertas.

Jalea. Conserva transparente, hecha de algunas frutas, con azúcar y el agua en que se hirvió la fruta. Puede hacerse solamente con las frutas que contienen pectina.

Jardinera. Verduras y hortalizas cortadas en cuadritos y cocidas.

Legumbre. Todo género de fruta o semilla que se cría en vainas; habichuelas, gandules, tamarindo.

Litro. Medida de capacidad del sistema métrico decimal para líquidos, contiene 61.025 pulgadas cúbicas y equivale a 1.06 cuartillos americanos.

Majarete. Crema hecha de harina de arroz con leche de vaca, azúcar y agua de azahar u hojas de naranjas agrias.

Mantecado. Helado compuesto de leche, huevos, azúcar, vainilla u otra esencia.

Mazamorra o Mundo nuevo. Comida hecha de maíz sarrazo rallado, con leche y azúcar, cocido y que endurece al enfriarse.

Merengue. Dulce hecho con clara de huevo y azúcar y cocido al horno. Clara de huevo batida bien dura con azúcar.

Mermelada. Conserva hecha de la pulpa y cáscara de la china, toronja y otras frutas con azúcar y de consistencia semiblanda.

Migas. Pan desmenuzado.

Mofongo. Plátano verde, frito y molido con chicharrón, sal y un poco de ajo.

Morcilla. Embutido que se confecciona rellenando la tripa gorda del cerdo con sangre condimentada con sal y pimienta y a veces con azúcar.

Orejones. Melocotón, peras, albaricoques secos.

Panqueque.	Torta hecha de harina, huevos, leche, azúcar y polvo de hornear que se sirve con sirop para el desayuno.
Partir.	Dividir una cosa en dos o más partes.
Pastel dulce (*Pie*).	Corteza hecha de una masa, en forma de torta, relleno con crema o frutas, cocido al horno y cubierto con merengue o listas de masa.
Pastel de masa.	Masa hecha de plátano, yautía o guineo rallado, rellena con un picadillo de carne, se envuelve en hoja de plátano y se hierve.
Pastel de arroz.	Se confecciona con arroz en lugar de masa de plátano.
Pepitoria.	Guiso hecho con aves, cuya salsa se espesa con yemas de huevos.
Picadillo (relleno).	Carne picada o molida a máquina, con cebolla, pimiento, tomate, jamón y otros condimentos y cocida ligeramente para rellenos, pasteles y pastelones.
Picar.	Cortar o dividir en trozos muy menudos.
Piñón.	Especie de torta compuesta de rebanadas de plátanos maduros, habichuelas tiernas, y picadillo de carne, bañado con huevo batido y cocido en sartén o al horno.
Pizca.	Porción mínima o muy pequeña de una cosa.
Ponche.	Bebida hecha con jugos de frutas, azúcar, un poco de agua con hielo. Bebidas espiritosas con jugo de limón y azúcar. Leche caliente o fría con yema de huevo y esencia de vainilla.
Rallar.	Desmenuzar una cosa estregándola contra el rallo (guayo).
Ralladura.	Lo que se quita de la superficie rallándolo.
Rebozar.	Bañar una vianda en huevo batido, harina, polvo de pan o galletas.
Recao.	Conjunto de hojas de plantas herbáceas como perejil, cilantro, ají dulce, tomate y pimiento que se usa como condimento.
Remojar.	Empapar en agua o poner en remojo una cosa.
Rueda.	Tajada circular de ciertas frutas, carnes o pescados.
Salcochar.	Cocinar los alimentos sólo con agua y sal.
Sancocho.	Plato hecho con caldo y compuesto de carne, plátano, yautía, ñame y otras viandas.

Sangría.	Bebida refrescante que se hace mezclando agua con vino, azúcar y limón.
Sarrazo.	Maíz que empieza a madurar.
Sirop (almíbar).	Azúcar disuelta en agua y hervida hasta que toma una consistencia espesa.
Sofreír.	Freír un poco o ligeramente una cosa.
Suflé (souffle).	Plato de la cocina francesa hecho a base de huevos.
Tira.	Pedazo largo, angosto y delgado de pasta o cualquier otro alimento.
Torreja (torrija).	Rebanada de pan empapada con leche o vino, envuelta en huevo batido y frita. Se sirve con almíbar, melao o miel.
Trufar.	Rellenar con trufas las aves, embutidos y otros manjares.
Vianda.	Nombre que se da a los tubérculos en distintas regiones de Puerto Rico.
Verdura.	Nombre que se da al recao en algunas regiones de nuestra isla.

Capítulo III

TABLAS DE EQUIVALENCIAS DE PESOS Y MEDIDAS

Las tablas de equivalencias que aparecen a continuación facilitarán la tarea de hacer cálculos y estimar el costo de cualquier receta.

En Puerto Rico, usamos la libra como medida de capacidad para áridos y el cuartillo americano (quart) para medir líquidos. El cuartillo es menor que el litro que se usa en otros países. La tabla número I ayudará a hacer cualquier cálculo en libras, gramos, litros o cuartillos.

TABLA I

60 gotas	1 cucharadita	cdta
3 cdtas	1 cucharada	cda
16 cdas	1 taza	t
2 t	1 pinta	pta
2 ptas	1 cuartillo	ctllo
1 ctllo	976 gramos	gms
4 ctllos	1 galón	gal
1 gal	3,904 gms	
1 litro	1,000 gms	
1 litro	1.06 cuartillo	
1 onza	28.4 gramos	
16 onzas	1 libra	lb
1 lb	454 gms	
1 kilo	2 lbs 2 ⅔ onza	k

Las tablas número II y III dan una idea del número de cucharaditas en una onza y el peso de una taza de varios alimentos. Esto ayudará a hacer los cálculos para comprar la cantidad necesaria, saber el costo de una receta y determinar el costo de cualquier menú.

TABLA II

NÚMERO DE CUCHARADITAS EN 1 ONZA DE ESPECIAS Y VARIOS ALIMENTOS

ALIMENTO	CUCHARADITAS
Azúcar	6
Aceite	7½
Canela en polvo	14
Clavos de especia en polvo	12
Gelatina	12
Harina de trigo	12
Jengibre en polvo	15
Limón-jugo	6
Maicena	9
Mantequilla	6
Mayonesa	6
Mostaza en polvo	14
Nuez moscada en polvo	11
Pimienta en polvo	11
Polvo de hornear	8
Sal	6
Soda	2½
Vainilla-esencia	8

TABLA III

PESO APROXIMADO DE 1 TAZA DE VARIOS ALIMENTOS

ALIMENTO	ONZAS
Aceite	7½
Ajonjolí	5
Avena	3⅛
Crema de trigo	6
Hojuelas de maíz (cornflakes)	½
Leche evaporada (sin diluir)	9
Melao	12
Miel	11
Pan rallado	5
Sirop de maíz	10

TABLA IV

NÚMERO APROXIMADO DE TAZAS EN 1 LIBRA DE DISTINTOS ALIMENTOS

ALIMENTO	TAZAS
Carnes, pescado, queso:	
Carne molida	2
Pescado hervido desmenuzado	2
Queso rallado	4
Salmón en conserva desmenuzado	2
Cereales:	
Arroz crudo	2½
Arroz cocido	3 a 4
Espaguetis crudos, partidos	5½
Espaguetis hervidos, partidos	11
Harina de arroz	2⅔
Harina de maíz	3
Harina de trigo	4
Macarrones crudos, partidos	6
Macarrones hervidos, partidos	10
Frutas — frescas, secas, nueces:	
Ciruelas secas, con semillas	1
Ciruelas secas, sin semillas	2
Coco grande, 1½ lbs, rallado	3
Guayabas partidas	1
Mameyes partidos	1
Mangós 3-4, partidos	2
Manzanas de cocinar partidas	3
Nueces partidas	4
Pasas sin semillas	3

Granos:

Habichuelas crudas	2½
Gandules verdes	2⅔
Garbanzos crudos	2
Garbanzos hervidos	2¼

Grasas:

Manteca	2
Mantequilla	2
Oleomargarina	2

Viandas, hortalizas:

Apio rallado	¾
Batatas hervidas, majadas	1⅓
Berenjenas hervidas, majadas	1¾
Calabaza hervida, majada	1¼
Cebollas partidas	2 a 3
Papas hervidas, majadas	2
Yautía rallada	1¼
Yautía hervida, majada	1¼
Yuca rallada	1¼

Otros alimentos:

Azúcar granulado	2¼
Azúcar en polvo	3½
Azúcar mascabado	2⅔
Café molido fino	5 a 6
Chocolate rallado	3
Cocoa	4
Leche en polvo	4
Sal	2

TABLA V

PESO APROXIMADO O MEDIDA DE UNA RACIÓN DE VIANDAS, HORTALIZAS Y OTROS ALIMENTOS

		ONZAS
Apio	hervido	4
	majado	5 a 6
Batata	hervida	4 a 5
	majada	5 a 6
	frita	4
Berenjena	frita	3 a 4
Calabaza	hervida	5 a 6
	majada	6 a 7
Berros	ensalada	1
Chayote	ensalada	4 a 5
	relleno ½	5 a 6
Guingambó	ensalada	3 a 4
	guisado	4 a 6
Guineo verde	hervido	4 a 5
Habichuelas tiernas	ensalada	2 a 3
	hervidas con mantequilla	3 a 4
	guisadas	4 a 6
Lechuga	ensalada	1
Lerén	hervido	4 a 5
Ñame	hervido	4 a 5
	majado	5 a 6
Panapén	hervido	4 a 5
	majado	5 a 6
Pana de pepita	15 a 20 pepitas	3 a 4
Papas	hervidas	4 a 5
	majadas	5 a 6
Pepinillo	ensalada	1 a 2
Pimiento	relleno 1	2 a 3
Plátano	hervido ½	4 a 5
	tostones	3 a 4
Plátano maduro	hervido ½	3 a 4
Remolacha	hervida, con mantequilla	3 a 4
	ensalada	2 a 3
Repollo	ensalada	1½ a 2
	hervido	2 a 3
Tomate	ensalada	2 a 3
Yautía	hervida	4 a 5
	majada	5 a 6
Yuca	hervida	4 a 5
Zanahoria	ensalada	2
	hervida, con mantequilla	3 a 4
Carnes		4 a 5
Cóctel de frutas		½ taza

Espaguetis, macarrones	1 taza
Hígado	4 onzas
Huevos	2 onzas
Langosta	8 onzas
Ostras	4 a 6
Pescado	8 onzas
Pollo, pavo	8 onzas
Salchichas (3)	4 a 5 onzas

TABLA VI

OTRAS EQUIVALENCIAS

Aceitunas pequeñas – 1 taza	60 aceitunas
Albaricoques secos –1 lb	127 albaricoques
Alcaparras –1 taza	16 cucharadas
Canelones –1 caja de 1 lb	45 a 60 canelones
Cerezas rojas (cherries) 31	4 onzas
Cerveza –1 botella	1½ tazas
Chinas –2 picadas para mermelada	1½ tazas
Chinas – 4 medianas para jugo	1 taza
Galletas de soda –1 lb	123 galletas
Galletas molidas – 12	1 taza
"Ginger ale"–1 botella	1⅔ taza
Guineos gigantes o guarán 6	2 libras
Guineos niños o de rosa 10-12	1 libra
Huevos – 5 a 6	1 taza
Claras – 8	1 taza
Yemas – 12	1 taza
Jamón hervido –1 lb	16 lonjas
Jamón prensado –"spiced" 1 lb	18 lonjas
Limonada gaseosa – 1 botella	1¼ tazas
Limones grandes – 15	1 taza de jugo
Pavo 8¼ lbs – cocido, sin hueso	3½ lbs de carne
Salchichón de Bolonia– 1 lb	22 ruedas
Salchichón de hígado – 1 lb	22 ruedas
Tocineta –1 lb	20-25 lonjas

Horchata de ajonjolí

Bebidas frías

Las bebidas frías son muy necesarias en los países tropicales. Los refrescos, además de ser agradables, mitigan el calor. Los que se hacen de frutas proveen vitaminas y sales minerales. Para que estas bebidas produzcan el efecto deseado, no deben endulzarse demasiado porque el azúcar contrarresta su acción refrescante. Se puede usar miel o melao para sazonarlos, pero en cantidades pequeñas.

Refrescos

En nuestro país, donde abundan las frutas citrosas y otras frutas ricas en jugo de marcado sabor, podemos preparar gran variedad de refrescos y ponches. Damos algunas recetas de refrescos, pero el ingenio y la experiencia de la persona proveerán para otras combinaciones.

Preparación de refrescos. Cuando se preparan refrescos de guayaba, guanábana o papaya, su sabor se mejora si se le añade una cucharadita de jugo de limón. El azúcar debe disolverse en el agua antes de agregarle el hielo y el jugo de la fruta.

El jugo de la fruta, el agua, el azúcar y el hielo deben combinarse en proporción correcta para que se perciba el sabor de la fruta. Si se desea, el agua puede sustituirse por agua carbonatada. Cuando se usan frutas que tienen poco jugo como las papayas, jaguas y guayabas, éstas deben ponerse en agua fría y después al fuego por dos o tres minutos; al coco, ajonjolí y almendras, se les añade agua tibia y es más fácil extraerles la leche.

Cuando las frutas son abundantes, es conveniente preparar sirop con el sabor de distintas frutas y conservarlo en la nevera. Entonces es muy fácil preparar cualquier refresco, añadiéndole solamente un poco de agua e hielo picado.

Para hacer los refrescos más atractivos, se adornan con ruedas de limón o china, cerezas, fresas del país, hojas de limón, yerbabuena, o con cuadritos de hielo cuajados con una fresa o cereza adentro, o hielo en colores.

REFRESCO DE CEREZAS
6 vasos

3 tazas de acerolas maduras   6 tazas de agua
1 taza de azúcar

Maje las cerezas en un colador de alambre echándolas poco a poco. Añádale el agua y cuele. Endulce y sirva frío.

REFRESCO DE GUAYABA
6 a 8 vasos

1 libra de guayabas   4 tazas de agua fría
1 taza de azúcar

Parta la guayaba en dos y saque la pulpa con una cucharilla, pase por un colador. Añada agua y endulce. Sirva frío.

Nota: Con las cáscaras se puede hacer "Casquitos".

REFRESCO DE PAPAYA O LECHOSA
6 a 8 vasos

2 tazas de pulpa de papaya   1 taza de azúcar
  madura   4 tazas de agua

Maje la papaya junto con el azúcar. Añada el agua poco a poco y mezcle bien. Sirva frío.

REFRESCO DE PIÑA
6 a 8 vasos

2 tazas de agua   1 taza de azúcar
4 tazas de jugo de piña

Hierva el agua y el azúcar por unos minutos y deje enfriar. Añádale el jugo de piña. Sirva frío.

LIMONADA
6 a 8 vasos

1 taza de azúcar   *6 tazas de agua*
Jugo de 6 limones

Mezcle el agua y azúcar y cueza hasta que el azúcar se disuelva. Déjese enfriar. Añada el jugo de limón.

REFRESCO DE TAMARINDO
8 a 10 vasos

½ libra de tamarindo   *6 tazas de agua*
1½ tazas de azúcar   *Hielo picado*

Maje el tamarindo y el azúcar y separe las semillas. Añada el agua poco a poco.

MELARINDO
6 a 8 vasos

3 tazas de pulpa de tamarindo   *6 tazas de agua*
1½ tazas de melao

Quite las semillas al tamarindo. Añada el melao y májelo. Añada el agua poco a poco y cuele. Adorne con hojas de limón.

REFRESCO DE MAMEY
6 a 8 vasos

2 mameyes, tamaño regular   *1 taza de azúcar*
1 cucharadita de jugo de limón   *6 tazas de agua*

Saque la pulpa del mamey e hierva para ablandarla un poco. Maje y cuele. Endulce y añada el jugo de limón.

REFRESCO DE JAGUA
6 a 8 vasos

4 jaguas (2 libras)   *4 tazas de agua*
1 taza de azúcar

Lave las jaguas, corte en pedazos y muela. Añada el agua y deje reposar por 30 minutos. Cuele y endulce.

REFRESCO DE COCO
6 a 8 vasos

2 tazas de coco rallado   *4 tazas de agua fría*
2 tazas de agua caliente   *¾ taza de azúcar*

Añada el agua caliente al coco rallado y extraiga la leche del coco. Mezcle con el agua fría y endulce.

REFRESCO DE AVENA
8 a 10 vasos

¾ taza de avena   *1 taza de azúcar*
7 tazas de agua   *1 cucharadita de vainilla*

Ponga la avena en el agua por media hora y cuele. Endulce y añada la vainilla. Sirva bien frío adornado con ruedas de limón.

REFRESCO DE CEBADA
6 vasos

4 tazas de agua caliente   *1 taza de azúcar*
4 cucharadas de cebada en polvo   *1½ cucharaditas de jugo de limón*

Mezcle la cebada con un poco de agua fría, añada el agua caliente e hierva por algunos minutos, moviendo constantemente. Cuele la cebada, añada el azúcar y el jugo de limón. Sirva bien frío.

TÉ FRÍO

6 a 8 vasos

6 tazas de agua	*Hielo picado*
2 cucharadas de té negro	*Ruedas de limón*
Azúcar	

Hierva el agua; retire del fuego y añada el té; tape por dos minutos. Cuele, endulce. Sirva con hielo picado y ruedas de limón.

REFRESCO DE TÉ Y JUGO DE UVAS

6 a 8 vasos

3 tazas de té caliente	*2½ tazas de jugo de uvas*
3 tazas de azúcar	*1 taza de jugo de limón*

Mezcle el té con el azúcar y enfríe. Añada los jugos y sirva bien frío adornado con ruedas de china.

Horchatas

HORCHATA DE SOYA

8 a 10 vasos

½ libra de habichuelas de soya	*Azúcar*
Esencia de almendra o vainilla	*6 tazas de agua*

Ponga las habichuelas en agua por 8 a 10 horas. Quite la cáscara y muela en la máquina usando la cuchilla más fina. Añada el agua y cueza a fuego lento por 20 minutos. Cuele y deje enfriar. Endulce y añada cualquier sabor que desee: limón, canela o menta.

HORCHATA DE AJONJOLÍ

8 a 10 vasos

2 tazas de ajonjolí	*4 tazas de agua tibia*
2 tazas de agua fría	*1 taza de azúcar*

Lave el ajonjolí y póngalo en el agua varias horas. Muela en un mortero o en una máquina de moler usando la cuchilla más fina. Añada el agua tibia y extraiga la leche. Endulce y sirva bien fría con hielo picado. Adorne con hojas de hierbabuena o ruedas de limón.

HORCHATA DE ALMENDRAS
6 vasos

½ taza de almendras
1½ tazas de agua caliente

2 tazas de agua tibia
½ taza de azúcar

Ponga las almendras en el agua caliente 5 minutos para quitarles la cáscara. Proceda como en la receta anterior. Sirva bien fría y adorne con una cereza.

CARATO DE GUANÁBANA
6 a 8 vasos

4 tazas de agua
1½ tazas de azúcar

3 tazas de pulpa de guanábana

Maje la guanábana junto con el azúcar y pase por un colador de tejido abierto. Añada el agua poco a poco. Sirva frío.

CHAMPOLA DE GUANÁBANA
6 a 8 vasos

3 tazas de jugo de guanábana

1½ tazas de azúcar
4 tazas de leche fría

Enfríe bien el jugo de guanábana. Mezcle el azúcar y la leche y añádale el jugo batiendo rápidamente.

Otros refrescos

SANGRÍA
6 vasos

3 tazas de agua
½ taza de azúcar
½ tazas de vino tinto

2 cucharadas de jugo de limón

Mezcle el agua y azúcar, caliente un poco para disolver el azúcar. Déjese enfriar. Añada el vino y el jugo de limón. Sirva fría.

Nota: Si desea use agua carbonatada en vez de agua.

BUL

4 a 6 vasos

1 botella de cerveza
2 botellas de limonada
  gaseosa

1 cucharada de jugo de
limón
Azúcar a gusto

Mezcle en el momento de servirse; añada el jugo de limón y azúcar si lo desea.
Sirva bien frío.

AGUA LOJA

6 a 8 vasos

1 onza de jengibre
  machacado
¼ onza de cáscara de canela

5 tazas de agua
1½ tazas de melao

Hierva el jengibre y la canela con el agua y deje enfriar. Endulce con el melao y sirva
bien frío.

MABÍ

6 vasos

2½ tazas de agua
1 onza de cáscara de mabí
2 tazas de agua tibia

¾ taza de azúcar mascabado
1¼ tazas de mabí (pie)

Hierva la cáscara de mabí en 2½ tazas, de agua, hasta que el agua tome un color
dorado. Cuele y bata bien para que forme espuma. Añada al té de mabí y los
demás ingredientes, vuelva a batir y eche en botellas. Guarde en sitio fuera de las
corrientes de aire. Tape las botellas con un cucurucho de papel.

Nota: Si se desea que suba ligero, se pone un rato al sol.

Ponches

Hay varias clases de ponche, de acuerdo con los ingredientes que se emplean y la manera de servirlos. El ponche frío se hace con jugos de distintas frutas a las cuales se les añade azúcar y agua carbonatada. Al ponche de frutas también se le agrega frutas picadas o se adorna con ruedas de china y limón. Con el uso de colores vegetales artificiales, se obtienen muy bonitos efectos: al ponche de limón se le añade unas gotas de color artificial verde y también a los refrescos se les puede dar cualquier color que se desee. El ponche de frutas se sirve con un cucharón de una ponchera de cristal.

El ponche caliente se prepara con leche, yemas de huevo y azúcar; a veces se le agrega una cucharadita de ron o brandy.

PONCHE DE CHINAS
5 a 6 vasos

6 yemas de huevo
1 taza de azúcar

4 tazas de jugo de china
6 claras batidas

Bata juntos las yemas y el azúcar. Añada el jugo a las yemas; mezcle bien y cuele. Sirva bien frío adornado con las claras batidas a punto de merengue.

Nota: A las claras se les puede añadir color vegetal.

PONCHE "LA CASITA"
15 vasos

2½ tazas de agua
2 tazas de azúcar
6 tazas de jugo de piña

1 taza de jugo de limón
3 botellas de agua carbonatada

Mezcle el agua y el azúcar y caliéntese para disolver el azúcar. Enfríe y mezcle con el jugo de piña y de limón. Añada el agua carbonatada en el momento de servir. Sirva bien frío.

Nota: Puede sustituir el agua carbonatada por "ginger ale".

PONCHE DE JUGO DE UVAS
10 a 12 vasos

1 taza de agua
2 tazas de azúcar
3 tazas de jugo de uvas

¾ taza de jugo de limón
3 tazas de jugo de chinas

Mezcle el agua con el azúcar y caliente hasta que el azúcar se disuelva. Enfríe y añádale los jugos antes de servirlo.

PONCHE TROPICAL
8 a 10 vasos

2 tazas de agua
2 tazas de azúcar
2 tazas de jugo de piña

2 tazas de jugo de toronja
2 tazas de jugo de china

Caliente el agua y disuelva el azúcar. Déjese enfriar. Añada los jugos y sirva bien frío. Adorne con ruedas de china y de limón.

PONCHE DE LIMÓN Y CERVEZA
6 a 8 vasos

1 taza de agua
1 taza de azúcar
1 taza de jugo de limón

½ taza de jugo de toronja
1 botella de cerveza

Caliente el agua y disuelva el azúcar. Enfríe, añada los jugos, el agua y la cerveza en el momento de servirse.

PONCHE DE FRUTAS
20 a 25 tacitas de Ponche

4 tazas de agua
2½ tazas de azúcar
2 tazas de jugo de china
1½ tazas de guineos partidos

½ taza de jugo de limón
1 taza de jugo de piña
1 taza de piña partida
1 taza de mamey partido

Mezcle el agua y azúcar y caliente por unos minutos hasta disolver el azúcar. Enfríe. Añada los jugos al agua. Antes de servir agregue las frutas partidas. Sirva bien frío.

Bebidas calientes

El café, chocolate, té y cocoa son las bebidas calientes que más se usan con las comidas o entre comidas. Estas bebidas, además de su sabor agradable, son estimulantes, y con la excepción del chocolate y cocoa no tienen más valor nutritivo que el de los alimentos con que se sirven como leche, crema, azúcar o limón.

Café. Hay distintas variedades de café, pero la mejor es el "coffea arábica" que se cultiva extensamente en Puerto Rico. El café que crece en las partes altas y húmedas es de mejor calidad que el café que se cultiva en los terrenos bajos. El café de las regiones montañosas de nuestra isla procedente de Adjuntas, Jayuya, Yauco, Lares y otros pueblos es de excelente calidad.

Preparación del café. El café es una de las bebidas que requiere mayor cuidado en su preparación. Para evitar que el aroma se escape y el café conserve todo su sabor, deberán observarse las siguientes reglas:

1. El café no debe tostarse con azúcar, porque entonces retiene más humedad y esto afecta su sabor.

2. El café en polvo o tostado debe conservarse en un envase que cierre muy bien.

3. No debe estar en contacto con el aire mientras se cuela o filtra. Es mejor hacerlo en un recipiente tapado como una greca, y así evitar que se pierda su aroma.

4. Si el café se hace en colador, éste debe ponerse en un recipiente alto y tapado o tratar de que el café que se cuela esté lo menos posible en contacto con el aire.

5. Después de filtrado debe conservarse en un frasco bien tapado, si es posible en la nevera.

6. El extracto o café tinta debe guardarse y usarse de un día para otro solamente. Cada vez que el frasco con café tinta se destapa para usarlo, su aroma y sabor empiezan a disminuir.

7. No debe calentarse nunca ni hervirse después de preparado, porque pierde gran parte del aroma y ocurren ciertos cambios químicos en los demás ingredientes que alteran su sabor.

8. Tanto la greca como el frasco en que se guarda el café debe lavarse bien antes de usarse para quitarle el olor a café viejo.

CAFÉ

1 taza de café en polvo   *1²⁄₃ tazas de agua hirviendo*

Ponga el café en la greca y échele como ¼ de taza de agua. Espere unos minutos y échele el otro cuarto de taza y así hasta terminar. Se obtiene de ½ a ⅔ taza de café tinta, suficiente para 6 personas. Si desea servir café negro se le añade un poco de agua caliente para diluirlo.

Chocolate

El chocolate y la cocoa se obtienen del árbol del cacao, planta oriunda de México. La fruta del cacao crece pegada al tronco y es de forma ovalada. Los granos, parecidos a una castaña pequeña de color rojizo oscuro, se encuentran dentro de la vaina. Estos granos se tuestan y luego se prepara el chocolate y la cocoa.

El chocolate contiene toda la grasa del grano mientras que a la cocoa se le ha extraído el 75% de la grasa. El chocolate y la cocoa también contienen un poco de teobromina que es un estimulante y además un poco de almidón. Ambos deben hervirse para que el almidón se cueza y tenga buen sabor. El chocolate debe guardarse en un sitio fresco para evitar que se ponga rancio.

CHOCOLATE
8 tazas

4 onzas de chocolate dulce   *6 tazas de leche*

Ralle el chocolate. Cuando la leche empiece a hervir, añádaselo y bata usando un batidor hasta que el chocolate esté derretido. Bata cada vez que hierva por tres veces.

CHOCOLATE DE BODAS
12 a 15 tazas

½ libra de chocolate rallado   *2 yemas batidas*
8 tazas de leche caliente   *4 cucharadas de mantequilla*
1 lata de leche evaporada   *Azúcar*
  de 14 onzas

Mezcle el chocolate y la leche, hierva por unos minutos. Agregue la leche evaporada y continúe cociendo en baño de María. Minutos antes de hervir, añada las yemas y la mantequilla. Bata con un batidor por dos minutos. Endulce a gusto.

COCOA

6 a 8 tazas

5 cucharadas de cocoa
½ taza de agua
¼ cucharadita de sal

6 tazas de leche tibia
6 cucharadas de azúcar
½ cucharadita de vainilla

Mezcle la cocoa con el agua, cueza a fuego lento por 5 minutos o hasta que espese. Añada la sal, la leche y el azúcar a la cocoa, bata y deje que hierva a fuego directo. Ponga en baño de María y antes de servirla bátala con un batidor y añádale la vainilla.

Té

El té es un arbusto oriundo de la provincia de Assan en el norte de India. El té se obtiene de las primeras cuatro hojas del pimpollo y su calidad depende de la posición de la hoja en el tallo. A cada clase de hojas se les da distintos nombres: Flowery Pekoe, Orange Pekoe, Souchong. Hay tres clases de té de acuerdo con el método de prepararlo para el mercado: Té negro o de la India, té verde o de la China y té "Oolong".

Preparación del té. El sabor del té se debe a un aceite esencial que contiene y la teína. Hay solamente una manera de preparar el té: en infusión. El agua debe ser destilada, se hierve y se vierte sobre las hojas de té para extraerle el aceite esencial y la teína que le da el sabor y el aroma. Las hojas se dejan en infusión de dos a tres minutos, en un recipiente tapado, preferible de loza o de vidrio. El té debe hacerse en el momento de servirlo y no debe calentarse o hervirse porque adquiere un sabor ácido astringente.

TÉ

6 tazas

4 cucharaditas de té negro
4 tazas de agua hirviendo

Azúcar a gusto
Limón

Ponga el té en una tetera y añádale el agua hirviendo. Tape y deje en infusión por dos o tres minutos. Cuele y sirva con limón o crema de leche y endulce.

TÉ DE HOJAS DE NARANJA
4 tazas

8 hojas tiernas de naranja
  agria

4 tazas de agua
4 cucharaditas de azúcar

Lave las hojas, pártalas y póngalas en el agua al fuego. Tan pronto empiece a hervir tape y retire del fuego. Sirva caliente y endulce.

TÉ DE JENGIBRE
4 tazas

1 pedazo de jengibre de 2"
4 tazas de agua

4 cucharaditas de azúcar

Lave el jengibre y macháquelo. Póngalo en el agua al fuego. Cuando empiece a hervir, tape y retire del fuego. Cuele. Sirva caliente y endulce.

Ponche caliente

PONCHE DE LA REINA
3 tazas

2 tazas de leche caliente
1 raja de canela
1 cáscara de limón

4 yemas de huevos
8 cucharadas de azúcar
¼ cucharadita de sal

Hierva juntas la leche, la canela y la cáscara de limón. Bata las yemas con el azúcar y añada la sal. Agregue la leche caliente poco a poco a las yemas y mezcle bien.

Capítulo V

FRUTAS

Frutas

Las frutas ocupaban un lugar prominente en la alimentación de los antiguos. Los israelitas en su viaje a Canaán juzgaron la fertilidad de la tierra que mana "leche y miel" por la abundancia y variedad de las frutas que encontraron.

Al iniciar los españoles la colonización de la isla de Puerto Rico ya los indios utilizaban para su alimentación las frutas que crecían silvestres: la guayaba, la piña, el mamey, la guanábana, el caimito y otras. La variedad de frutas que crece en Puerto Rico ha aumentado con la introducción, desde entonces, de frutas traídas de otras regiones del mundo, contándose entre éstas el mangó, la papaya y otras.

Lista de frutas

Algarroba (West Indian locust). Hymenaea Courbaril. Bellota de cáscara muy dura, semillas negras cubiertas de pulpa comestible, pero de olor muy desagradable.

Almendra (Tropical almond). Terminalia catappa. Nuez pequeña cubierta de pulpa, parecida en la forma a la verdadera almendra. Rica en grasa y proteína.

Anón (Sugar apple). Annona squamosa. Parecida al corazón, pero de cáscara color verde-amarillo. Fruta indígena.

Caimito (Star apple). Chrysophyllum Cainito. Fruta indígena pequeña, las hay de dos colores: verde y morado, casi negro de pulpa blanca y sabor agradable.

Cereza colorada (West Indian cherry). Malpighia punicifolia. Fruta indígena; baya pequeña carnosa de sabor agridulce, la mayor fuente de vitamina C.[1] Excelente para refrescos y helados.

Cidra (Cintron). Citrus medica. Se encuentra generalmente en las regiones montañosas de la isla; su corteza interior blanca es excelente para abrillantar. Rica en vitamina C.

Ciruela (Yellow mombin). Spondias mombin. Fruta pequeña, de color amarillo, semilla muy grande cubierta de escasa pulpa jugosa, de sabor dulce ligeramente ácido[2]. Excelente para refrescos y helados.

China (Orange). Citrus sinensis. Fruta traída a la isla por los conquistadores en el siglo XVI, además de la nativa hay distintas variedades; Valencia y "Nebo" (Tazashington Navel) son las más conocidas.

---

[1] En Puerto Rico llamamos a la cereza, acerola, y ya se ha generalizado este nombre. La acerola auténtica crece en las regiones templadas de España, es una drupa y no es tan rica en vitamina C como nuestra cereza.
[2] La ciruela se parece mucho al jobillo silvestre (Spondius ciruoella), pero éste es más grande y más dulce, pero no es comestible.

Coco (Coconut). Cocos nucifera. Crece especialmente en la costa y tierras llanas. Rico en grasa y proteína. Traído a Puerto Rico de las islas de Cabo Verde por el padre Diego Lorenzo en el año 1549.

Corazón (Custard apple). Annona reticulata. Fruta indígena de color verde rosa. Cáscara suave, pulpa blanca rosada, blanda, un poco ácida, por su forma se le da el nombre de corazón.

Granada (Pomegranate). Punica Granatum. Cáscara gruesa amarilla, muchas semillas, de pulpa jugosa, un poco dulce y ácida. No se cultiva para el mercado.

Grosella (Otaheite gooseberry). Cicca disticha. Fruta originaria del Oriente, conocida como "Otaheite gooseberry". Fruta pequeña de una semilla grande, pulpa color amarillo muy ácida. Cuando se prepara en jaleas y dulces adquiere un color rojo muy bonito.

Guama. Inga laurina. Vainas verdes, semilla negra grande cubierta de pulpa blanca, jugosa, de agradable sabor. Crece abundante en la región cafetalera de la isla.

Guanábana (Soursop). Annona muricata. Fruta indígena, pulpa jugosa muy dulce, para refrescos, helados, champola. Se consigue todo el año en el mercado.

Guayaba (Guava). Psidium Guajava. Fruta indígena, excelente para dulces y pastas, y por su contenido de pectina, es la mejor fruta para preparar jalea.

Guineo (Banana). Musa sapientum. Se consigue todo el año; verde se consume como un vegetal y maduro se come como fruta y se prepara de distintas maneras. Existen muchas variedades; guarán o gigante, el más grande; niño o de rosa o dátil, el más pequeño; guineo manzano de tamaño mediano; monte Cristy, más corto y grueso que el gigante de color verde y el morado, que es bastante grueso en proporción a su tamaño, de color rojizo morado, sabor ácido, el más barato.

Hicaco, icaco (Cocoplum). Chrysobalanus Icaco. Fruta indígena. Crece abundante en las costas; semilla muy grande y pulpa escasa, de color rojizo y morado casi negro.

Jagua (Genipap). Genipa americana. Fruta indígena. De sabor ligeramente ácido y olor fuerte, se usa especialmente para refrescos.

Jobo de la India (Hevi). Spondias dulcis. Excelente en conservas y mermeladas, pulpa de sabor agridulce muy buena. Traído de Tahití a Jamaica en el 1793 y de allí a Puerto Rico.

Limón agrio (Lime). Citrus aurantifolia. Árbol de origen asiático, crece silvestre en toda la isla, fruto pequeño muy ácido.

Limón dulce (Lime, sweet). Citrus limetta. El árbol no es muy común, la fruta apenas se consigue, pues no se cultiva para la venta en los mercados.

Mamey. Mammea americana L. Árbol indígena, crece silvestre; la fruta se usa para dulces y otras conservas. Hay una variedad; el mamey zapote, de excelente sabor, pero casi se ha extinguido.

Mangó (Mango). Mangifera indica. Las variedades más comunes son el blanco, rosa, piña, toro. En el oeste de la isla, Mayagüez, Añasco y Rincón y pueblos cercanos, se da el mango "blanco". El mango es una de las frutas principales de la isla. Árbol originario de la India, traído a Puerto Rico en 1740.

Naranja agria (Orange, sour). Citrus aurantium L. Hay la naranja agria de corteza fina y la de corteza blanca gruesa especial para pasta y dulces. Hay otra variedad de naranja agridulce, cuyo jugo puede utilizarse para refrescos y ponches de frutas.

Níspero (Sapodilla). Sapota Achras. Árbol indígena, fruta excelente, pero muy escasa en los mercados porque no se cultiva expresamente. Abundante en Ponce, Aguadilla y otros pueblos.

Pajuil, cajuil (Cashew nut). Anacardium occidentale L. Árbol indígena de fruta roja y amarilla, astringente, se prepara en dulce y abrillantada. Hay muchos árboles en Vega Baja. La nuez se tuesta y se vende en los Estados Unidos como "cashew-nut".

Papaya (Pawpaw). Carica papaya L. Se cultiva en toda la isla; el dulce de papaya es muy popular, fresco, se come como melón y en helados y refrescos. La papaya o "lechosa" contiene papaína, que sirve para ablandar las carnes duras, muchas personas usan hasta las hojas y el tallo con este propósito. Originaria de Centro América, de donde se trajo a Puerto Rico.

Piña (Pineapple). Ananas Ananas L. Cockerell. Las variedades más conocidas son la cabezona de Lajas, la más grande la española roja, de Vega Baja-Arecibo, y la pan de azúcar, la más pequeña. Originaria del Brasil, se cultiva en la isla desde el siglo XVI.

Pomarrosa (Roseapple). Eugenia Jambos. Millsp. Crece silvestre en terrenos húmedos y a la orilla de los ríos y quebradas. No es muy abundante; puede prepararse en dulces y conservas. Originaria de las Indias Occidentales.

Quenepa (Guinep). Melicocca bijuga L. Fruta muy popular pero escasa, las de Ponce y Santa Isabel son las mejores de la isla y donde hay mayor abundancia en los mercados.

Tamarindo (Tamarind). Tamarindus indica L. Fruta en vainas de sabor agridulce, excelente para refrescos, la pulpa puede prepararse además en pastas. Originario del Oriente.

Tororonja (Grapefruit). Citrus grandis L. Además de comerse como fruta, se extrae el jugo de la corteza blanca, se prepara en pastas, se abrillanta y se hace dulce en almíbar. Hay una fruta nueva, la "chironja", que tiene las cualidades de la china y la toronja. De origen asiático, los árabes introdujeron las citrosas en España, de donde pasaron al Nuevo Mundo en el siglo XVI.

Uva de playa (Sea grape). Coccolobis uvifera (Jacq). Uva de mar. Árbol silvestre que crece en las costas, la fruta es pequeña, semilla muy grande cubierta de poca pulpa agridulce.

Valor de las frutas en la alimentación

Por su sabor agradable y su belleza las frutas hacen las comidas más variadas y atractivas. Junto con las hortalizas ayudan a la eliminación y evitan el uso de laxantes. Pero la mayor aportación de las frutas se debe a la cantidad de sales minerales y vitaminas que contienen, especialmente la vitamina C.

Las frutas de Puerto Rico son ricas en vitamina C. Para incluir en las comidas la vitamina C que una persona necesita diariamente, debe consumir cada día:

Una ración de cualquiera de las siguientes frutas:

china, toronja, mangó, guayaba, cereza, papaya madura.

Dos o más raciones de:

jobo, piña, guanábana, corazón o cualquier otra fruta fresca.

El calor destruye la mayor parte de la vitamina C, pero las sales minerales y las demás vitaminas no se pierden.

Al planear el menú, las frutas deben considerarse un alimento como otro cualquiera. A cada miembro de la familia, se le sirve por lo menos, dos raciones de frutas diariamente. Una de estas raciones debe ser del grupo de las frutas que hemos mencionado que son ricas en vitamina C, y deben comerse en su estado natural. La otra ración puede servirse cruda o cocida.

Selección y cuidado de las frutas

Al comprar frutas seleccione aquellas que están en sazón, que tengan la pulpa firme, la corteza lisa y están libres de manchas y golpes. Las frutas son muy delicadas y se dañan fácilmente. Compre solamente las frutas que necesita para evitar pérdidas; evite manosear las frutas y si es necesario tocarlas, hágalo con cuidado para no estropearlas.

Las frutas deben lavarse antes de guardarse y si tienen algún golpe o señales de comenzar a dañarse se limpian con un paño humedecido con agua bastante tibia para evitar que se sigan dañando. Se guardan en un lugar fresco y ventilado, si no se dispone de suficiente espacio en la nevera. Las frutas verdes no se guardan en la nevera; la cáscara del guineo maduro que se pone en la nevera adquiere un color oscuro y la pulpa se endurece.

Preparación de frutas frescas

Las frutas frescas son siempre apetecibles, bien como merienda o con las comidas. Algunas frutas se prestan mejor que otras y pueden servirse como aperitivos o en forma de postre sencillo y agradable. Algunas formas de servir las frutas frescas son:

CHINA Y TORONJA

1. Parta en dos y con un cuchillo de mondar afilado separe los gajos alrededor, sin cortar la fibra blanca que los separa. Para hacerla más atractiva, corte la orilla en forma dentada.

2. Corte en secciones la cáscara amarilla y separe los gajos en forma de flor, o saque los gajos y sirva en un platillo, colocándolos en forma de una flor.

3. Corte la china en forma de cesta y separe los gajos. Mezcle con otras frutas picadas, con un poco de azúcar y llene la china o cesta. Sirva bien fría.

4. Separe la cáscara amarilla con la corteza blanca interior y sirva la fruta entera. Pinche con un tenedor para chuparla o separe los gajos.

5. Monde y corte la tapa para chuparla.

6. Extraiga el jugo, quite solamente las semillas con un tenedor y sirva el jugo y la pulpa de la fruta bien frío.

El jugo de frutas debe extraerse en el momento de servirse, y si se prepara con anticipación, es conveniente guardarlo en un envase de loza o de cristal bien tapado.

PIÑA

1. *Piña rebañada.* Monde la piña y corte en ruedas. Quite el corazón y adorne el centro con una acerola o cereza.

2. *Piña en cuadritos.* Lave, monde y parta la piña en pedazos pequeños. Coloque las puntas de las hojas de piña alrededor de un platillo hondo o de una copita para helado y ponga hielo picado en el fondo. Llene el centro del platillo con la piña y espolvoree con azúcar. Adorne con una cereza o acerola.

3. *Piña rellena.* Corte una piña por la mitad, sin removerle la corona y sáquele la pulpa. Corte en pedazos y rellene con ella la piña. Sirva fría.

4. *Gajos de piña.* Corte y saque las secciones de la piña. Ésta es la parte de la cáscara donde está el "ojo" e incluye la cáscara y la pulpa. Coloque estos gajos en forma circular en un plato y ponga en el centro un cono hecho de azúcar en polvo.

PAPAYA

1. Sirva en tajadas con un pedacito de limón. El sabor de la papaya, el melón y la sandía se mejora agregándole un poco de jugo de limón.

2. *Bolitas de papaya madura.* Corte bolitas de la papaya madura y ponga en una copita de cristal. Sirva bien fría.

Nota: Se usa un cucharón pequeño especial para sacar las bolitas o una cucharilla pequeña redonda.

GUINEO

1. Sirva entero con la cáscara.

2. Corte en pedazos pequeños y sirva con leche o crema para el desayuno o como postre. Cuando el guineo se parte, la pulpa se oscurece al contacto del aire y para evitar esto se cubre con jugo de limón, de china o de toronja.

MANGÓ Y JOBO

1. Sirva enteros, sin la cáscara: para cortar la pulpa y comerla con el tenedor o para chuparlo.

2. Parta en pedazos pequeños y sirva con leche y azúcar.

GUAYABA

1. Quite los extremos, corte en seis u ocho secciones y abra en forma de flor.

2. Sirva entera.

3. Parta en pedazos pequeños y sirva con leche y azúcar.

CAIMITO Y NÍSPERO

1. Parta en dos y sirva bien frío para comer la pulpa con una cucharilla.

GUANÁBANA Y CORAZÓN

1. Quite las semillas a la pulpa y sirva bien frío con un poco de jugo de limón.

CÓCTEL DE FRUTAS

1. Todas las frutas pueden servirse en cóctel. Las frutas se varían de acuerdo con la estación. Pueden combinarse en la siguiente forma:

    a. China, toronja y guineos
    b. Piña, papaya y mamey
    c. Guineo, toronja y piña
    d. Mangó, papaya y china
    e. Papaya, mamey y toronja

Corte las frutas en pedazos pequeños. Añádale un poco de jugo de limón y adorne con cerezas (acerolas) para darle color, o con unas hojas de limón. También se usa una cucharadita de jalea de guayaba o mermelada de china o de toronja. Sirva bien fría, como aperitivo o como postre.

AMBROSÍA
4 raciones

4 chinas
4 guineos

1 taza de coco rallado
Azúcar

Monde la china, separe los gajos y corte en pedacitos. Haga dos cortes en forma de cruz o a lo largo del guineo y luego rebane a través. Mezcle las frutas con el coco y el azúcar y revuelva con un tenedor. Sirva bien frío y adorne con una cereza o una cucharadita de jalea de guayaba.

Dulces en almíbar

Es preferible comer las frutas frescas y crudas cuando están en estación, pero si hay frutas en abundancia, éstas se preparan en dulces para conservarlas y para variar el menú.

DULCE DE PAPAYA
8 a 10 raciones

Una papaya como de 2 libras

1 raja de canela
Azúcar

Monde la papaya y pártala en lonjas finas como de ¼ de pulgada de grueso. Hierva la papaya hasta que ablande un poco. Escúrrala y mídala por tazas. Use ½ taza de azúcar y ½ taza de agua por cada taza de papaya. Hierva el agua con el azúcar y añádale la papaya y la canela. Cueza a fuego lento hasta que la papaya esté transparente y el almíbar espeso.

DULCE DE NARANJAS AGRIAS
8 a 10 raciones

6 naranjas agrias
Azúcar

Agua

Monde las naranjas, marque en cuatro tajadas cada una y separe la cáscara. Ponga en agua de 8 a 10 horas cambiando el agua tan pronto se ponga amarilla. Hierva las cáscaras hasta que se ablanden. Mida las cáscaras. Siga las instrucciones para el dulce de papaya.

DULCE DE MAMEY
8 a 10 raciones

1 mamey (3 libras)
Agua

2 rajas de canela
Azúcar

Monde el mamey, quite las fibras y corte en pedazos. Añada suficiente agua para cubrirlo y cueza por algunos minutos hasta que ablande un poco. Mida por tazas y agregue ¾ de taza de azúcar y ½ taza de pulpa de mamey. Añada la canela y cueza a fuego lento, hasta que el mamey esté blando y el almíbar espeso.

DULCE DE TOMATE
10 a 12 raciones

2 libras de tomates maduros
1 litro de agua

1 libra de azúcar
1 raja de canela

Eche los tomates en agua hirviendo por cinco minutos. Saque del agua y escurra. Mida un litro de agua, en que se hirvieron los tomates. Añada el azúcar y la canela, e hierva por unos minutos. Añada los tomates y cueza hasta que el almíbar esté espeso. Retire del fuego.

DULCE DE COCO I
8 a 10 raciones

1 coco seco rallado
Azúcar

Agua
Cáscara de limón

Mida el coco rallado por tazas, hierva por algunos minutos usando ½ taza de agua por cada taza de coco rallado. Mida otra vez y por cada taza de coco añada ¾ taza de azúcar, agregue cáscara de limón y cueza a fuego lento hasta que el almíbar espese.

DULCE DE COCO II
30 pedacitos

2½ tazas coco rallado
1 taza de agua
1 taza de leche

1 taza de azúcar mascabado
1 taza de azúcar blanco

Eche todos los ingredientes en un caldero, mezcle bien y cueza a fuego bajo hasta que empiece a secar. Cuando esté casi seco, suba el fuego y mueva constantemente hasta que despegue de los lados del caldero. Eche en un molde o plato lleno engrasado, extienda y, antes que endurezca, marque en cuadritos.

CASQUITOS DE GUAYABA
6 a 8 raciones

1 libra de guayabas
2 tazas de azúcar

2 tazas de agua

Monde las guayabas de modo que la cáscara salga bien fina. Pártalas en mitades y saque las semillas con una cucharilla. Hierva los casquitos hasta que estén un poco blandos, saque del agua y escúrralos. Añada el azúcar al agua donde se hirvieron los casquitos, agregue los casquitos y cueza a fuego lento hasta que la guayaba esté cocida y el almíbar un poco espeso.

DULCE DE BERENJENA CON VINO
8 raciones

1 libra de berenjenas
½ taza de mantequilla
2½ tazas de agua

2½ tazas de azúcar
¾ taza de vino tinto

Rebane las berenjenas a través como de ¼ de pulgada de grueso y sofría en la mantequilla. Hierva el agua y azúcar hasta que el almíbar espese un poco. Añada las berenjenas y deje hervir unos minutos a fuego bajo. Retire del fuego y añada el vino.

DULCE DE CHAYOTE
6 raciones

2 chayotes
1 taza de agua

1½ tazas de azúcar
Rajas de canela

Monde el chayote y corte en lonjas ¼ de pulgada de ancho y 2 de largo. Déle un ligero hervor, añada luego el azúcar y la canela, cueza hasta que el chayote esté blando y el almíbar un poco espeso.

DULCE DE GROSELLAS
6 raciones

2 tazas de grosellas
2 tazas de agua

1½ tazas de azúcar

Hierva las grosellas por unos minutos, retire del agua y escurra. Añada el azúcar al agua e hierva hasta que comience a espesar. Agregue las grosellas y continúe hirviendo hasta que las grosellas estén blandas y el almíbar un poco espeso.

DULCE DE MANGÓ
8 raciones

4 mangós pintones   2 tazas de azúcar
2 tazas de agua

Lave, monde y corte el mangó en tajadas de 1 pulgada de ancho por 2 de largo.
Caliente el agua, eche las tajadas de mangó y cueza hasta que empiece a ablandar. Retire del fuego, saque y escurra las tajadas. Añada el azúcar al agua y cuando el almíbar empiece a espesar añada las tajadas de mangó. Deje hervir hasta
que el almíbar espese un poco más.

DULCE DE PAJUIL
6 raciones

12 pajuiles   1 libra de azúcar mascabado

Empiece a preparar el dulce por la tarde.
Lave los pajuiles y quite la castaña. Pinche el pajuil con un tenedor de freír de un
extremo a otro y exprima ligeramente para extraer un poco del jugo. Ponga en un recipiente, cubra con agua y deje toda la noche. Por la mañana cambie el agua, y eche
suficiente para cubrir. Añada una taza de azúcar y cueza a fuego lento por espacio
de ½ hora. Agregue el resto del azúcar. Hierva otra media hora, hasta que el almíbar
espese. Sirva frío.

DULCE DE PIÑA
6 raciones

1 piña de 3 libras   2 tazas de azúcar
2 tazas de agua

Monde la piña y corte en ruedas como de ¾ de pulgada de grueso. Caliente el
agua e hierva las ruedas de piña por unos minutos. Saque del agua y escurra.
Añada el azúcar al agua y cueza a fuego lento hasta que empiece a espesar. Entonces añada la piña e hierva hasta que el almíbar espese un poco.

DULCE DE CIRUELAS SECAS
8 a 10 raciones

1 libra de ciruelas secas   2 tazas de azúcar
3 tazas de agua

Lave las ciruelas, agregue el agua y hierva por unos minutos. Separe del fuego y deje
reposar por 30 minutos. Añada el azúcar y cueza hasta que el almíbar espese un poco.

DULCE DE ALBARICOQUES SECOS
8 a 10 raciones

1 libra de albaricoques secos   1 libra de azúcar
1 litro de agua

Lave los albaricoques, añada el agua e hierva por unos minutos. Separe del fuego y deje reposar por 30 minutos. Añada el azúcar y cueza hasta que el almíbar espese un poco.

Nota: De la misma forma se preparan otras frutas secas: peras, manzanas, melocotones, etc.

Jaleas, pastas y mermeladas

La jalea se hace con el agua en que se ha hervido la fruta. La pasta se hace con la pulpa de la fruta, queda firme y dura y puede cortarse.

La mermelada se hace con la fruta entera, pulpa y corteza, cortada en lonjas muy finas. La consistencia es como una pasta blanda.

Para hacer jalea es necesario que la fruta tenga ácido y pectina. La guayaba es la fruta que tiene mayor cantidad de pectina. Deben escogerse guayabas que no estén completamente maduras (pintonas), porque contienen mayor cantidad de pectina.

La china y la toronja tienen también pectina en la cáscara blanca interior. Para saber si la fruta contiene suficiente pectina se hace una prueba mezclando una cucharadita del agua en que se hierve la fruta con dos cucharaditas de alcohol. Si contiene pectina al añadir el alcohol se forma como una gelatina parecida a la clara de huevo.

JALEA DE GUAYABA

Remueva los extremos de las guayabas y parta en pedazos. Añada suficiente agua para cubrirlas. Hierva hasta que estén blandas. Cuele en un colador de bayeta, sin apretarlas. Mida el líquido y por cada taza use 1 taza de azúcar. Ponga al fuego y mueva solamente mientras se disuelve el azúcar. Hierva rápidamente. Para saber si la jalea tiene el punto sumerja la cuchara y ésta quedará cubierta con una lámina de jalea que al caer debe formar dos gotas. Si se usa un termómetro, éste marcará una temperatura de 220° a 224°F. Retire la cacerola del fuego y vierta la jalea en los frascos de cristal que han sido hervidos. Limpie los bordes con un palo humedecido en agua hirviendo. Vierta parafina y ponga las tapas de metal.

Nota: La parafina se disuelve sobre agua caliente, ya que es muy inflamable y no debe acercarse al fuego.

PASTA DE GUAYABA

Remueva los extremos de las guayabas y parta en pedazos. Cubra con agua y cueza hasta que estén blandas. Maje y cuele y mida la pulpa por tazas. Por cada taza de guayaba use 1 taza de azúcar. Mezcle bien y cueza a fuego moderado, moviendo constantemente. Cuando la pasta se separe de los lados de la vasija vierta en molde húmedo y que tenga la forma rectangular.

Cuando prepare jalea puede usar la pulpa para hacer pasta.

Nota: No raspe la pasta que se pega al fondo de la vasija por que se azucara.

PASTA DE NARANJAS AGRIAS

Monde 6 naranjas, cortando la cáscara bien fina. Marque cada naranja en cuatro tajadas y separe la cáscara blanca de los gajos. Ponga en agua de 8 a 10 horas, cambiando el agua con frecuencia. Hierva las cáscaras o tajadas y cuando estén blandas muela en un mortero o en máquina. Mida y agregue partes iguales de azúcar. Cueza a fuego lento moviendo constantemente. Cuando la pasta se separe de los lados de la cacerola se vierte en el molde. Pase por encima de la pasta un cuchillo mojado en agua para suavizar la superficie. Ponga al sol para que endurezca.

PASTA DE MANGÓ

Monde y rebane los mangós. Maje y cuele por un colador y mida por tazas. Por cada taza de pulpa use igual cantidad de azúcar. Cueza a fuego lento, moviendo constantemente hasta que la pasta se separe de los lados de la vasija. Vierta en seguida en moldes.

PASTA DE CEREZAS; PASTA DE JOBOS

Siga las instrucciones para Pasta de mangó.

MERMELADA DE CHINAS

4 chinas   *Azúcar*

Lave 4 chinas y ralle la corteza ligeramente. Ponga en agua por varias horas y cámbiela con frecuencia. Rebane las chinas muy finas, descartando solamente las semillas y las fibras que separan los gajos. Añada 3 tazas de agua por cada taza de pulpa y cueza a fuego lento hasta que la pulpa esté blanda. Mida por tazas y añada ¾ taza de azúcar por cada taza de pulpa. Cueza a fuego lento hasta que la pulpa esté transparente, el almíbar espeso y al escurrir la cuchara dos o tres gotas caen juntas. Si usa un termómetro marcará una temperatura de 220° a 224°F. Guarde en frascos de cristal que han sido hervidos y tápelos.

MERMELADA DE TORONJA
2 tazas

Siga las instrucciones para Mermelada de china. Con una toronja se obtienen cuatro tazas de mermelada.

MERMELADA TROPICAL
1 frasco de 1 cuartillo

1 piña rallada (3 libras)
2 limones rebanados

3 chinas rebanadas
Azúcar

Prepare los limones y las chinas igual que para hacer mermelada de china. Cubra con agua y cueza a fuego lento hasta que ablanden; añada la piña rallada. Mida por tazas y por cada taza de pulpa agregue ¾ taza de azúcar. Cueza a fuego lento hasta que la pulpa esté transparente y el almíbar espeso. Vierta en frascos de cristal.

MERMELADA DE GUAYABA

Para hacer la mermelada de guayaba se prepara igual que la pasta, pero se retira del fuego antes que se endurezca.

MERMELADA DE PIÑA
2 tazas

Ralle una piña como de tres libras. Mida y por cada taza de pulpa agregue ¾ taza de azúcar. Cueza a fuego bajo y retire del fuego cuando tenga el punto.

MERMELADA DE CIRUELAS SECAS
4 tazas

1½ libras de ciruelas

2 libras de azúcar

Lave las ciruelas, ponga en agua de 8 a 10 horas. Quite las semillas y siga las instrucciones para mermelada.

Frutas abrillantadas

TORONJA ABRILLANTADA
32 hojas

4 toronjas *Agua*
Azúcar

Monde la toronja teniendo cuidado de quitarle solamente la cáscara amarilla y de que ésta sea lo más fina posible. Remueva entonces la cáscara blanca y corte en la forma que desee: en hojas, listas o cuadros. Ponga en agua por varias horas, cambiando el agua a menudo. Hierva a fuego moderado hasta que ablanden. Escurra y mida por tazas, por cada taza de cáscara use 3 tazas de agua y 3 de azúcar. Ponga las cáscaras en una cacerola y añada toda el agua y una tercera parte del azúcar. Hierva por 30 minutos y añada otra tercera parte del azúcar. Hierva otros 30 minutos y añada el resto del azúcar. Cueza a fuego lento hasta que las cáscaras estén transparentes. Escurra y envuelva en azúcar y si es necesario ponga a secar al sol.

CHINA ABRILLANTADA

Siga las instrucciones para Toronja abrillantada.

PIÑA O PAPAYA ABRILLANTADA

Para abrillantar la piña o papaya, que son frutas de pulpa blanda, no es necesario hervirlas antes. Se hierven en 3 tazas de agua o más, si es necesario, y se procede igual que para abrillantar la toronja, pero si se aumenta el agua hay que aumentar el azúcar en igual proporción.

Capítulo VI
CEREALES

Arroz con butifarras

Cereales

Aplícase el nombre de cereal a las plantas gramíneas y a sus frutos o granos; el trigo, el maíz, el arroz, la avena, que se usan como alimento. Los cereales constituyen un grupo muy importante de alimentos, y son la base de la alimentación de millones de seres. El nombre cereal se deriva de Ceres, la diosa del trigo que según la mitología enseñó la agricultura a los hombres.

Valor alimenticio de los cereales

Los cereales se distinguen por su contenido de almidón que es alrededor de 75 por ciento. Su función principal en la alimentación es proveer energía para trabajar. Los cereales contienen de 7 a 10 por ciento de proteína, y constituyen una buena fuente de ésta cuando se consumen en cantidad. Pero los cereales no deben consumirse como la única fuente de proteína; deben suplementarse con proteína de origen animal: carne, pescado, pollo, huevos.

Los cereales elaborados del grano entero contienen buenas cantidades de sales de hierro, tiamina, niacina y otros minerales y vitaminas. La harina de trigo blanca y el arroz pulido tienen escaso valor alimenticio.

Trigo y arroz

Como el valor nutritivo de los cereales varía de acuerdo con su composición y método de elaboración en distintos productos, discutiremos brevemente aquellos cereales que más se consumen en Puerto Rico.

Hay dos clases de trigo, el trigo duro y el trigo blando del cual se obtienen dos tipos de harina. La harina hecha de trigo duro contiene mayor cantidad de gluten que la harina hecha de trigo blando. La primera se usa para hacer pan y la harina de trigo blando se usa especialmente en repostería para hacer bizcochos, pasteles, galletas, etc.

Cuando se cierne la harina de trigo en el molino para obtener una harina blanca, se desechan partículas de la cubierta del grano que contiene sales minerales y vitaminas. Para reponer en parte lo que ha perdido, se usa un procedimiento y se le añade vitamina B, niacina, sales de hierro y calcio. Esto no desmerece el sabor de la harina ni su apariencia. A esta clase de harina se le da el nombre de harina enriquecida. En Puerto Rico existe una ley que exige el uso de harina enriquecida para la fabricación de pan, galletas y otros productos similares que se fabriquen o importen.

Al preparar el grano de arroz para la venta se despoja del cascabillo que contiene los nutrimentos más valiosos y pierde la mayor parte de la proteína, las sales minerales y la vitamina B. El grano de arroz se pule a máquina y se le añade talco para darle un lustre perlino, pero lo que gana en apariencia, lo pierde en valor nutritivo. Este arroz pulido y brillante es el que más se consume en Puerto Rico. Contiene mucho almidón, como el 75 por ciento, y provee energía solamente. El arroz "criollo" o "de la tierra" y el arroz moreno (brown rice) al cual no se le quita todo el cascabillo ni se le pule, tiene mayor valor alimenticio. Como en el caso de la harina de trigo blanca, el arroz se somete a un procedimiento para enriquecerlo.

Para subsanar las deficiencias nutritivas del arroz y aumentar un poco su valor alimenticio, debe combinarse con otros alimentos que aporten los nutrimentos de que carece: por ejemplo, los arroces guisados con granos, hortalizas, carnes y otros. El arroz debe cocerse en suficiente agua para que las células que encierran el almidón absorban el agua y el grano se ablande y quede cocido completamente.

Maíz y avena

El maíz es el cereal oriundo de América, que los indios cultivaban para su alimentación cuando Colón descubrió este continente. El maíz se consume en varias formas en distintos países americanos, donde es muy popular. En su estado verde o fresco, se consume como hortaliza, y del grano seco se obtiene la harina de maíz, el maíz partido (pearl hominy) para hayacas, la maicena, hojuelas para desayuno y otros.

La avena es uno de los cereales más nutritivos porque se hace del grano entero. Éste se limpia, se le quita la cáscara, se aplasta sometiéndolo a una presión muy fuerte y se le aplica un poco de calor. Durante este proceso las fibras se ablandan un poco y la avena adquiere un mejor sabor. Este tipo de avena de granos aplastados se conoce como (rolled oats). Es la que se usa para el desayuno.

Otros cereales que se usan para el desayuno son el arroz y el trigo en diversas preparaciones, pero suficiente arroz y trigo consumimos diariamente, así es que es preferible usar la avena que tiene mayor valor alimenticio, no solamente para el desayuno sino en budines, galletitas y en frituras.

Pastas alimenticias

Para preparar los fideos, espaguetis, macarrones y otras pastas, se usa solamente una variedad de trigo de grano muy duro y con un contenido muy alto de gluten; este trigo se conoce como trigo Durum. La harina que se obtiene de este trigo se parece mucho a la harina de maíz y para hacerla se utiliza solamente el corazón del grano, conocido como semolina. Las pastas de mejor calidad se hacen con semolina, tienen un color amarillo, buen sabor y conservan mejor su forma al hervirse. Las pastas hechas con harina de trigo son de color crema o blanco y se les añade color artificial para imitar las pastas con semolina.

Arroz

ARROZ BLANCO
6 a 8 raciones

4 cucharadas de manteca
1½ libras de arroz

3 tazas de agua
1 cucharada de sal

Escoja y lave el arroz. Caliente la manteca y sofría el arroz por dos minutos. Añada el agua y la sal y deje que hierva. Tan pronto como se haya secado el agua, baje el fuego y tape. Revuelva dos o tres veces hasta que el grano esté blando.

Arroz con granos

ARROZ CON HABICHUELAS
8 raciones

1 onza de tocino partido
2 onzas de jamón partido
Manteca con achiote a gusto
1 pimiento partido
1 tomate partido
½ cebolla partida

2 dientes de ajo machacado
1½ libras de arroz
½ libra de habichuelas cocidas
3 tazas de agua
1 cucharada de sal

Sofría el tocino y el jamón junto con el pimiento, el tomate, la cebolla y el ajo. Añada el arroz y mezcle bien con el sofrito. Agregue las habichuelas, el agua y la sal. Cueza hasta que empiece a secarse y cuando se haya secado, baje el fuego y tápelo. Revuelva dos o tres veces y conserve tapado hasta que el grano esté cocido.

Nota: Puede usarse cualquier grano o aprovecharse granos guisados que hayan quedado de la comida anterior.

MANTECA CON ACHIOTE

½ taza de achiote

½ libra de manteca

Lave el achiote. Añada la manteca y cueza a fuego lento hasta que el achiote suelte todo el color en la manteca. Cuele.

ARROZ CON FRIJOLES Y LECHE DE COCO
8 raciones

2 onzas de jamón partido
2 onzas de tocino partido
1 ají dulce partido
1 pimiento verde partido
1 hoja de cilantro
1 cucharada de sal
1 diente de ajo machacado

2 tomates partidos
½ taza de leche de coco
1½ libras de arroz
1½ tazas de frijoles cocidos
2 tazas de leche de coco

Prepare un sofrito con todos los ingredientes, excepto los tres últimos. Use la media taza de leche de coco en lugar de la manteca. Agregue el arroz y sofría todo junto, luego añada los frijoles y la leche de coco. Sazone a gusto y deje que hierva. Cuando se seque, revuelva, baje el fuego y tape. Revuelva dos o tres veces y consérvelo tapado hasta el momento de servirlo.

PARA SACAR LA LECHE DEL COCO

1 coco rallado

Agua caliente

Exprima toda la leche que pueda sacar del coco. Si desea obtener más leche menos espesa, añada ½ taza de agua caliente a cada taza de coco rallado. Exprima y cuele. El coco se separa con facilidad del casco si éste se calienta un poco sobre fuego directo o en el horno.

ARROZ CON GRANOS Y HORTALIZAS
6 a 8 raciones

½ libra de garbanzos cocidos
½ libra de habichuelas
   tiernas en pedazos
1 onza de tocino partido
2 onzas de jamón partido
½ taza de aceite con achiote
2 tomates partidos
1 pimiento partido
1 cebolla partida

1 diente de ajo machacado
1 hoja de cilantro
1½ libras de arroz
½ libra de calabaza cortada en cuadros
3 tazas de agua
1 cucharada de sal
3 pimientos morrones partidos
2 tazas de repollo picado
1 ramita de perejil

Prepare un sofrito con el tocino, el jamón, los tomates, el pimiento, la cebolla, el ajo, el perejil y el cilantro. Añada el arroz al sofrito y revuelva. Agregue los garbanzos, las habichuelas tiernas, la calabaza, los pimientos y el agua; cueza hasta que se seque. Revuelva y añada el repollo. Baje el fuego y tape el arroz con una hoja de plátano. Revuelva otra vez antes de servirlo.

Arroz guisado

ARROZ A LA JARDINERA
6 raciones

1 cebolla picada (1 onza)
1 pimiento maduro picado (1 onza)
¼ taza de aceite o manteca
1 ajo machacado
½ libra de tomates picados
4 onzas de habichuelas tiernas partidas
Sal a gusto

1 nabo partido
1 libra de calabaza partida
1½ libras de arroz
1 cucharada de manteca con achiote
3 tazas de agua
1 zanahoria partida
Perejil picado

Sofría la cebolla y el pimiento en el aceite. Añada el ajo, los tomates, las habichuelas, la zanahoria, el nabo y la calabaza. Revuelva y sofría por un rato. Añada el arroz, la manteca y el agua. Cueza destapado a fuego lento hasta que seque. Tape y revuelva dos o tres veces. Retire del fuego cuando el grano esté cocido.

ARROZ CON GUINGAMBÓ
6 raciones

1 cebolla picada
½ libra de guingambó partido
1 cucharadita de vinagre
1 libra de arroz
Sal a gusto

3 cucharadas de aceite
4 cucharadas de salsa de tomate
1½ tazas de agua caliente

Sofría la cebolla y añada el guingambó. Agregue la salsa de tomate y el vinagre y revuelva. Añada el arroz y revuelva, luego el agua y sazone a gusto. Cueza a fuego lento, moviendo no más de tres veces y consérvelo tapado hasta que el grano se ablande.

ARROZ AL HORNO
6 a 8 raciones

¼ libra de cebollas
½ libra de jamón
2 pimientos verdes

4 cucharadas de mantequilla
1½ libras de arroz cocido
½ libra de tomates

Pique la cebolla, el jamón, los pimientos y los tomates y sofría con la mantequilla. Mezcle con el arroz y vierta en un molde engrasado. Hornee por 20 minutos en un horno de calor moderado (350°F).

ARROZ CON TOMATE Y QUESO
8 raciones

4 tazas de arroz cocido
1 taza de tomates majados
1 taza de queso rallado
(americano o de Holanda)

1 taza de pimientos asados picados
Sal a gusto
½ cucharadita de pimienta

Una todo bien y póngalo en un molde engrasado. Cueza por 20 minutos en horno de calor moderado (350°F).

ARROZ CON MAÍZ Y QUESO
6 a 8 raciones

1½ libras de arroz
¼ libra de mantequilla
2 tazas de maíz fresco hervido
3 tazas de agua

2 cucharaditas de sal
⅛ cucharadita de pimienta
1 taza de queso rallado
(americano o de Holanda)

Derrita la mantequilla y sofría el arroz. Añada el maíz, la sal, la pimienta y el agua. Ponga a fuego vivo hasta que el agua se seque y el grano esté blando. Baje el fuego y revuelva. Añada el queso rallado y conserve tapado. Revuelva dos o tres veces antes de servirlo.

Arroz con carne

ARROZ CON CARNE DE CERDO
8 a 10 raciones

1 libra de carne de cerdo partida
1 onza de tocino partido
2 onzas de jamón partido
1 cebolla partida
1 pimiento partido
2 tomates partidos

1 cucharada de sal
1 diente de ajo machacado
4 cucharadas de manteca con achiote
1½ libras de arroz
3 tazas de agua

Sofría la carne con el tocino, el jamón, la cebolla, el pimiento, los tomates y el ajo. Cueza a fuego lento hasta que la carne esté blanda. Agregue el arroz, revuelva y sofría. Añádale el agua con la sal y cueza a fuego moderado hasta que seque. Baje el fuego y tape el arroz. Revuelva dos o tres veces antes de retirarlo del fuego.

ARROZ APASTELADO

10 a 12 raciones

Añada los siguientes ingredientes al sofrito del Arroz con carne de cerdo y siga las instrucciones de la receta.

½ libra de garbanzos cocidos
½ taza de aceitunas
2 cucharadas de alcaparras

2 ajíes dulces molidos
1 hoja de cilantro molido
1 hoja de plátano para cubrir el arroz

ARROZ CON BUTIFARRAS

6 a 8 raciones

Sofrito
5 butifarras partidas
1½ libras de arroz
1 cucharadita de sal

3 cucharadas de manteca
con achiote
3 tazas de agua

Añada las butifarras, el arroz y la manteca al sofrito y cueza por dos minutos. Agregue el agua y sazone a gusto. Cueza hasta que el arroz esté un poco seco, baje el fuego, revuelva dos o tres veces y conserve tapado hasta el momento de servirlo.

ARROZ CON LONGANIZAS, SALCHICHAS O CHORIZOS

Se prepara igual que la receta anterior.

Arroz con pollo o gallina

ARROZ CON POLLO

6 a 8 raciones

1 pollo de 2½ libras partido en presas
1 cebolla partida
½ taza de manteca con achiote
½ cucharadita de pimienta
½ cucharadita de orégano en polvo
1 cucharada de sal
¼ libra de jamón partido
2 onzas de tocino
2 tomates partidos

1 pimiento partido
2 dientes de ajo
1 cucharada de alcaparras
½ taza de aceitunas
1½ libras de arroz
3 tazas de agua
4 pimientos morrones
1 taza de guisantes

Adobe el pollo con el ajo, la pimienta, el orégano y la sal. Haga un sofrito con el jamón, el tocino y las hortalizas y sofría el pollo por 30 minutos. Agregue el arroz, las aceitunas y las alcaparras y revuelva. Añada el agua, y sazone a gusto. Deje hervir y cuando se seque, revuelva y baje el fuego. Tape hasta que el grano esté blando. Revuelva dos o tres veces. Sirva adornado con pimientos morrones y guisantes.

ARROZ CON GALLINA
6 a 8 raciones

1 gallina de 2 libras partida en presas
1 diente de ajo machacado
1½ cucharadas de sal
½ cebolla partida
4 tazas de agua
4 cucharadas de manteca
2 onzas de tocino partido
4 onzas de jamón partido
2 tomates partidos

1 pimiento partido
1 cebolla partida
2 cucharadas de manteca
   con achiote
1½ libras de arroz
3 tazas de caldo de gallina
Sal a gusto
4 pimientos morrones
1 taza de guisantes

Eche las presas en el agua con el ajo, la sal y la cebolla. Cueza hasta que la gallina esté blanda. Saque las presas y conserve el caldo para usarlo más adelante. Fría el tocino y sofría las presas para que se doren. Añada el jamón, los tomates, el pimiento y la cebolla, y sofría todo junto. Agregue la manteca de color con achiote y el arroz, y mezcle bien. Añada el caldo y sazone. Cueza a fuego lento, y cuando se haya secado, baje el fuego y tápelo. Revuelva dos o tres veces antes de retirarlo del fuego. Sirva adornado con pimientos morrones y guisantes.

ARROZ A LA MILANESA
6 raciones

½ libra de cebollas picadas
4 onzas de jamón partido
3 tomates partidos
3 anchoas partidas
½ taza de queso parmesano rallado

4 cucharadas de manteca
1½ libras de arroz
3 tazas de caldo de gallina
1 pechuga de gallina picada

Dore las cebollas y añada jamón, los tomates, las anchoas, y sofría. Agregue el arroz, revuelva y sofría. Agregue el caldo y la gallina. Cuando el arroz esté casi seco, añada el queso, revuelva, vierta en un molde engrasado y espolvoree con galleta molida. Ponga en un horno de calor moderado por 15 minutos, o sobre la hornilla con brasas en la tapa.

ASOPAO DE POLLO

6 a 8 raciones

1 pollo de 3 libras
8 tazas de agua
1 cebolla partida
1 diente de ajo
1 libra de arroz
6 tazas de caldo
1 taza de guisantes
4 pimientos morrones
1 taza de queso parmesano rallado
⅛ cucharadita de pimienta

1 grano de ajo machacado
½ cucharadita de orégano molido
2 cucharadas de vinagre
2 cucharadas de sal
¼ libra de jamón partido
1 pimiento verde partido
½ taza de salsa de tomate
1 cucharada de alcaparras
½ taza de aceitunas

Parta el pollo en presas. Hiérvala con la cebolla, el ajo y la sal hasta que esté blanda. Ponga el arroz en agua. Prepare un sofrito con el jamón, el pimiento, la salsa de tomate, las alcaparras y las aceitunas; añada la pimienta, el ajo, el orégano y el vinagre; mezcle bien y agregue las presas. Revuelva. Añada el arroz y el caldo y cueza a fuego lento hasta que el arroz esté blando. Sirva adornado con pimientos morrones, guisantes y queso parmesano rallado.

Nota: La carne puede separarse del hueso antes de añadirla al sofrito. En vez de salsa de tomate pueden usarse tomates.

ARROZ A LA PAELLA

8 raciones

¼ taza de aceite
2 tomates picados
2 cebollas picadas
2 pimientos picados
1 taza de camarones
1 taza de guisantes
8 alcachofas
2 cucharadas de pasta de tomate
8 almejas
1½ libra de arroz

1 pollo de 2 libras partido
 en presas y adobado con
 sal y ajo
½ libra de pescado
 adobado con sal y ajo
1 libra de carne de cerdo
 partida en pedazos y
 adobada con sal y orégano
3 tazas de caldo
3 pimientos morrones

Prepare un caldo con el pescuezo, las alas del pollo y el hueso de la carne de cerdo. Eche en una cazuela el aceite y sofría las cebollas, los tomates y los pimientos. Añada la carne de cerdo. Revuelva y sofría a fuego lento; añada el pollo, pescado, los camarones, las almejas y el caldo. Tape y cueza a fuego lento hasta que las carnes estén blandas. Agregue la pasta de tomate y el arroz y cuando esté casi seco, los guisantes y las alcachofas. Sirva en la misma cazuela adornado con los pimientos morrones.

Arroz con pescado o mariscos

ARROZ CON PESCADO
6 a 8 raciones

1½ libras de pescado
2 cucharaditas de sal
½ taza de manteca o aceite
3½ tazas de agua
1 cebolla
1 diente de ajo
1 cucharada de sal

3 tazas de caldo
1 cebolla partida
2 pimientos partidos
3 tomates partidos
1 diente de ajo machacado
½ taza de aceite
1½ libras de arroz

Parta el pescado en pedazos. Adobe y fríalo. Prepare un caldo con la cabeza, la cola, la cebolla, la sal y el ajo; cuele y mida 3 tazas. Sofría en aceite el tocino, la cebolla, los pimientos, los tomates y el diente de ajo. Añada el arroz y sofría por unos minutos. Agregue el caldo de pescado, sazone y cueza hasta que empiece a secarse. Añada el pescado, revuelva y baje el fuego. Consérvelo tapado hasta que el grano esté blando. Revuelva dos o tres veces antes de servirlo.

ARROZ CON SARDINAS; ARROZ CON CAMARONES

Siga las instrucciones para el Arroz con pescado, y sustituya el pescado por las sardinas o camarones.

ARROZ CON PESCADO Y HORTALIZAS
8 a 10 raciones

5 pimientos maduros
4 cucharadas de aceite
3 dientes de ajo
2 tazas de habichuelas frescas
1 taza de habichuelas tiernas partidas
3 tomates

1 cucharada de sal
3 tazas de agua
1½ libras de arroz
4 cucharadas de manteca con achiote
1½ libras de pescado frito, en pedazos

Fría los pimientos y pártalos en pedazos. Sofría las habichuelas y el tomate con el ajo. Añada el agua, sazone e hierva por 10 minutos. Añada el arroz y la manteca. Cuando el arroz esté seco, revuelva y añada el pescado y los pimientos fritos. Baje el fuego, tape el arroz y cueza. Retire del fuego cuando el arroz esté blando.

ARROZ CON BACALAO

6 a 8 raciones

½ libra de bacalao
2 onzas de tocino partido
1 cebolla picada
2 pimientos maduros partidos
1½ libras de arroz
Sal a gusto

½ taza de aceite con achiote
10 aceitunas
½ cucharada de vinagre
3 tazas de agua
3 tomates partidos
1 diente de ajo machacado

Ponga el bacalao en agua para quitarle un poco la sal; limpie y parta en trozos pequeños. Sofría el tocino, el jamón, la cebolla, los pimientos, los tomates y el ajo; añada el bacalao, las aceitunas y las alcaparras y sofría por dos minutos. Agregue el agua y la sal, e hierva. Añada el arroz y déjelo secar. Baje el fuego, revuelva dos o tres veces y conserve tapado hasta el momento de servirlo.

Nota: A este arroz se le puede añadir una taza de repollo picado cuando empieza a secarse.

Cereales para el desayuno

Los cereales para el desayuno pueden prepararse a fuego directo o en baño de María. A fuego directo es más rápido, pero requiere más atención, en el baño de María es más lento, pero en lo que se cuece el cereal pueden hacerse otras tareas. Damos a continuación las distintas maneras de prepararlos.

AVENA

6 raciones

1 taza de avena
3 tazas de agua
½ cucharadita de sal

1 taza de leche
Azúcar a gusto

Cueza la avena en agua a fuego lento hasta que ablande. Añada la sal y la leche. Sazone a gusto. Sirva enseguida.

Nota: Se prepara hirviéndola en leche en vez de agua.

HARINA DE MAÍZ CON LECHE
4 raciones

½ taza de harina de maíz
2 tazas de agua caliente
¼ cucharadita de sal

1 taza de leche fría
⅓ taza de azúcar

Eche el agua caliente en la parte superior del baño de María y ponga sobre el fuego. Mezcle la leche fría con la harina de maíz y la sal, y agregue poco a poco el agua caliente moviendo constantemente hasta que espese. Añada el azúcar, mezcle bien y ponga en baño de María. Cueza por 20 minutos. Sirva caliente.

CREMA DE TRIGO
4 raciones

¾ taza de crema de trigo
3 tazas de leche

¼ cucharadita de sal
Azúcar

Una la crema de trigo, la leche y la sal. Cueza a fuego lento moviendo constantemente hasta que espese. Deje hervir por 5 minutos. Añádale azúcar a gusto. Sirva caliente.

Funche, guanimes y hayacas

FUNCHE
6 raciones

4 tazas de agua
1 taza de harina de maíz

1 cucharada de manteca de cerdo
1 cucharadita de sal

Una el agua, la harina y la sal y cueza a fuego lento, moviendo constantemente hasta que espese. Añada la manteca de cerdo y revuelva. Sirva caliente.

FUNCHE CON LECHE DE COCO
6 raciones

1 coco seco
1 taza de harina de maíz
1 raja de canela

1 cucharadita de sal
¾ taza de azúcar
Canela en polvo

Extraiga la leche al coco y añada agua caliente hasta obtener 4 tazas. Una todos los ingredientes y póngalos al fuego, moviendo constantemente. Cueza a fuego lento por 20 minutos o hasta que la harina esté cocida, y retire del fuego. Sirva y espolvoree con canela.

Nota: Puede ponerse en baño de María después que haya hervido. Esta misma receta puede hacerse usando leche de vaca en lugar de leche de coco.

FUNCHE CON PESCADO
6 a 8 raciones

1 libra de pescado
6 tazas de agua

1½ cucharaditas de sal
1 taza de harina de maíz

Hierva el pescado y desmenúcelo. Reserve tres tazas de agua para hacer el funche. Cueza la harina y cuando esté bien cocida, añada el pescado. Revuelva y sazone a gusto.

Nota: Puede usarse bacalao en vez de pescado.

GUANIMES
10 guanimes

1 libra de harina de maíz
1 cucharadita de sal
¼ taza de agua

½ cucharadita de anís en grano
2 cucharadas de azúcar
1 taza de leche de coco

Una la harina, la sal y el azúcar. Hierva el anís, y agregue el agua de anís a la leche de coco. Añada la leche a la harina de maíz y forme una masa. Divida la masa en 10 partes. Extienda cada parte en una hoja de plátano engrasada, enrolle y amarre en los extremos. Hierva por 20 minutos.

Nota: Los guanimes también se preparan usando plátano rallado en vez de harina de maíz.

TAMALES
6 tamales

6 mazorcas de maíz sarazo
3 cucharadas de manteca
*   con achiote*
1 cucharada de sal
1 libra de carne de cerdo molida
1 cucharada de vinagre
Hojas de maíz

1 cebolla picada
1 pimiento picado
2 cucharadas de manteca
½ cucharadita de pimienta
1 ají picante
2 tomates picados

Ralle el maíz y añada la manteca y la sal. Una todo para formar una masa. Sazone la carne con la sal y la pimienta. Sofría las hortalizas, luego añada la carne, el ají y el vinagre. Cueza a fuego lento hasta que la carne esté cocida. Eche dos cucharadas de la masa sobre una hoja de maíz y extienda un poco, dándole forma rectangular. Ponga una cucharada del relleno en el centro y a lo largo. Envuelva la masa en la hoja y amarre. Échelos en agua hirviendo con sal y cueza por 20 minutos.

HAYACAS DE POLLO

18 hayacas

1 libra de maíz partido	1 taza de aceitunas
3 litros de agua	2 cucharadas de alcaparras
½ taza de manteca con achiote	2 cucharadas de pasas
1 cucharada de sal	2 onzas de almendras
1 pollo de 2 libras partido	2 cucharadas de vino
¼ libra de jamón picado	4 huevos hervidos duros
¼ libra de tocineta picada	¼ libra de cebollas en rebanadas
½ taza de manteca con achiote	½ taza de vinagre
1½ cucharadas de sal	4 pimientos morrones en tiras
½ cucharadita de pimienta	3 mazos de hoja de plátano

Escoja el maíz, límpielo y lávelo. Póngalo en agua la noche anterior. Por la mañana cambie el agua e hierva durante dos horas hasta que el grano esté blando. Revuelva a menudo para que no se pegue del fondo. Lave el maíz hasta que haya soltado toda la fécula. Muela en la máquina de moler carne usando la cuchilla más fina. Añada la manteca con color y la sal. Amase bien y divida en 18 bolas. Parta, prepare el pollo como para fricasé. Añada el jamón y la tocineta. Cueza hasta que el pollo esté blando. Retire del fuego. Separe los huesos y parta la carne. Añádale el vino. Las cebollas rebanadas póngalas en el vinagre. Limpie las hojas de plátano. Engrase con manteca. Eche una bola de masa sobre la hoja y aplaste bien de manera que quede fina y en forma rectangular. Eche el relleno de un extremo a otro. Adorne con huevos, pimientos morrones y ruedas de cebollas. Envuelva y amarre como los pasteles. Hierva en agua con sal por espacio de media hora. Saque del agua y escúrralas.

Nota: Pueden prepararse con carne de cerdo, de pavo o de paloma.

Espaguetis, macarrones, canelones y raviolis

SALSA PARA ESPAGUETI

1 cebolla picada
¼ taza de aceite
4 dientes de ajos picados
1 taza de salsa de tomate
1 lata de tomates al natural

1 hoja de laurel
1 cucharadita de azúcar
1 cucharadita de sal
½ cucharadita de pimienta en grano
½ taza de agua

Fría la cebolla en el aceite. Añada los demás ingredientes y cueza a fuego lento hasta que espese, como por media hora. Maje y cuele.

ESPAGUETI A LA ITALIANA

6 a 8 raciones

1 libra de espagueti
2 litros de agua
2 cucharadas de sal

2 tazas de salsa para espagueti
2 tazas de queso parmesano rallado

Hierva los espaguetis en agua con sal. Escúrralos. Agregue la salsa caliente y mezcle. Espolvoree con el queso rallado.

ESPAGUETI CON MAÍZ Y TOCINETA

8 a 10 raciones

1 libra de espagueti
1 libra de tocineta en lonjas
2 tazas de maíz en grano cocido

4 cucharadas de mantequilla
¼ cucharadita de pimienta
¼ libra de queso parmesano rallado

Hierva los espaguetis y escúrralos. Engrase un molde y vierta en él la cuarta parte de los espaguetis. Añada la tercera parte de la tocineta, del maíz y del queso. Espolvoree con un poco de pimienta y ponga parte de la mantequilla. Repita esto mismo hasta que haya usado todos los ingredientes. Ponga al horno a fuego moderado (350°F) por 25 minutos.

ESPAGUETI CON CARNE

8 a 10 raciones

1 libra de espaguetis hervidos
2 cebollas
1 diente de ajo
1 pimiento verde
½ taza de aceite
2 cucharadas de manteca
1 taza de queso rallado

1 libra de carne molida
1 cucharadita de sal
¼ cucharadita de pimienta
1 lata de sopa de tomates
1 lata de salsa de tomate
1 taza de agua

Parta las cebollas, el pimiento y el ajo en pedazos pequeños y sofría en el aceite. Dore la carne en la manteca, agregue la sal y la pimienta, añada al sofrito anterior con la salsa, la sopa de tomates y el agua. Cueza a fuego moderado durante 15 minutos. Añada los espaguetis a la salsa. Al servirlos espolvoree con el queso.

ESPAGUETI CON POLLO

8 a 10 raciones

1 pollo de 3 libras
¼ de libra de cebollas rebanadas
1 hoja de laurel
1 diente de ajo machacado
¼ cucharadita de pimienta
1 libra de espaguetis hervidos

2 pimientos maduros picados
½ taza de aceite
1 lata de salsa de tomate
1 cucharada de sal
1 cucharada de vinagre
¼ de libra de queso rallado

Parta el pollo en presas y mezcle con los demás ingredientes, excepto el queso y los espaguetis. Revuelva bien, cueza a fuego lento hasta que el pollo esté blando. Separe la carne de los huesos. Mezcle los espaguetis con el pollo y espolvoree con el queso. Viértalos en un molde engrasado y ponga al horno con calor moderado durante media hora. Si desea puede cocerlo a fuego lento.

MACARRONES A LA CREMA

8 a 10 raciones

1 libra de macarrones
½ libra de queso americano (Cheddar)
1 cucharada de sal
2 cucharaditas de harina de trigo

3 tazas de leche
3 cucharadas de mantequilla
¼ libra de queso parmesano rallado
Pizca de pimienta

Hierva los macarrones en agua con sal hasta que estén cocidos. Escúrralos. Prepare la salsa blanca con la leche, la sal, la mantequilla y la harina. Ponga en el molde una camada de macarrones, vierta un poco de salsa blanca y queso, y repita. Cueza en horno de calor moderado de 10 a 15 minutos. Sirva caliente.

Nota: Cueza a fuego lento, si desea, en vez del horno.

TIMBALES DE MACARRONES
4 raciones

2 tazas de macarrones
  hervidos partidos
2 huevos batidos
1 taza de queso parmesano rallado

½ cucharadita de pimienta
1 cucharadita de sal
1 taza de leche
1 cucharadita de salsa Worcestershire

Mezcle todos los ingredientes en el orden en que están escritos. Eche en moldes pequeños individuales, engrasados, y coloque dentro de un molde llano con un poco de agua caliente. Cueza en un horno de calor moderado (350°F) por 30 minutos. Saque de los moldes y sirva con Salsa de queso por encima.

Nota: Puede usar espaguetis en lugar de macarrones.

BABETAS A LA PARMESANA
8 a 10 raciones

1 libra de babetas
8 tazas de agua
2 cucharadas de sal
1 cucharada de aceite
1 libra de carne de cerdo molida
2 cebollas

1 pimiento
2 tomates
2 cucharadas de aceite
½ libra de queso parmesano rallado
2 tazas de salsa para espagueti

Hierva las babetas con el aceite y la sal, y escúrralas bien. Pique las cebollas, el pimiento y el tomate, y mezcle con la carne de cerdo. Sazone y cueza a fuego lento hasta que esté blanda. En un molde engrasado ponga una camada de babetas, luego la mitad de la carne y el queso rallado y repita hasta llenar el molde. Cubra con la salsa. Ponga al horno a fuego moderado, por 30 minutos. Sirva con queso parmesano rallado.

PASTELÓN DE MACARRONES
6 a 8 raciones

½ libra de macarrones cocidos
1 libra de carne de cerdo molida
3 huevos hervidos duros partidos
2 tomates molidos
1 pimiento molido

2 cucharadas de manteca con achiote
1 cucharada de vinagre
2 cebollas molidas
2 cucharadas de mantequilla
2 cucharaditas de sal

Pique o muela los macarrones en la máquina de moler. Cueza la carne de cerdo con la cebolla, los tomates, el pimiento, la sal, la manteca y el vinagre hasta que se ablande. Añada los huevos. Engrase un molde con mantequilla y eche la mitad de los macarrones molidos, acomodándolos en el fondo del molde. Eche el picadillo de carne y luego cubra con el resto de los macarrones. Ponga unos pedacitos de mantequilla encima del pastelón y cueza en un horno de calor moderado (350°F) por 35 minutos.

MACARRONES CON SOBREASADA
8 a 10 raciones

1 libra de macarrones
8 tazas de agua
2 cucharadas de sal
¼ de libra de jamón partido
½ taza de aceite

2 cebollas partidas
1 diente de ajo machacado
¼ de libra de sobreasada desmenuzada
1 lata de pasta de tomate
1 taza de agua

Hierva los macarrones en agua con sal y escúrralos después de cocidos. Fría el jamón en el aceite y agregue los demás ingredientes. Cueza a fuego lento por 15 minutos. Añada los macarrones y revuelva. Sirva caliente.

LASAGNA
6 raciones

Para hervir la lasagna:
½ libra de lasagna
2 litros de agua

2 cucharaditas de sal
2 cucharadas de manteca

Hierva el agua, añada la sal y la manteca, y luego la lasagna. Cueza por 20 minutos hasta que la lasagna esté un poco blanda. Escurra.

Relleno:
½ libra de carne de res molida
¼ cucharadita de pimienta
½ libra de queso Mozzarella rebanado
2 cucharadas de aceite de oliva
1 lata de salsa de tomate
½ taza de agua
2 cucharadas de queso parmesano

1 diente de ajo
½ libra de carne de cerdo molida
1 cucharadita de perejil picado
1 cebolla picada
½ cucharadita de sal
½ libra de queso Ricotta
  o queso crema (cream cheese)

Sofría las carnes con el aceite, la cebolla, el ajo y el perejil. Añada la sopa de tomate, la ½ taza de agua, la sal y la pimienta. Cueza por media hora para obtener una salsa espesa. En un molde engrasado ponga camadas de lasagna alternando con la salsa, el queso Mozzarella y Ricotta, y continúe poniendo camadas hasta que se terminen los ingredientes. La última camada debe ser de queso. Espolvoree con queso parmesano. Cueza durante 20 minutos en horno 350°F o hasta que el queso se derrita.

CANELONES

6 raciones

½ libra de canelones
2 litros de agua
1 cucharada de aceite o manteca
2 cucharadas de manteca
½ taza de queso parmesano rallado
3 tazas de salsa para espagueti

2 cebollas picadas
½ cucharadita de pimienta
1 cucharadita de sal
2 cucharaditas de sal
1 libra de carne de cerdo molida
¼ libra de jamón molido

Hierva los canelones con el aceite y la sal. Cuando estén un poco blandos, sáquelos del agua y colóquelos separados para que no se peguen. Mezcle la carne de cerdo, el jamón, la cebolla, la pimienta, la sal, la manteca y cueza a fuego lento. Agregue 2 cucharadas de queso a la carne y mezcle bien. Rellene los canelones. Ponga en un molde engrasado una camada de canelones y vierta sobre ella un poco de la salsa. Repita y espolvoree con queso rallado. Cueza en un horno de calor moderado por 20 minutos.

RAVIOLIS

8 raciones

3 tazas de harina de trigo
1 huevo
Agua tibia
½ cucharadita de pimienta
½ seso
2 huevos
3 tazas de salsa para espagueti

1 cebolla picada
1 cucharada de perejil picado
1 libra de carne de pollo o de cerdo
½ taza de queso parmesano rallado
1 cucharada de sal
2 cebollas
6 tazas de agua

Para hacer la pasta eche la harina en una escudilla, haga un hoyo en el medio de la harina, y eche el huevo, (la yema y la clara). Revuelva todo para que se una, y añada el agua tibia poco a poco para formar una masa suave que no se pegue de las manos. Amase un poco para unirla bien, y deje reposar por una hora. Para preparar el relleno, caliente el agua. Añada la sal, la cebolla, la carne y el seso e hierva por 15 minutos. Muela la carne, el seso, la cebolla y el perejil en la máquina de moler usando la cuchilla más fina. Sazone y sofría por 10 minutos, luego añada los huevos y el queso rallado, revuelva y retire del fuego. Tome un poco de la masa y extienda con el rodillo hasta que la pasta quede muy fina. Corte los raviolis en forma rectangular, cuadrada o redonda. Eche media cucharadita del relleno y cubra con pasta para formar los raviolis. Humedezca las orillas para que se unan y afírmelas con la punta del tenedor. Cueza los raviolis en el caldo donde se hirvió la carne y el seso. Saque los raviolis del agua y póngalos en un molde engrasado. Vierta sobre ellos un poco de salsa de tomate y espolvoree con queso parmesano rallado. Ponga en un horno de calor moderado por 20 minutos.

Nota: En vez de cocer los raviolis en el horno, se pueden cocer en una cazuela o caldero a fuego lento.

PIZZA

2 pizzas 14" diámetro

Masa para la pizza.

1 sobre de levadura granulada
½ taza de agua tibia
1 huevo batido
1 cucharadita de azúcar
5 tazas de harina

1 cucharadita de sal
6 cucharadas de manteca
4 cucharadas de azúcar
¾ taza de agua caliente

Añada 1 cucharadita de azúcar al agua tibia y mueva para disolverla. Espolvoree la levadura y deje en reposo por 10 minutos. Agregue el huevo batido a la levadura y bata. Al agua caliente añada la manteca, la sal y el azúcar. Cuando esté tibia mezcle con la levadura y bata. Añada harina para formar una masa blanda. Coloque en un molde engrasado y deje subir hasta que doble su tamaño, tardará como una hora. Amase luego y divida en dos porciones.

PIZZA CON ANCHOAS

1 pizza 14" diámetro

1 porción masa para pizza
1 lata n.° 2 de tomates enteros al natural
12 filetes de anchoas
1 cucharadita de orégano molido

¼ cucharadita de pimienta en polvo
3 cucharadas de aceite de oliva
¼ cucharadita de sal
½ taza de cebolla picada

Prenda el horno a 400°F. Extienda la masa sobre el molde para pizza.[1] Escurra los tomates y cubra el fondo, y espolvoree con la sal, la pimienta, el orégano y la cebolla. Cubra los tomates con las anchoas y vierta el aceite. Cueza por 15 ó 20 minutos o hasta que las orillas de la pizza estén doradas.

[1.] *Es un molde especial 14" diámetro y 1" de alto.*

PIZZA CON MOZZARELLA

1 pizza 14" diámetro

1 porción de masa para pizza
1 lata n.° 2 de tomates enteros al natural
½ cucharadita de sal
¼ cucharadita de pimienta en polvo

¾ libra de queso Mozzarella rebanado
3 cucharadas de aceite de oliva
1 cucharadita de orégano
½ taza de cebolla picada

Prenda el horno a 400°F.
Extienda la masa sobre el molde para pizza. Escurra los tomates y cubra el fondo, vierta el aceite sobre los tomates y espolvoree con la sal, la pimienta y la cebolla. Cubra los tomates con las rebanadas de queso. Cueza (en horno caliente 400°F) por 15 ó 20 minutos hasta que el queso se derrita y los bordes estén dorados.

Vea Capítulo XV Croquetas y XXI Postres para otras recetas de arroz.

Capítulo VII

GRANOS (LEGUMBRES)

Habas con queso al horno

Granos

Las habichuelas, gandules, frijoles, guisantes, garbanzos y otras semillas que se crían en vainas se conocen como legumbres, pero en Puerto Rico se les da el nombre de "granos". Los granos junto con el arroz constituyen la base de nuestra alimentación.

Las legumbres se consumen en su estado fresco o "verde", como los gandules, guisantes, etc. El grano fresco o verde contiene mayor cantidad de agua y su sabor es más delicado. La fibra o celulosa es más tierna y se cuece en menos tiempo. A pesar de que los granos se consumen en grandes cantidades, la proporción no es adecuada, pues por su alto valor alimenticio, deberían comerse más granos que arroz, cuando se sirven en combinación.

Valor nutritivo. Los granos constituyen una fuente barata de proteínas y contienen hierro y vitaminas. Pero la proteína es de inferior calidad con excepción de la que se encuentra en las habichuelas soya (soja), los garbanzos y los gandules.

El grano que más se consume en Puerto Rico es la habichuela colorada, pero la proteína que contiene es inferior a los granos que hemos mencionado. Por la cantidad y calidad de su proteína, la soya es el más nutritivo de todos los granos; contiene poca fécula, es rica en grasa y es superior a los cereales por su contenido de calcio y fósforo. El garbanzo y el gandul también contienen proteína de excelente calidad y una buena proporción de calcio. El garbanzo era el grano que se servía en el "rancho" de las tropas durante la dominación española por lo cual se le llama "los conquistadores de América". El gandul en su estado fresco es uno de los granos que más gustan en Puerto Rico.

Instrucciones generales para cocer los granos. Como los granos son alimentos secos, es necesario que recobren parte del agua que han perdido antes de cocerlos. Los granos se escogen, se separan los dañados y se lavan. Por cada taza de grano se añaden cuatro tazas de agua y se dejan en remojo por algunas horas. También se acostumbra ponerlos en agua la noche anterior para cocerlos a la mañana siguiente. Si no se han puesto en agua por varias horas, entonces se les añade agua tibia y se cuecen a fuego lento. El método mas adecuado para ablandar las habichuelas es dejarlas hervir, después bajar el fuego y cocerlas a fuego lento. Estarán blandas en dos o tres horas.

Las habichuelas soyas no se ablandan tanto como los demás granos, y como tienen poca fécula, el caldo no se espesa. Para saber si el grano está blando, hay que apretarlo y por el tacto lo sabemos. Al caldo se le echa pedazos de calabaza, yautía o papa para que se espese.

Para guisar los granos es conveniente preparar suficiente sofrito. Éste se guarda en la nevera para usarlo cuando sea necesario. Este sofrito no solamente sirve para guisar las habichuelas, sino para aderezar otros platos.

SOFRITO

2 onzas de tocino
2 onzas de jamón
1 cucharada de manteca
1 pimiento picado

1 tomate picado
1 cebolla picada
1 ajo machacado
Sal a gusto

Parta el jamón y tocino en pedacitos y sofría el tocino primero, luego añada el jamón. Añada el pimiento y demás ingredientes. Sazone y cueza a fuego lento hasta que las hortalizas estén blandas.

Granos frescos

HABICHUELAS BLANCAS
10 raciones

1½ libras de habichuelas
½ libra de calabaza partida

½ taza de sofrito
Sal a gusto

Hierva las habichuelas hasta que ablanden un poco. Añada el sofrito y la calabaza. Cueza a fuego lento hasta que la salsa espese. Sazone a gusto y retire del fuego.

Nota: Se guisan en igual forma los gandules frescos.

GANDULES CON BOLLITOS DE PLÁTANO
10 raciones

1 libra de gandules
1 hoja de cilantro
1 plátano verde rallado
Sal a gusto

1 taza de calabaza partida en cuadritos
1 ají dulce
4 tazas de agua
½ taza de sofrito

Hierva los gandules con el cilantro y ají hasta que se ablanden. Sazone a gusto el plátano rallado y forme bolitas; agregue a los gandules con la calabaza y el sofrito. Deje cocer a fuego lento hasta que estén cocidas las bolitas y la salsa espesa.

Granos secos

HABICHUELAS GUISADAS
10 raciones

1 libra de habichuelas,
  puestas en agua
½ libra de calabaza partida
  en pedazos pequeños

½ taza de sofrito
Sal a gusto

Ponga las habichuelas al fuego y cuando empiecen a hervir, reduzca el fuego y cuézalas como una hora o hasta que estén bastante blandas. Añada el sofrito y la calabaza, sazone y continúe cociendo a fuego lento. Retire del fuego cuando la salsa esté espesa y las habichuelas blandas.

Nota: Si lo desea agregue al sofrito cilantro, perejil y un diente de ajo machacado. Se guisan en igual forma los garbanzos, las lentejas, los frijoles, etc.

HABICHUELAS COLORADAS CON PLÁTANO MADURO
10 raciones

1 libra de habichuelas,
  puestas en agua
½ taza de sofrito
1 plátano maduro partido en ruedas

1 cucharada de azúcar
2 cucharadas de mantequilla
1 raja de canela
Sal a gusto

Hierva las habichuelas hasta que ablanden un poco, como una hora. Añada el sofrito, el plátano maduro y demás ingredientes. Cueza a fuego lento hasta que el plátano se ablande y la salsa esté espesa. Sazone a gusto y retire del fuego.

GARBANZOS FRITOS
10 raciones

½ libra de garbanzos cocidos

Aceite o manteca
Sal a gusto

Quite la cáscara a los garbanzos, añada un poco de sal y fría a fuego lento hasta dorarlos.

HABICHUELAS BLANCAS AL HORNO
10 raciones

1 libra de habichuelas blancas
1 cucharadita de sal
¼ cucharadita de pimienta
3 cucharadas de manteca

1 cucharada de azúcar
1 cebolla
6 lonjas de tocineta
2 tazas de salsa de tomate

Hierva las habichuelas con la cebolla. Cuando las habichuelas estén blandas, retire del fuego y escurra. Ponga la mitad en un molde engrasado, espolvoree con la mitad del azúcar, la sal y la pimienta. Añada la mitad de la salsa. Repita esta operación con el resto de los ingredientes. Coloque encima la tocineta. Cueza en horno de calor moderado (350°F) por 45 minutos.

Nota: En lugar de azúcar se puede usar melao, y tocino en lugar de tocineta. Los garbanzos pueden hacerse en esta forma.

TORTA DE HABICHUELAS
10 raciones

1 libra de habichuelas
2 chorizos desmenuzados
¼ cucharadita de pimienta

1 cucharadita de cebolla rallada
3 huevos batidos
Manteca

Ablande las habichuelas y májelas. Agregue los demás ingredientes y mezcle. Ponga suficiente manteca en la sartén para cubrir el fondo. Eche en la sartén, tape y cueza a fuego lento, voltee y dore por ambos lados.

HABAS CON QUESO AL HORNO
6 a 8 raciones

2 cebollas picadas
2 pimientos picados
1 libra de habas hervidas
1 cucharadita de sal

2 cucharadas de mantequilla
½ libra de tomates picados
1 taza de queso de Holanda rallado

Sofría las cebollas, los pimientos y los tomates. Añada la sal, luego las habas y mezcle bien. En un molde engrasado coloque la mitad de las habas y espolvoree con el queso. Repita esto con el resto de las habas y el queso. Cueza en horno de calor moderado (350°F) por 25 minutos.

Vea el Capítulo X Sopas, para recetas de cocido, rancho, sopón de gandules, caldo gallego y minestrona.

Capítulo VIII

HORTALIZAS

Papas en camadas

Hortalizas

Las partes comestibles de distintas plantas se conocen como hortalizas, y éstas se clasifican de acuerdo con la parte de la planta de donde provienen.

Raíces	zanahoria, rábano, batata, nabo
Tubérculo	papa
Bulbo	cebolla, ajos, cebollín
Tallos	espárrago, apio americano
Hojas	lechuga, acelga, berro
Flores	coliflor, brécol
Frutas	tomate, berenjena, chayote
Semillas	maíz, guisantes
Vainas	habichuelas tiernas, guingambó

También se distinguen por su composición: las suculentas que contienen mucha agua como el tomate; las ricas en fécula como la papa y yautía; las de sabor pronunciado como la cebolla y el repollo, y las de sabor suave como el chayote; las de color amarillo como la calabaza, como el pimiento, rojo o violeta como el tomate y ñame mapuey, y blanco como la yautía.

Valor de las hortalizas en la alimentación

Desde el punto de vista de la nutrición, las hortalizas pueden clasificarse en dos grupos: las viandas o verduras que contienen fécula o almidón como la yautía, el ñame, la yuca, el apio, la batata, el panapén, y también el plátano y el guineo verde, que aunque son frutas, se usan como viandas.

Las viandas son ricas en fécula y además contienen pequeñas cantidades de algunas vitaminas. Cuando se consumen en abundancia, proveen bastante tiamina así como otras vitaminas y sales minerales especialmente hierro. Las hortalizas de color amarillo intenso como la batata mameya son también ricas en vitamina A.

El otro grupo de las hortalizas incluye las que contienen más agua que fécula y pueden clasificarse en tres grupos de acuerdo con su valor nutritivo

1. Las verdes y las amarillas. Incluye todas las hojas de color verde oscuro comestibles como la acelga, hojas de mostaza, nabos y remolacha, espinaca, brécol. También las hortalizas de color amarillo como la calabaza, las zanahorias y la batata mameya. Todas esas hortalizas amarillas y verdes aportan a nuestra alimentación

buenas cantidades de vitamina A. Las verdes proveen otras vitaminas y, además, sales de hierro.

2. El segundo grupo incluye aquellas hortalizas que también aportan algunas vitaminas y sales minerales, pero en menor cantidad que las amarillas y verdes. A este grupo pertenecen las habichuelas tiernas, el guingambó, el repollo, el tomate y el gandul verde.

3. El tercer grupo incluye la berenjena, el chayote, la remolacha y el maíz tierno. Estas hortalizas tienen escaso valor alimenticio, pero dan variedad a nuestras comidas.

4. El cuarto grupo incluye las hortalizas como la lechuga, el pepinillo, el rábano y el berro. Estas hortalizas se usan para ensaladas y como se consumen en cantidades tan pequeñas, su aportación en sales minerales y vitaminas está en proporción a la cantidad que se consume. Su principal función es hacer nuestras comidas más variadas.

Además de las viandas debe servirse diariamente, una hortaliza. Debe dársele preferencia a las hortalizas verdes o amarillas y luego a las del segundo grupo. Las otras hortalizas se usan para dar variedad a las comidas.

Preparación de las hortalizas

Hay muchas maneras de preparar las hortalizas para dar más variedad a las comidas y hacerlas atractivas y apetecibles. Deben prepararse en diversas formas aquellas hortalizas que se sirven generalmente salcochadas. Es preferible que las que contienen vitamina C se coman crudas en ensaladas.

El agua en que se cuecen las hortalizas debe ser suficiente para cubrirlas, y debe estar hirviendo en el momento de echarlas. Puede aprovecharse para las sopas, o añadirse a otros platos, pues a ella pasan algunas de las vitaminas y sales minerales solubles en agua. (Una de las vitaminas que con mayor facilidad pierde su valor es la vitamina C.)

Las hortalizas deben cocerse en el tiempo más corto posible para conservar su valor nutritivo, su apariencia y su sabor. Para hervir las hortalizas de color rojo o morado como el ñame mapuey, repollo chino y la remolacha, se les corta el tallo de una pulgada de largo, y así se evita que el color se disuelva en el agua. A ésta se le añade un poquito de vinagre.

Viandas hervidas

Todas las viandas pueden servirse hervidas. Corte en pedazos uniformes. Eche en el agua hirviendo (suficiente para cubrirlas) sazonada con sal, y cueza hasta que estén blandas. Sirva calientes solas, o con mantequilla o aceite.

Majadas

PAPAS LIONESAS
6 raciones

2 libras de papas
Sal
½ taza de mantequilla

½ libra de cebollas picadas
1 mazo de perejil picado

Hierva las papas y corte en pedazos pequeños. Sofría la cebolla en la mantequilla y deje a fuego lento hasta que la cebolla esté blanda. Revuelva con las papas y cueza por tres o cuatro minutos. Añada el perejil y revuelva bien.

ÑAME MAJADO
6 raciones

2 libras de ñame
4 cucharadas de mantequilla

2 cucharaditas de sal
1 taza de leche caliente

Monde el ñame y hierva en agua con sal hasta que esté blando, aproximadamente 30 minutos. Escurra y maje bien. Agregue la mantequilla, la sal y la leche suficiente para ablandarlo. Bata hasta que esté suave y blando. Sirva caliente. Si no lo sirve inmediatamente, conserve caliente en baño de María.

PAPAS MAJADAS
6 raciones

2 libras de papas
1 taza de leche caliente

4 cucharadas de mantequilla
2 cucharaditas de sal

Hierva las papas en agua con sal. Escurra y móndelas. Maje y añada la mantequilla, la leche y sal a gusto. Mezcle bien y bata hasta que esté suave y blanda. Sirva caliente.

BATATA MAJADA; PANAPÉN MAJADO; YAUTÍA MAJADA

Siga las instrucciones para papa majada. Algunas hortalizas requieren más o menos leche que la papa. La yautía y la batata tardan más que la papa en ablandarse.

Al horno

PAPAS ASADAS
6 raciones

6 papas grandes
2 cucharadas de manteca
1 cucharadita de sal

3 cucharadas de mantequilla

Engrase las papas con la manteca. Ponga las papas en un horno caliente y hornee hasta que, al pincharlas, estén blandas. Haga un corte en forma de cruz en la parte superior. Sirva caliente. En la mesa se le añade mantequilla y sal si se desea.

BATATA ASADA; ÑAME ASADO; PANAPÉN ASADO

Siga las instrucciones para Papa asada. Corte el panapén en tajadas suficientes para servir una ración. Unte alguna grasa para que no quede muy seco, o ponga una lonja de tocino encima.

PLÁTANO ASADO

Monde el plátano y coloque sobre la parrilla, o envuelva en un papel engrasado, y hornee igual que las papas.

PLÁTANO MADURO ASADO (AMARILLO ASADO)

Corte los extremos del amarillo. Ponga en un horno caliente y cueza hasta que la cáscara se abra. Remueva la cáscara. Vuelva a poner al horno para que dore.

Nota: También puede quitarse la cáscara y envolverse en un papel engrasado con mantequilla.

BATATA GLASÉ
6 raciones

2 libras de batata hervida
½ taza de azúcar mascabado

2 cucharadas de mantequilla
12 "marshmallows"

Rebane las batatas. Coloque en un molde engrasado con mantequilla. Cubra las batatas con el azúcar y la mantequilla. Cueza en horno de calor moderado hasta que el azúcar se derrita y forme caramelo. Si desea coloque los "marshmallows" sobre la batata. Ponga de nuevo en la parte de arriba del horno por unos minutos para que los "marshmallows" se doren.

PAPAS EN CAMADAS
6 raciones

2 libras de papas
4 cucharadas de mantequilla
4 cucharadas de harina de trigo

3 tazas de leche
1 cucharada de sal
¼ cucharadita de pimienta

Monde y corte las papas en rebanadas finas. En un molde hondo engrasado eche suficientes papas para cubrir el fondo. Ponga pedacitos de mantequilla encima y espolvoree con harina. Repita hasta que se terminen las papas. Mezcle la leche, la sal y la pimienta, y vierta sobre las papas para cubrirlas. Cueza en horno de calor moderado (350°F) aproximadamente una hora hasta que las papas estén cocidas.

TORTA DE PAPAS
6 raciones

2 libras de papas
1 cucharadita de sal
½ taza de queso rallado

2 cucharadas de mantequilla
2 cucharadas de harina de trigo
2 huevos batidos

Hierva las papas y májelas. Bata los huevos, añada los demás ingredientes y mezcle bien con las papas majadas. Eche en un molde engrasado y cueza en horno de calor moderado (350°F) por 45 minutos.

EMPANADAS; PASTELONES

Para otras preparaciones de hortalizas al horno, vea el capítulo sobre carnes.

Suflés

SUFLÉ DE PANAPÉN
6 raciones

3 tazas de panapén majado
3 tazas de salsa blanca espesa
6 yemas batidas

6 claras batidas a punto de merengue
½ taza de queso de Holanda rallado

Añada la salsa blanca al panapén y mezcle bien. Deje enfriar. Agregue las yemas y el queso, envuelva las claras. Sazone a gusto. Vierta en el molde y cueza en horno de calor moderado (325°F) por 40 minutos. Vea receta Salsa blanca.

SUFLÉ DE ÑAME, YAUTÍA O PAPAS

Siga las instrucciones para Suflé de panapén.

MOFONGO

6 raciones

4 plátanos
Manteca

½ libra de chicharrón molido
1 cucharadita de sal

Corte los plátanos como para tostones, y fría. Cuando estén cocidos muela en el pilón. Añada el chicharrón y mezcle bien. Forme bolas y sírvalas calientes.

Nota: Puede asar los plátanos en vez de freírlos.

CASABE

4 tortas

1 libra de yuca

Sal a gusto

Lave y monde la yuca. Ralle y exprima el agua hasta que quede bien seca. Caliente bien una sartén o caldero. Eche un poco de yuca para cubrir el fondo y aplaste para formar una torta bien fina. Dore por ambos lados.

Otras hortalizas

LAS VERDES

Acelga, espinaca, hojas de nabos, mostaza y remolacha.

Lave las hojas cuidadosamente. Si el tallo es muy grueso, corte la parte más áspera. Eche en bastante agua hirviendo y cueza destapada hasta que estén blandas. Las verdes se cuecen en 8 a 10 minutos. Si se hierven por mucho tiempo, pierden la forma, el color y el sabor. Escurra bien, y corte las hojas. Sirva caliente en cualquiera de las siguientes formas:

1. Con mantequilla, oleomargarina o aceite.
2. Con salsa blanca, salsa blanca con queso o salsa de carne o de pollo.

BRÉCOL

Las flores son más tiernas que el tallo y se cuecen en menos tiempo. Corte las flores con la parte más tierna del tallo y cueza igual que las verdes. Corte el tallo en pedazos pequeños e hierva de 10 a 15 minutos. Sirva con mantequilla o salsa como las verdes.

ACELGAS GUISADAS
6 raciones

3 mazos de acelgas
2 tazas de agua
1 cucharadita de sal
2 tomates partidos

1 cebolla partida
1 pimiento partido
2 onzas de jamón partido
1 cucharada de manteca

Hierva ligeramente las acelgas. Parta las hojas y tallos en pedazos pequeños. Haga un sofrito y añada las acelgas. Cueza con poco fuego. Sazone a gusto. Cuando vaya a servir añada 3 huevos batidos y mueva bien. Sirva caliente.

Nota: Si se desea en vez de huevo se le añade chorizo desmenuzado.

CALABAZA ASADA
6 raciones

2 libras de calabaza
1 cucharada de sal

4 lonjas de tocineta

Parta la calabaza en seis pedazos; déjele la cáscara. Espolvoree con sal. Ponga una lonja de tocineta sobre cada pedazo y cueza en horno de calor moderado hasta que esté cocida.

CALABAZA MAJADA
6 raciones

2 libras de calabaza
1 cucharada de sal

4 cucharadas de mantequilla
¼ taza de leche caliente

Hierva o cueza la calabaza al vapor. Maje y añada los demás ingredientes. Revuelva todo bien y sirva caliente.

ZANAHORIA CON MANTEQUILLA
6 raciones

2 libras de zanahorias
4 cucharadas de mantequilla
1 cucharada de vinagre

1 cucharada de azúcar
½ cucharadita de sal

Lave y raspe las zanahorias. Hierva entera o cueza al vapor. Derrita la mantequilla y añada los demás ingredientes. Rebane las zanahorias y revuelva con la mantequilla. Sirva caliente.

HABICHUELAS TIERNAS CON MANTEQUILLA
6 raciones

1½ libras de habichuelas tiernas   1½ cucharaditas de sal
¼ libra de mantequilla   2 litros de agua

Corte los extremos y quite las fibras. Hierva las vainas enteras o parta en dos o en pedazos pequeños. Cueza, añada la mantequilla y sirva caliente.

HABICHUELAS TIERNAS "AU GRATIN"
6 raciones

4 tazas de habichuelas tiernas   4 tazas de salsa blanca
  hervidas   1 taza de queso rallado

Ponga en un molde engrasado las habichuelas tiernas. Agregue la salsa y espolvoréelas con el queso. Cueza en horno de calor moderado por 20 minutos.

HABICHUELAS TIERNAS GUISADAS
6 raciones

1½ libras de habichuelas tiernas   1 taza de agua
1 taza de sofrito   2 cucharaditas de aceitunas y alcaparras

Parta las habichuelas tiernas en pedazos y mezcle con el sofrito, añada el agua, sazone y cueza a fuego lento.

GUINGAMBÓ CON MANTEQUILLA

No corte el tallo y cuézalos enteros igual que las habichuelas verdes. Sirva caliente con mantequilla o salsa.

GUINGAMBÓ GUISADO
6 raciones

1½ libras de guingambó   1 cucharadita de sal
1 taza de sofrito   ½ taza de caldo

Parta los guingambós en ruedas, mezcle con el sofrito. Añada el caldo y cueza a fuego lento y destapado.

GUINGAMBÓ CON SALSA DE TOMATE

6 raciones

1½ libras de guingambó
3 cucharadas de mantequilla
2 cebollas picadas

½ taza de salsa de tomate
Sal y pimienta
2 cucharaditas de perejil picado

Lave los guingambós y parta en ruedas finas. Sofría la cebolla en la mantequilla derretida y añada el guimgambó. Sazone a gusto. Eche en un molde y cueza en horno de calor moderado durante media hora.

REPOLLO CON MANTEQUILLA O SALSA

Corte el repollo en cuatro pedazos, en raciones individuales o rebañadas bien finas. Cueza en bastante agua hirviendo con sal hasta que esté blando. Los pedazos tardan más en ablandarse, pero retienen más nutrimentos. Sirva con mantequilla o una salsa. El repollo con Salsa de queso es un plato muy agradable.

BUDÍN DE REPOLLO

6 raciones

2 libras de repollo
1 litro de agua
1 taza de guisantes frescos
4 huevos batidos

1 cucharada de sal
½ libra de jamón hervido en lonjas
4 cucharadas de mantequilla
1 taza de pan rallado

Eche el repollo en agua hirviendo y cueza hasta que esté un poco blando. Escurra y corte en rebanadas. En un molde engrasado ponga una camada de repollo y encima lonjas de jamón y guisantes, pedacitos de mantequilla y huevo batido. Repita el procedimiento hasta que se terminen todos los ingredientes. Espolvoree con pan rallado. Cueza en horno de calor moderado por 20 minutos.

CHAYOTE HERVIDO

2 raciones

Corte en cuatro tajadas. Hierva en agua con sal y sirva caliente igual que las verdes.

CHAYOTE GUISADO

6 raciones

3 chayotes
¼ libra de jamón picado
½ taza de sofrito

½ cucharadita de sal
½ taza de agua

Monde los chayotes; corte en rebanadas finas. Añada el sofrito y el jamón y sazone. Agregue el agua y cueza a fuego lento hasta que los chayotes estén cocidos.

ALBORONÍA DE CHAYOTE

6 raciones

3 chayotes
½ taza de sofrito
½ taza de agua

6 huevos
½ cucharadita de sal

Monde y corte los chayotes en pedacitos. Mezcle con el sofrito y revuelva todo bien. Agregue el agua, sazone con sal y deje a fuego lento hasta que los chayotes se ablanden y el agua haya secado. Bata los huevos, agregue a los chayotes. Revuelva para que los huevos se cuezan. Sirva caliente.

CHAYOTE A LA CREMA

8 raciones

4 chayotes
4 cucharadas de maicena
¾ taza de azúcar
2 yemas de huevo
½ taza de galleta en polvo

1 cucharadita de sal
2 cucharadas de pasas
2 cucharadas de mantequilla derretida
1 taza de leche

Parta los chayotes a lo largo y hierva. Cuando estén blandos saque la pulpa y maje bien. Bata las yemas con el azúcar, añádale la sal y la maicena, la leche, los chayotes majados, la mantequilla y las pasas. Ponga al fuego y cueza hasta que espese como una crema. Rellene las cortezas con la crema y espolvoree con canela y galleta en polvo.

Nota: Si desea puede ponerse al horno por diez minutos.

BERENJENA A LA CREMA
6 raciones

2 libras de berenjenas
Manteca o margarina
2 tazas de Salsa blanca I

1 taza de queso parmesano rallado
½ tazas de pan rallado

Corte las berenjenas sin mondarlas en rebañadas finas y sofríalas ligeramente. En el fondo de un molde engrasado coloque una camada de berenjenas y espolvoree con queso. Repita hasta que el molde esté casi lleno. Vierta la salsa blanca y espolvoree con pan rallado. Cueza en horno de calor moderado (350°F) por 30 minutos.

BERENJENA GUISADA
6 raciones

¼ libra de jamón partido
2 tomates partidos
1 cucharada de sal

2 libras de berenjenas partidas
2 pimientos partidos
2 cebollas partidas

Sofría el jamón y añada las hortalizas, revuelva y cuando las hortalizas estén blandas, añada la berenjena. Sazone a gusto, revuelva y cueza a fuego moderado por media hora.

BERENJENA GUISADA CON CARNE DE CERDO
8 raciones

Prepare en igual forma que la anterior. Añada al sofrito una libra de carne de cerdo partida en trozos pequeños.

BERENJENA AL PLATO
4 raciones

2 tazas de berenjenas majadas
3 tomates picados
3 cucharadas de mantequilla
derretida
2 onzas de jamón molido

2 cucharadas de queso rallado
1 cucharadita de sal
⅛ cucharadita de pimienta
½ cebolla rallada
½ taza de pan rallado

Mezcle los ingredientes en el orden en que aparecen. Vierta en un molde engrasado. Espolvoree con el pan rallado para cubrir toda la superficie. Dore en un horno caliente por unos minutos.

HORTALIZAS AL PLATO
6 raciones

2 tazas de habichuelas
  tiernas hervidas
1 taza de maíz en grano
1 taza de zanahorias en cuadritos

2 tazas de Salsa blanca II
1 taza de repollo picado
½ taza de queso parmesano

Parta las habichuelas tiernas en pedazos de una pulgada. Mezcle las hortalizas cocidas con la salsa blanca y el repollo crudo. Ponga la mitad en un molde hondo engrasado, espolvoree con queso parmesano y añada el resto de las hortalizas y el queso. Cueza en horno de calor moderado por 20 minutos o hasta que el queso se derrita.

HORTALIZAS CON TOCINETA
6 raciones

1 libra de papas
3 zanahorias
1 taza de habichuelas tiernas
  partidas y cocidas
1 taza de guisantes

½ taza de pan rallado
1½ cucharaditas de sal
½ cucharadita de pimienta
6 lonjas de tocineta
2 tazas de caldo

Corte las papas y las zanahorias en rebanadas finas. Engrase un molde y ponga las hortalizas, las crudas y las cocidas en camadas. Espolvoree con sal, pimienta y pan rallado cada camada. Ponga la tocineta encima. Eche 4 cucharadas de la manteca de la tocineta y añada el caldo. Cueza en horno de calor moderado por 1 hora.

TABLA VII

SALSA BLANCA O BECHAMEL
1 taza

CONSISTENCIA	INGREDIENTES	USO	MÉTODO DE PREPARARLA
I. Clara o rala	1 taza leche 1 cucharada mantequilla ½ a 1 cucharada harina ½ cucharadita sal	Sopas a la crema	Derrita la mantequilla, agregue la harina, mezcle la sal con la leche y añada a fuego lento hasta que espese moviendo continuamente para que no se empelote.
II. Un poco espesa o mediana	1 taza leche 2 cucharadas mantequilla 1½ a 2 cucharadas harina ½ cucharadita sal	Platos a la crema	
III. Espesa	1 taza leche 3 cucharadas mantequilla ½ cucharada sal 3 a 5 cucharadas harina	Suflés y croquetas	

SALSA DE QUESO

A una taza de Salsa blanca II agregue ¼ de taza de queso de Holanda o parmesano rallado.

Vea los capítulos IX Ensaladas, XI Carnes, XIV Huevos y queso, y XV Croquetas para otras recetas de hortalizas.

Capítulo IX

ENSALADAS

Ensalada de atún

Ensalada

La ciencia de la nutrición nos ha revelado el valor alimenticio de las hortalizas, lo cual ha contribuido a que se preste más atención al consumo de éstas.

Los romanos, desde el siglo XV, cultivaban hojas e hierbas, achicoria y lechuga, especialmente, que aderezaban con aceite y comían como ensaladas. Pero la ensalada, como parte indispensable del menú es algo relativamente moderno ya que a medida que el hombre ha ido evolucionando, ha ido modificando sus costumbres alimenticias. La ensalada es fresca y sana, y está reconocida como parte esencial de una dieta bien combinada.

Clases de ensaladas

La palabra ensalada sugiere un conjunto de hojas verdes, frescas, junto a otras hortalizas igualmente frescas y livianas. Las hojas y hortalizas que componen la ensalada enriquecen las comidas por las vitaminas y sales minerales que poseen. Las ensaladas proporcionan un sabor distinto, son refrescantes y ayudan a una buena digestión.

Por los alimentos que se usan, las ensaladas se agrupan en la siguiente forma:

Ensaladas ligeras de hojas y hortalizas crudas.

Ensaladas de frutas

Combinación de hojas y hortalizas con otros alimentos más nutritivos como carnes, aves y/o pescado.

Preparación de ensaladas

Deberán observarse los siguientes puntos en la preparación de ensaladas en cuanto a la consistencia, el sabor y la apariencia de las mismas.

1. Los ingredientes deben manipularse con cuidado para no estropearlos y evitar que pierdan su frescura.

2. Las hojas se lavan una por una, preferible bajo un chorro fino de agua. Se envuelven en un paño húmedo y se guardan en la nevera para que se conserven frescas.

3. Las hojas de lechuga y aquellas que crecen cerca de la tierra deben examinarse bien para quitar cualquier insecto o gusanillo.

4. Es conveniente tener los ingredientes preparados por separado y combinarlos en el momento de servir la ensalada.

5. Debe ponérsele el aderezo en el momento de servirla y añadirse en cantidad suficiente para evitar que quede muy mojada.

6. Es necesario combinar bien los sabores de las hortalizas para que sobresalga uno solo y resulte una combinación agradable.

7. Las hojas vivas y crispadas forman el fondo del cuadro y deben colocarse de modo que no sobresalgan de la orilla del plato.

8. La ensalada no debe aparecer "cargada" usando distintas hortalizas; su apariencia deberá sugerir algo liviano y delicado.

9. Los colores de distintas hortalizas deben combinarse en forma atractiva. Hay colores que no armonizan entre sí: por ejemplo, el rojo del tomate y de la remolacha.

10. La ensalada debe aparecer natural, fresca, sin demasiada simetría en la combinación de los ingredientes.

11. Es una lamentable perdida de tiempo la preparación de ensaladas "realistas" imitando objetos, pues se advierte que han sido manipuladas demasiado y carecen de buen gusto y naturalidad.

Servicio de ensaladas

El sitio de la ensalada en el menú es antes del postre, pues por el vinagre o ácido que contiene, su función es quitar el sabor de grasa de la boca y preparar el paladar para el postre. La ensalada debe servirse bien fría y tratar que las hortalizas y hojas estén frescas.

Para adornar la ensalada y añadirle un poco de color, se pueden usar distintos alimentos, como los siguientes:

Pimiento verde o rojo	En ruedas, tiras y picado
Cebolla	En ruedas, en cuadritos
Tomates	En ruedas, cortado en cuatro o más partes
Rábanos	Enteros, en forma de flor, rebanados, cortados en cuatro o más partes
Perejil, berro, hojas tiernas de nabo, verdolaga, paretaria	Ramitas o pimpollos tiernos
Huevo duro	En ruedas, partidos por la mitad o en cuatro o más partes. La yema o la clara pasadas por un colador
Aceitunas	Enteras, rellenas o rebanadas, picadas
Pepinillos y cebollas	Encurtidos

Hortalizas crudas

ENSALADA DE TOMATES RELLENOS

6 raciones

6 tomates grandes maduros
¼ taza de repollo picado
¼ taza de guisantes frescos

¼ taza de pepinillos picados
3 cucharadas de mayonesa
1 cucharadita de sal

Lave los tomates y corte una rebanada en la parte superior. Saque la semilla y parte de la pulpa. Mezcle el repollo, los guisantes, el pepinillo, la mayonesa y la sal con la pulpa del tomate. Rellene con esta mezcla los tomates y sirva sobre hojas de lechuga.

ENSALADA DE ZANAHORIAS

4 a 6 raciones

1 mazo de zanahorias
½ taza de pasas

Hojas de lechuga
Salsa francesa

Lave, raspe y ralle las zanahorias. Mézclelas con las pasas y con la salsa francesa. Sirva sobre hojas de lechuga.

ENSALADA DE ZANAHORIAS Y PIÑA CON GELATINA

6 raciones

1 cucharada de gelatina
½ taza de agua fría
1½ tazas de zanahorias ralladas

1½ tazas de piña rallada
¼ taza de salsa mayonesa
Berros

Disuelva la gelatina en el agua fría y añada las zanahorias y la piña. Vierta en moldes y ponga en la nevera para que cuaje. Sirva sobre hojas de berro y adorne con mayonesa.

ENSALADA DE HORTALIZAS CRUDAS

6 raciones

4 pimientos verdes picados
1½ libras de repollo rallado
1 mazo de zanahorias ralladas

½ taza de salsa francesa
¼ taza de salsa mayonesa
Hojas de lechuga

Mezcle el repollo, los pimientos y la zanahoria y revuelva con la salsa francesa. Sirva sobre hojas de lechuga y adorne con la salsa mayonesa.

ENSALADA DE REPOLLO CON ZANAHORIAS
6 raciones

2 tazas de repollo picado
1 taza de zanahorias ralladas

½ taza de salsa mayonesa
Lechuga

Mezcle el repollo con la zanahoria y agregue la salsa mayonesa. Sirva sobre lechuga.

ENSALADA DE REPOLLO
6 raciones

1½ libras de repollo
¼ libra de gordura de jamón
¼ cucharadita de pimienta

1 cucharadita de sal
3 cucharadas de vinagre

Corte el repollo bien fino, como en hilos largos. Échelos en agua helada por 10 minutos. Escúrralos. Parta la grasa de jamón en pedazos pequeños, y fría a fuego lento hasta que se derrita toda la grasa y añádale la sal, el vinagre, la pimienta y el repollo. Revuelva bien antes de servir.

ENSALADA AMERICANA DE REPOLLO
8 a 10 raciones

1 libra de repollo picado
2 cucharaditas de harina
1 cucharadita de sal
2 cucharaditas de azúcar
¼ cucharadita de pimienta

1 yema de huevo batida
1 cucharadita de mantequilla
3 cucharadas de vinagre
½ taza de leche

Eche el repollo en agua helada por 15 minutos. Una la sal, la harina, el azúcar y la pimienta en la parte de arriba del baño de María. Añada la mantequilla, la yema de huevo, el vinagre y la leche y mueva constantemente. Cueza hasta que espese. Cuele y deje enfriar. Agregue el repollo y mezcle.

ENSALADA DE REPOLLO Y PIÑA
6 a 8 raciones

2 tazas de piña partida en
   pedazos pequeños
2 tazas de repollo rallado

½ taza de salsa hervida
Lechuga

Mezcle la piña y el repollo rallado con la salsa hervida. Sirva sobre hojas de lechuga.

ENSALADA DE LECHUGA AMERICANA

Corte la lechuga arrepollada americana en seis ruedas o divídala en seis partes. Sirva con Salsa rusa.

ENSALADA DE LECHUGA

6 raciones

1 mazo de lechuga
1 ajo partido
Salsa francesa

Ruedas de pimiento maduro
Ruedas de cebolla

Pase el ajo por el fondo y los lados de la ensaladera para que ésta adquiera el sabor de ajo. Corte las hojas de lechuga y colóquelas en la fuente. Adorne con ruedas finas de cebolla y pimiento maduro. Aderece con salsa francesa.

Nota: Si desea, en vez del ajo, espolvoree con un poco de azúcar.

ENSALADA DE PEPINILLO

6 a 8 raciones

3 pepinillos
Salsa francesa

Sal a gusto

Lave los pepinillos y remueva como ½ pulgada de cada extremo. Móndelos. Pase los dientes de un tenedor a lo largo del pepinillo para que al cortarlo la orilla quede en forma de festón. Rebane los pepinillos bien finos y espolvoree con sal. Aderece con salsa francesa.

BOTECITOS DE PEPINILLOS

8 raciones

4 pepinillos
1 pimiento maduro picado
1 pimiento verde picado
1 cebolla picada

½ taza de mayonesa
1 cucharada de vinagre
1 cucharadita de azúcar

Lave y parta los pepinillos a lo largo. Saque la pulpa sin romperlos. Mezcle los pimientos y la cebolla con el aliño. Rellene los botecitos y sírvalos sobre hojas de lechuga.

ENSALADA DE PIMIENTO ASADO

6 a 8 raciones

10 pimientos verdes
½ taza de aceite
4 cucharadas de vinagre

1 cucharadita de sal
¼ cucharadita de pimienta

Ase los pimientos y quite el pellejo y las semillas. Lave con agua de sal y parta en tiras. Mezcle el aceite, el vinagre y la pimienta y añada al pimiento. Si desea, sirva sobre hojas de lechuga.

Ensalada de frutas

La ensalada de frutas es una combinación de frutas frescas servidas sobre lechuga u otra hoja verde con un aderezo apropiado. La ensalada de frutas puede servirse como la ensalada o como el postre, y es una forma agradable y atractiva de variar el menú y consumir más frutas en nuestras comidas. La ensalada de frutas también se sirve helada, a veces se le agrega gelatina y se cuaja en la nevera o en una sorbetera. Esta ensalada se presta muy bien para servirla en recepciones y otras fiestas. Siempre debe darse preferencia a las frutas frescas del país, no obstante, pueden combinarse con algunas de las frutas que vienen en conserva para mayor variedad, sabor y color.

Combinación de distintas frutas para ensaladas:

1. Toronjas, guineo y papaya madura

2. Piña, mamey y guineo

3. China, papaya madura y guineo

4. Guineo y maní

5. Piña con ciruelas secas rellenas con queso crema

6. Toronja, manzanas y maní

7. Guineo y toronjas

ENSALADA DE FRUTAS

6 raciones

3 chinas
3 guineos
6 "marshmallows" partidos

3 cucharadas de salsa mayonesa
1 piña
2 toronjas

Parta los gajos de las chinas y las toronjas, los guineos y la piña en pedazos pequeños. Mezcle los "marshmallows" y la salsa mayonesa, y añada a las frutas. Sirva sobre hojas de lechuga.

Nota: Puede usar otras frutas en estación, como mamey y papaya madura, etc.

ENSALADA DE FRUTAS HELADA

8 a 10 raciones

1 taza de crema de leche
1 cucharada de salsa mayonesa
1 taza de azúcar
2 cucharadas de jugo de limón

1½ tazas de gajos de chinas partidos
1 taza de piña en cuadritos
¼ taza de cerezas picadas
1 taza de queso blando

Mezcle la crema, la mayonesa, el queso y el azúcar; agregue el jugo del limón y las frutas, y revuelva. Ponga en el congelador y deje endurecer lo suficiente para cortarla en ruedas y servirla sobre hojas de lechuga. Adorne con mayonesa o con crema batida.

ENSALADA DE MANZANA Y MANÍ

6 raciones

1½ tazas de manzana partida
   en cuadritos
Salsa mayonesa

½ taza de maní
Hojas de lechuga

Mezcle todos los ingredientes y sirva sobre las hojas de lechuga. Adorne con la salsa mayonesa.

Nota: Puede sustituir la manzana por guineo y el maní, por nueces.

Hervidas

ENSALADA DE ACELGAS
6 raciones

2 mazos de acelgas
2 tazas de agua
1 cucharada de sal
½ taza de aceite

¼ taza de vinagre
1 cucharadita de sal
¼ cucharadita de pimienta

Lave e hierva las acelgas ligeramente, no más de cinco minutos. Escurra y pártalas en pedazos. Mezcle el aceite, el vinagre, la sal y la pimienta y vierta sobre las acelgas. Adorne con ruedas de cebolla y tomate.

ENSALADA DE HABICHUELAS TIERNAS
6 raciones

1 libra de habichuelas
  tiernas hervidas
1 cebolla rebanada
2 tomates rebanados
¼ taza de aceite

¼ taza de vinagre
1 cucharadita de sal
¼ cucharadita de pimienta
1 ajo molido

Mezcle el aceite, el vinagre, la sal, la pimienta y el ajo molido y cuele antes de usarlos. Vierta la salsa sobre las habichuelas y adorne con la cebolla y el tomate.

ENSALADA DE CHAYOTE
6 raciones

4 chayotes
2 pimientos maduros asados

½ mazo de lechugas
½ taza de salsa francesa

Parta los chayotes en dos e hiérvalos hasta que se ablanden. Parta en pedazos pequeños y mezcle con la salsa. Sirva sobre hojas de lechuga y adorne con tiras de pimientos maduros.

La ensalada como plato principal

Hay ensaladas más sustanciosas que además de las hojas y hortalizas se les añade huevos, carnes, aves, pescado o langosta. Esta ensalada sirve como el plato fuerte de la comida y son las más adecuadas para comidas al estilo "buffet", para bodas, recepciones y otras funciones sociales. Cuando se va en excursiones al campo o a la playa, se sirve esta ensalada, pues por sí sola constituye una comida casi completa y, además, es muy fácil de llevar.

ENSALADA DE PAPAS

6 raciones

1½ libras de papas hervidas
½ taza de salsa francesa
¼ taza de mayonesa

1 pimiento maduro picado
1 pimiento verde picado
1 cebolla picada

Parta las papas en cuadritos y mezcle con la salsa francesa. Mezcle con los pimientos y la cebolla. Revuélvalos bien y sirva sobre hojas de lechuga. Adorne con salsa mayonesa.

ENSALADA DE HUEVOS Y PAPAS

6 raciones

6 huevos duros rebanados
6 papas hervidas rebanadas
Lechuga

Salsa francesa
½ cebolla rebanada
½ pimiento rebanado

Coloque las rebanadas de papas y huevo sobre la lechuga, y vierta el aderezo. Adorne con ruedas de cebolla y pimiento o rábanos cortados en flor.

ENSALADA DE PAPAS, JAMÓN Y HUEVOS

6 raciones

3 tazas de papas cortadas
en cuadritos
2 cucharadas de vinagre
1 cucharada de aceite
Sal a gusto
½ libra de jamón hervido

3 huevos duros
1 pimiento
1 cebolla
¼ taza de salsa mayonesa
1 taza de guisantes frescos

Mezcle el aceite, el vinagre y la sal; vierta sobre las papas y revuelva bien para que se sazonen. Corte el jamón, los huevos, el pimiento y la cebolla en cuadritos, y mezcle con las papas. Añada la salsa mayonesa y revuelva bien. Sirva sobre hojas de lechuga y adorne con los guisantes.

ENSALADA DE SESOS Y PAPAS

6 raciones

1 seso
1 libra de papas

½ taza de aceitunas rellenas
2 cebollas picadas

Limpie el seso e hierva. Parta en rebanadas. Hierva las papas y pártalas en rebanadas. Coloque hojas de lechuga en la fuente y ponga sesos y papas en camadas. Añada la cebolla y las aceitunas. Aderece con salsa francesa.

ENSALADA DE HABICHUELAS SOYAS

6 raciones

1 libra de ñame
3 huevos duros
1 taza de habichuelas soyas hervidas

1 mazo de lechuga
1 tomate rebanado

Hierva el ñame y córtelo en cuadritos. Corte los huevos también en cuadritos. Añada la sal, el aceite y el vinagre a gusto, y mezcle con las habichuelas. Sirva sobre hojas de lechuga. Adorne con ruedas de tomates.

FRIJOLES EN ENSALADA

6 raciones

1 libra de frijoles frescos
½ taza de aceite
1 cucharada de sal

¼ cucharadita de pimienta
¼ taza de vinagre
1 cebolla en rebanadas

Ablande los frijoles y escúrralos. Deje enfriar. Añada los demás ingredientes. Revuelva bien y sirva sobre hojas de lechuga.

Nota: Puede servir en igual forma gandules o habas frescas.

HABICHUELAS ESCABECHADAS

6 raciones

1 libra de habichuelas blancas
8 granos de pimienta
1 hoja de laurel
1 cucharada de sal

¼ taza de vinagre
½ taza de aceite
2 cebollas en rebanadas
3 dientes de ajo

Ablande las habichuelas y escúrralas bien. Caliente el aceite y sofría la cebolla y los ajos sin dejarlos dorar. Añada el vinagre y los demás ingredientes. Vierta esta salsa sobre las habichuelas y revuélvalas bien.

ENSALADA DE POLLO

6 raciones

3 tazas de pollo hervido
 partido en pedazos pequeños
¼ taza de salsa francesa
Aceitunas rellenas

1½ tazas de manzanas partidas
½ taza de salsa mayonesa
Hojas de lechuga

Mezcle el pollo con la salsa francesa. Añada las manzanas y la salsa mayonesa. Sirva sobre hojas de lechuga y adorne con las aceitunas.

Nota: 1) La manzana puede sustituirse por apio americano.
        2) Se puede usar Salsa para ensalada de pollo al final del capítulo.

ENSALADA DE PAVO

Siga las instrucciones para la Ensalada de pollo.

ENSALADA DE ROLLITOS DE JAMÓN

6 raciones

12 lonjas de jamón prensado
Pimiento morrón en tiras
Salsa mayonesa

Encurtidos dulces
Queso de crema
Lechuga picada

Ponga un poco de queso en cada lonja y forme los rollitos. Colóquelos sobre la lechuga y adorne con el encurtido dulce y el pimiento morrón. Sirva con salsa mayonesa.

ENSALADA DE CAMARONES

6 a 8 raciones

2 libras de camarones
 hervidos
Ruedas de limón
Aceitunas

⅓ taza de salsa francesa
Salsa rusa
Hojas de lechuga

Corte los camarones en pedazos si son grandes y mezcle con la salsa francesa. Sirva sobre hojas de lechuga. Eche la salsa rusa por encima y adorne con ruedas de limón y aceitunas.

ENSALADA DE LANGOSTA

4 raciones

1 langosta de 2 libras
Lechuga
2 huevos hervidos

1 tomate rebanado
Salsa francesa

Hierva la langosta en agua con sal por una hora. Quite el caparazón, saque la carne de la cola y las patas, y corte en pedazos pequeños. Agregue la salsa francesa y revuelva. Coloque la lechuga en una ensaladera o fuente. Ponga la carne en el centro y adorne con rebanadas de tomate y de huevos.

ENSALADA DE ATÚN

6 raciones

2 tazas de atún desmenuzado
6 pimientos verdes picados
Salsa mayonesa

6 tomates partidos
1 taza de apio americano o repollo
Hojas de lechuga

Mezcle la mayonesa con el atún, el apio, los tomates y los pimientos. Revuelva. Sirva sobre hojas de lechuga.

ENSALADA DE SALMÓN

6 a 8 raciones

1½ libras de salmón
3 huevos duros rebanados
Hojas de lechuga

¼ taza de salsa francesa o mayonesa
1 cebolla rebanada

Desmenuce el salmón y mezcle con la salsa francesa. Sirva sobre hojas de lechuga y adorne con los huevos y la cebolla.

Nota: Puede usar cualquier clase de pescado o salmón en conserva.

ENSALADA DE SARDINAS

6 raciones

1 lata de sardinas en
  conserva de 8 onzas
2 cucharadas de alcaparras

½ taza de aceitunas rellenas
Salsa francesa
Hojas de lechuga

Remueva las espinas de las sardinas. Coloque sobre hojas de lechuga. Aderece con la salsa francesa y adorne con las alcaparras y las aceitunas.

Salsas para ensaladas

SALSA FRANCESA

½ taza de aceite
¼ taza de vinagre

1 cucharadita de sal
½ cucharadita de pimienta

Mezcle todos los ingredientes y ponga en un envase tapado. Bata la salsa antes de usarla.

Nota: Para variar esta salsa puede añadirle unas gotas de jugo de cebolla, una pequeña cantidad de azúcar. Puede usar mitad jugo de limón y mitad vinagre, un grano de ajo machacado. Cuele antes de servir.

SALSA MAYONESA

½ cucharadita de sal
½ cucharadita de azúcar
¼ cucharadita de mostaza
⅛ cucharadita de pimienta

1 cucharada de vinagre
1 yema de huevo
1 taza de aceite

Una la sal, el azúcar, la mostaza, la pimienta y el vinagre. Añada la yema de huevo. Bata un poco. Eche una cucharada de aceite y bata bien ligero para que forme una emulsión. Una vez formada la emulsión, añada otra cucharada de aceite y vuelva a batir y a formar la emulsión. El resto del aceite no hay que añadirlo por cucharadas, pero la cantidad que vierta nunca debe ser mayor que el volumen de la mayonesa ya preparada. Cada vez que eche aceite, hay que batir mucho y ligero.

Nota: Para variar esta salsa puede añadirle: 1) ½ cucharadita de jugo de limón y ½ cucharadita de azúcar en polvo. 2) 2 cucharadas de queso rallado, 1 cucharadita de jugo de limón y ¼ cucharadita de sal. 3) ⅓ taza de azúcar en polvo, 2 cucharadas de jugo de limón y 1 taza de crema de leche batida.

SALSA CREMA DE MAYONESA

Añada a 1 taza de mayonesa, ⅓ de taza de crema de leche.

SALSA RUSA

1½ cucharadas de jugo de limón
2 cucharadas de salsa Chili

1 cucharada de salsa Worcestershire
½ taza de mayonesa

Mezcle todos los ingredientes en el orden que aparecen.

SALSA DE CREMA

1 cucharadita de sal
¾ cucharadita de mostaza
⅛ cucharadita de pimienta
4 cucharadas de harina
4 cucharadas de azúcar

1½ tazas de leche
2 huevos
¼ taza de vinagre
¼ taza de agua

Mezcle la sal, la mostaza, la pimienta, la harina y el azúcar; añada a la crema de leche y revuelva. Bata los huevos ligeramente y agréguelos. Mezcle el vinagre con el agua y añada a lo anterior. Cueza en baño de María hasta que espese.

SALSA HERVIDA

¼ cucharada de sal
1 cucharadita de mostaza
⅔ cucharada de azúcar
⅛ cucharada de pimienta
2 cucharadas de harina

1 huevo o 2 yemas batidas
2 cucharadas de mantequilla
¾ taza de leche
¼ taza de vinagre

Mezcle la sal, la mostaza, el azúcar, la pimienta, la mantequilla y la harina con la leche. Añada al huevo y bata constantemente, añadiendo el vinagre poco a poco. Cueza en baño de María hasta que espese. Cuele y sirva fría.

SALSA HOLANDESA

1½ cucharadas de mantequilla
1½ cucharadas de harina
¾ cucharadita de sal
¼ cucharadita de azúcar

1½ cucharadas de mostaza preparada
1 yema batida
1 clara batida
1½ tazas de leche

Derrita la mantequilla en baño de María, añádale la harina y mezcle bien. Agregue la leche y cuando esté bien unida, eche la sal, el azúcar y la mostaza. Añada la salsa caliente a la yema. Póngala de nuevo en baño de María y bátala. Agregue la clara batida y continúe batiendo hasta que esté bien mezclada.

SALSA PARA ENSALADA DE POLLO

½ taza de caldo de pollo
½ taza de vinagre
3 yemas de huevo
2 cucharadas de mostaza preparada

1 cucharadita de sal
¼ cucharadita de pimienta
⅛ taza de mantequilla
½ taza de crema de leche

Bata las yemas y añada la mostaza, la sal, la pimienta y el vinagre. Añada el caldo de pollo y cueza en baño de María moviendo constantemente hasta que espese. Cuele, añada la mantequilla y crema de leche, y deje enfriar.

Acompañantes para ensaladas

TOSTADAS DE QUESO
6 tostadas

Corte 6 rebanadas de pan viejo como de ⅓ de pulgada de grueso y quite la corteza. Ponga encima queso rallado y caliente en el horno para que el queso se derrita y el pan se tueste un poco. Sirva la tostada entera o parta en triángulos o en cuartos antes de ponerle el queso.

ROLLITOS DE PAN
6 rollitos

Corte 6 rebanadas finas de pan fresco y quite la corteza. Mezcle partes iguales de queso y mantequilla y bata para unirlo bien. Si es necesario sazone con sal. Unte cada rebanada con queso y forme un rollo. Ponga al horno por unos minutos para que se doren.

PAJITAS DE QUESO
6 raciones

1 taza de harina
½ cucharadita de sal
1 taza de queso rallado

1 huevo batido
2 cucharadas de agua fría

Mezcle la harina con la sal y el queso. Añada el huevo batido y el agua para formar una masa. Extienda bien fina con el rodillo, espolvoree con pimienta roja y corte en tiras de ¼ por 3 pulgadas. Cueza en horno caliente (400°F) hasta que doren.

Capítulo X

SOPAS

Minestrona

Sopas

La palabra sopa nos sugiere algo caliente, estimulante y bien condimentado. Como alimento servido al principio de la comida, la función de la sopa es más bien estimular el apetito que satisfacer el estómago. No obstante, tiene algún valor alimenticio; pero no es comparable con el de los demás platos del menú.

Clases de sopa. Hay distintas clases de sopa: los caldos o consumados (consommé) que sirven en recepciones y en comidas formales; los purés que contienen hortalizas o granos majados para darle consistencia al caldo; las sopas a base de caldo al cual se le echa fideos y a veces hortalizas en pedazos pequeños; las sopas a la crema, parecida a los purés, pero en vez de caldo se usa leche o una salsa blanca rala, y los sopones y otras sopas espesas.

Preparación de sopa. Proporción de hueso y carne.

⅔ *partes de carne magra*	*Hueso de rabo*
Pescuezo	*Hueso de la aguja*
Pecho	*Hueso blanco*
Faldilla (barriga)	*Hueso de la espinilla*
⅓ *parte de hueso*	

Para preparar el caldo, además del hueso y la carne, se acostumbra añadir sobrantes de otras carnes y menudo de aves. La carne se corta en trozos pequeños, el hueso también se parte, se le añade el agua fría y se deja en reposo como una hora antes de ponerla al fuego, pues el agua fría extrae todos los nutrimentos y el sabor de la carne. Se cuece a fuego lento y después que se ha servido se le añade la sal y demás condimentos. Para dar sabor a la sopa, se usan distintos condimentos: tomate, pimiento, cebolla, ají dulce, perejil, cilantro, zanahoria, nabos, sal, pimienta, maíz tierno, acelgas.

En otros países usan tomillo, hojas de laurel, canela en rajas, clavos de especia, puerro, sal de "celery", etc. Los condimentos, como los colores, deben combinarse bien. Sólo se añadirán al caldo aquellos que produzcan un sabor nuevo y agradable, y que sean necesarios, pues si a un caldo de gallina se le añaden demasiados condimentos, éstos neutralizan el sabor de la gallina, que es el que debe sobresalir.

Para que conserve el sabor, la sopa no debe hervir rápidamente ni destaparse con mucha frecuencia.[1] Si se le añaden hortalizas como zanahorias o papas para darle sabor y espesar el caldo, se cortan en cuadritos. Al caldo se le puede añadir el agua donde se hirvieron hortalizas, espaguetis y el líquido que traen los guisantes, espárragos y otras hortalizas en conserva.

Se economiza tiempo si el caldo para la sopa se prepara para dos días y se conserva bien tapado en la nevera; luego se usa durante la semana como base para varias clases de sopa.

---

1. La vasija más adecuada para hacer el caldo es una olla de aluminio grueso o de hierro esmaltado con una tapa que ajuste bien. Las sopas a la crema pueden hacerse en baño María.

Cómo servir la sopa. La sopa, como todo plato caliente, debe servirse caliente porque el calor le desarrolla el aroma y sabe mejor. Las sopas claras o caldos se sirven en tazas de dos asas para el almuerzo, recepciones y cenas. Si el caldo se sirve en la comida, entonces se usa el plato hondo y se le añade queso rallado o pan tostado.

Como acompañantes de la sopa, se acostumbra servir pan tostado, palitos de queso, galletitas, panecillos y galletas saladas.

Caldos

CALDO DE CARNE I
6 raciones

1 libra de carne de pecho
½ libra de hueso blanco
4 tazas de agua fría
1 cucharada de sal
2 zanahorias partidas
1 pimiento partido

1 cebolla partida
2 dientes de ajo
1 ramita de perejil o
   cilantro
1 tomate partido
2 onzas de jamón

Limpie la carne y pártala en pedazos pequeños. Eche la carne y los huesos en el agua fría durante media hora. Parta en pedazos las zanahorias, el pimiento, la cebolla, los dientes de ajo, la ramita de perejil, el tomate y el jamón. Ponga al fuego y, cuando hierva, reduzca el fuego y cueza durante dos horas o más. Cuele y sazone a gusto.

CALDO II
6 raciones

1 libra de hueso blanco
1 libra de faldilla
1 libra de carne de gallina
1 tallo de apio partido
8 tazas de agua
1 hoja de laurel
1 cucharada de manteca

1 taza de zanahorias partidas
1 taza de nabos partidos
¼ libra de jamón
1 cebolla
2 cucharadas de sal
1 rama de perejil

Parta la carne en pedazos pequeños. Dore la mitad de la carne con la manteca, y ponga con el hueso, las carnes y el jamón en agua fría por media hora. Añada la sal, las zanahorias, los nabos, el tallo de apio, las cebollas, la hoja de laurel y la rama de perejil. Deje hervir y baje el fuego. Cueza por dos horas. Cuele y sirva caliente.

CALDO III
6 raciones

1 libra de carne de pecho
1 libra de hueso de rabo
8 tazas de agua fría
1 cucharada de manteca
3 zanahorias partidas

1 cebolla
1 cucharada de sal
2 nabos
1 diente de ajo

Limpie la carne y córtela en pedazos pequeños. Eche los huesos y parte de la carne en el agua fría. Dore la otra mitad de la carne en manteca. Añádala y deje reposar por media hora. Añada las zanahorias, las cebollas, la sal, los nabos y el ajo. Hierva y reduzca el fuego. Cueza durante 2 horas. Sazone, cuele y sirva en tazas apropiadas.

Purés

PURÉ DE CALABAZA
6 raciones

6 tazas de caldo
1 libra de calabaza partida en pedazos

2 cucharadas de harina
1 cucharada de mantequilla

Hierva la calabaza en el caldo. Cuele y maje la calabaza. Mezcle la harina con un poco de caldo frío, añada la mantequilla y ponga al fuego, moviendo constantemente y añada el resto del caldo. Sazone a gusto y sirva caliente.

PURÉ DE GUISANTES
6 raciones

½ libra de guisantes
6 tazas de caldo
2 cucharadas de harina de trigo
2 cucharadas de mantequilla

¼ cucharadita de pimienta
1 cucharada de cebolla rallada
1 cucharada de sal

Ablande los guisantes. Escurra y maje bien. Una con el caldo la harina, la mantequilla, la pimienta, la cebolla y la sal. Ponga a fuego bajo y mueva hasta que hierva. Cuele, sazone y sirva caliente con pedacitos de pan tostado o pan frito.

Nota: Cualquier grano puede utilizarse para hacer este plato.

PURÉ DE PAPAS
6 raciones

6 tazas de caldo
1 libra de papas

2 cucharadas de mantequilla
1 cucharadita de maicena

Siga las instrucciones para Puré de calabaza.

Sopas

SOPA DE FIDEOS
6 raciones

6 tazas de caldo
1 onza de fideos partidos

2 papas partidas

Hierva el caldo y añádale los fideos y las papas. Cueza hasta que los fideos estén blandos, alrededor de 20 minutos.

SOPA JULIANA
6 raciones

6 tazas de caldo
¼ taza de habichuelas tiernas
    partidas a lo largo

¼ taza de zanahorias partidas a lo largo
¼ taza de nabos partidos a lo largo

Cueza en el caldo las habichuelas, las zanahorias y los nabos. Sazone a gusto y sirva caliente.

SOPA DE CASABE
6 raciones

6 tazas de caldo

½ taza de casabe molido

Eche el casabe molido en el caldo y mueva según lo va añadiendo. Cueza y mueva hasta que espese. Cuele y sirva caliente.

SOPA DE PLÁTANO
6 raciones

6 tazas de caldo

1 plátano verde rallado

Ralle el plátano por el lado fino del rallo y añádalo al caldo moviendo rápidamente. Cueza a fuego lento, cuele y sirva caliente.

SOPA DE AJO
6 raciones

3 cucharadas de aceite
6 dientes de ajo
6 tazas de caldo

6 rebanadas de pan tostado
6 huevos

Fría los ajos en aceite. Añada el caldo y deje hervir. Eche los huevos en el caldo. Ponga las rebanadas de pan en los platos y vierta el caldo caliente.

Nota: Se puede preparar usando agua con sal en vez de caldo.

SOPA DE CEBOLLA
6 raciones

1 libra de cebollas
5 cucharadas de mantequilla
6 tostadas de pan

6 cucharadas de queso
   parmesano
6 tazas de caldo

Parta las cebollas en rebanadas finas y fríalas en mantequilla, sin dorar. Divida en 6 partes. Ponga una tostada caliente en cada plato. Eche una parte de cebolla frita sobre el pan. Añada una cucharada de queso rallado a cada tostada. Eche una taza de caldo bien caliente sobre las tostadas. Sirva en seguida.

SOPA DE GALLINA
6 raciones

1 gallina de 3 libras
2 onzas de jamón
3 onzas de cebolla
2 dientes de ajo

8 tazas de agua
1 cucharada de sal
½ libra de papas partidas
2 onzas de pasta fina

Parta la gallina en presas y eche en el agua con el jamón, la cebolla, el ajo y la sal. Deje en el agua por media hora y ponga al fuego, hierva y reduzca el calor. Cueza hasta que la gallina esté blanda. Cuele el caldo. Añada las presas, las papas y la pasta. Continúe cociendo a fuego lento hasta que las papas estén blandas.

Nota: La sopa de pollo se hace siguiendo estas mismas instrucciones.

SOPA DE PALOMA
6 raciones

3 pichones de paloma
8 tazas de agua
½ cebolla
1 diente de ajo

2 onzas de jamón
Sal a gusto
2 papas en pedazos
¼ taza de arroz

Limpie y parta los pichones en dos, agregue el agua y deje por media hora. Añada la cebolla, el ajo y la sal. Lave el arroz y con las papas agréguelo al caldo. Deje cocer a fuego lento hasta que se ablanden las papas y el arroz esté cocido.

Sopas a la crema

SOPA DE CALABAZA A LA CREMA
6 raciones

1½ tazas de calabaza majada
1 cebolla pequeña rallada

3 tazas de salsa blanca

Añada a la calabaza majada, la cebolla y la salsa blanca. Deje hervir y sazone a gusto. Cuele y si queda espesa añada del agua en que hirvió la calabaza. Sirva caliente con galletas saladas o tostadas de pan.

SOPA DE TOMATE A LA CREMA
6 raciones

1 lata de tomates enteros
¼ cucharada de soda

2 tazas de salsa blanca caliente

Pase los tomates por un colador de alambre. Caliente y ponga aparte, y añada la soda. Una la salsa blanca a los tomates. Prepare en el momento de servirla.

SOPA DE PAPAS A LA CREMA
6 raciones

6 cucharadas de mantequilla
1 cucharada de cebolla rallada
¼ cucharadita de pimienta
3 cucharadas de harina de trigo

6 tazas de leche caliente
2 cucharaditas de sal
2 tazas de papas majadas

Prepare la salsa blanca derritiendo la mantequilla. Añada la sal, la pimienta y la harina, y mueva hasta formar una pasta. Eche la leche caliente y la cebolla, y mueva constantemente. Cuando hierva agregue las papas majadas. Sirva caliente.

SOPA DE YAUTÍA A LA CREMA

Siga las instrucciones para Sopa de papas a la crema usando yautía en vez de papas.

Sopones, sancocho y otras sopas

Los sopones, sancocho, cocido y otros platos similares, por la variedad y cantidad de ingredientes que llevan, forman un grupo aparte. Son más espesas y más nutritivas, y se sirven más bien como plato principal acompañado de otros alimentos para completar el menú.

SOPA DE HORTALIZAS PARA CUARESMA
6 raciones

1 cebolla picada	2 tazas de papas en cuadritos
5 cucharadas de mantequilla	1 taza de repollo picado
½ taza de zanahorias en cuadritos	2 cucharaditas de sal
	⅛ cucharadita de pimienta
½ taza de nabos en cuadritos	4 tazas de agua

Fría la cebolla con la mantequilla sin dejarla dorar. Añada la zanahoria, los nabos, las papas y el repollo. Revuelva y sofría por 3 minutos. Añada la sal, la pimienta y el agua. Deje hervir todo a fuego bajo hasta que las hortalizas estén blandas. Sazone y sirva caliente.

CALDO CON MOFONGO
6 raciones

7 tazas de caldo	1 libra de papas mondadas y enteras
2 plátanos verdes	1 hoja de cilantro
2 plátanos maduros	

Hierva en el caldo los plátanos verdes, el cilantro y las papas. Cuando estén cocidos muela los plátanos, forme bolas y échelas al caldo. Hierva los plátanos maduros en agua con sal y, una vez cocidos, forme bolas. Añádalas. Sazone a gusto y sirva caliente.

Nota: Al caldo se le puede echar carne de gallina o costillas de cerdo si se desea.

CALDO GALLEGO

6 raciones

6 tazas de agua fría
½ libra de habichuelas
    blancas frescas (o secas puestas
    en agua durante la noche)
½ libra de jamón
3 dientes de ajo
1 libra de gallina
1 libra de repollo en pedazos

¼ libra de tocino
½ libra de tomates
1 cucharada de sal, a gusto
1 libra de carne de res
1 cebolla
2 libras de papas partidas
1 mazo de nabos en pedazos

Prepare el caldo con las carnes, las habichuelas, la cebolla, los ajos, el tomate y el tocino. Sazone y añada las papas, los nabos y el repollo. Cueza hasta que todo esté cocido. Antes de servir eche un poco de aceite y como una cucharadita de vinagre o zumo de naranja. Debe quedar espeso.

SOPÓN DE GANDULES

6 raciones

1 libra de gandules
6 tazas de agua
1 taza de sofrito
1 taza de arroz

1 libra de papas partidas
1 libra de calabaza partida
1½ cucharadas de sal

Cueza los gandules a fuego lento. Cuando estén blandos añada el sofrito, el arroz, la calabaza y las papas. Sazone y deje hervir. Baje el fuego y cueza hasta que el arroz esté blando. Retire del fuego y sirva caliente.

Nota: Puede sustituir los gandules por garbanzos, soyas, frijoles o habichuelas.

SOPÓN DE HABICHUELAS

Siga las instrucciones para Sopón de gandules y omita la calabaza.

SOPÓN DE ARROZ Y BACALAO

6 raciones

½ libra de bacalao
1 taza sofrito
1 cucharada de sal

6 tazas de agua
2 tazas de arroz

Limpie el bacalao y quítele las espinas. Parta en pedazos y ponga en agua por una hora para quitarle parte de la sal. Escurra. Prepare el sofrito y agregue el bacalao. Añada el agua y deje hervir por cinco minutos. Agregue el arroz, sazone y cueza a fuego lento hasta que el arroz esté blando. Sirva en seguida.

Nota: Los sopones deben servirse tan pronto están.

SANCOCHO
8 raciones

1 libra de faldilla partida
½ libra de carne de cerdo partida
½ libra de papas
½ libra de ñame
2 plátanos
2 mazorcas de maíz
2 hojas de cilantro
1 cucharada de sal

½ libra de yautía
½ libra de calabaza
8 tazas de agua
2 onzas de jamón partido
1 cebolla partida
2 tomates partidos
1 pimiento partido
1 ají dulce

Eche la carne en el agua fría y añádale el jamón, la cebolla, los tomates, el pimiento, el cilantro, el ají y la sal. Cueza a fuego lento moderado hasta que la carne esté blanda. Sazone, añada las viandas y deje hervir hasta que estén blandas.

RANCHO
8 raciones

1 libra de carne faldilla
6 tazas de agua
1 cebolla partida
1 tomate partido
1 libra de garbanzos
l libra de papas en pedazos

1 libra de calabaza en
    pedazos
1 cucharada de sal
½ taza de fideos
1 libra de repollo en pedazos
1 pimiento

Prepare un caldo con la carne, los garbanzos, el pimiento, el tomate y la cebolla. Cuando los garbanzos estén blandos, añada los demás ingredientes. Sazone y sirva tan pronto las hortalizas y los fideos estén blandos.

COCIDO
8 raciones

1 libra de carne faldilla
¼ libra de jamón partido
1 libra de garbanzos
1 cebolla partida en pedazos
1 diente de ajo
1 libra de papas en mitades

2 tomates partidos
2 pimientos partidos
1½ cucharadas de sal
2 chorizos partidos en ruedas
6 tazas de agua
½ libra de repollo partido

Eche los garbanzos en agua por varias horas. Ponga la carne, el jamón, los garbanzos, la cebolla y el ajo, los tomates y los pimientos en el agua fría. Cueza a fuego lento hasta que la carne y los garbanzos estén blandos. Añada los chorizos, las papas y el repollo. Sazone y deje hervir hasta que las papas estén blandas y el caldo quede un poco espeso.

Nota: También se le puede añadir habichuelas tiernas y zanahorias.

MINESTRONA

8 raciones

1 libra de faldilla
½ libra de jamón
2 cebollas picadas
2 dientes de ajo machacados
1 taza de nabos
1 taza de fideos gruesos
2 tazas de repollo
2 tazas de zanahorias partidas

1 taza de tomates picados
2 pimientos picados
6 tazas de agua
1 cucharada de sal
1 taza de habichuelas
1 libra de papas
½ libra de habichuelas tiernas
½ taza de queso parmesano rallado

Prepare un caldo con la carne, el jamón, la cebolla, los ajos y los pimientos. Añádale al caldo los demás ingredientes y cueza a fuego moderado durante media hora o hasta que las hortalizas y los fideos estén blandos. Sazone a gusto. Sirva caliente y espolvoree con queso parmesano.

Sopa fría

GAZPACHO

6 raciones

1 diente de ajo
¼ cucharadita de pimienta
  en grano
½ cucharadita de sal
3 cucharadas de aceite
4 tazas de agua

2 cucharadas de vinagre
4 tomates picados
2 cebollas picadas
2 pepinillos picados
2 pimientos picados

Muela el ajo junto con la pimienta, la sal y añada el aceite, el agua y el vinagre. Cuele y agregue a las hortalizas picadas. Ponga en la nevera por varias horas y añada cuadritos de pan antes de servirlo.

Capítulo XI
CARNES

Posta de ternera al jerez

Carnes

La carne es uno de los nutrimentos más importantes de la alimentación del hombre. Entre los animales cuya carne se utiliza para el consumo humano se incluyen el buey, la vaca, la ternera, el cerdo, el cabro, la oveja o carnero y el conejo, entre otros.

Las carnes que más se consumen son las de buey y vaca (que se conocen como carne de res), la carne de cerdo y la de ternera. La carne de cabro o "chivo" gusta mucho, pero su producción es escasa. La carne de conejo, que es muy sabrosa y tierna, no se consume lo suficiente porque la crianza de conejos es muy limitada y no se le presta la debida atención.

Cuidado de la carne

Cuando se compra carne que viene envuelta en papel, debe sacarse inmediatamente, pues el papel absorbe los jugos de ésta. Para limpiarla no se pone bajo el chorro de la pluma ni se sumerge en agua como hacen muchas personas, sino que se limpia con un paño húmedo, para conservar sus jugos y nutrimentos. Si no hay nevera se guarda en un lugar fresco y ventilado. En la nevera se pone en una vasija destapada y en la parte más fría.

En los mataderos la carne se pone a "envejecer", esto es, se cuelga y se deja en reposo varias horas antes de comerse. Esto desarrolla un mejor sabor en la carne y contribuye a que se cueza más ligero. Durante el envejecimiento los músculos adquieren cierta rigidez, pero pasada esta fase, vuelven a adquirir flexibilidad y firmeza. Las carnes de reses acabadas de sacrificar tienen las fibras blandas, son gelatinosas al tacto, no tienen buen sabor y tardan más en cocerse.

Valor alimenticio de la carne

Entre todos los alimentos, la carne provee la proteína de mejor calidad y contiene además sales de hierro, tiamina, riboflavina y niacina. Las vitaminas y el hierro se encuentran en mayor cantidad en los órganos interiores como el hígado, el riñón y el corazón. La morcilla, hecha con la sangre del cerdo, es muy rica en hierro y el hígado de cerdo contiene más sales minerales y vitaminas que cualquier otra clase de carne.

La calidad y sabor de la carne depende de la edad del animal, de la alimentación que ha tenido, del trabajo o ejercicio que haya hecho, y de la cantidad de grasa distribuida en distintas partes del cuerpo. Por eso el sabor de cada corte o pieza de carne varía, y es más o menos blanda de acuerdo con la parte del cuerpo de donde proviene.

Las carnes más blandas son el filete y el lomillo; le siguen la masa de la espalda, la faldilla, el pecho y el pescuezo.

Ofrecemos en la siguiente tabla una descripción de los distintos cortes de carnes y los cortes americanos que corresponden a éstos:

TABLA VIII

DESCRIPCIÓN DE DISTINTOS CORTES Y SUS EQUIVALENTES EN CORTES AMERICANOS

CORTES EN PUERTO RICO	DESCRIPCIÓN	USO	CORTES EN EE.UU	DESCRIPCIÓN	USO
Garrón	Se extiende de la rodilla a la pezuña Se vende como pata de res.	Sopa	Shank		Sopa Para obtener gelatina
Pernil trasero	Pernil trasero se extiende desde el hueco de la cadera hasta la rodilla. Incluye la babilla, el lechón o gansillo y la masa larga y redonda.		Round	Se corta a través en tajadas (steaks) de una pulgada de gruesa, que pesan de 1 a 1 ½ libra.	Asados Bistec Guisar Bollos Picadillo
Babilla	Masa de forma ovalada. Tiene en el centro grasa y tejidos blancos.	Bistec Posta al caldero			
Lechón o Gansillo	Por su forma se le da también el nombre de lechón. Masa larga, redonda en forma de un rollo, cubierto con tejidos adiposos.	Guisar Mechar Bistec	Shortloin	Incluye el filete y el lomillo. Se corta a través en bistecs que se conocen como el "Sirloin" que está próximo a la cadera, el "Porterhouse" y luego el "Club" o "Delmonico". Estos bistecs se conocen por la forma del hueso que tienen.	Bistec
Lomillo	Masa blanda y jugosa, más ancha que el filete. Contiene muy poca grasa. Los músculos se extienden a lo largo.	Bistec Asados			
Filete	Es una masa larga, redonda, gruesa hacia el centro y termina en punta. Es la carne más blanda.	Bistec Rosbif Asada Filetemignon	Tenderloin		Bistec Rosbif Filetemignon Asada

Espalda	Contiene el hueso de la paletilla y cinco costillas y el sobrelomo, o sea, la masa sobre la espada. Es masa dura y de poco sabor.	Picadillo Cocido Guisar	Chuck	Contiene las primeras cinco costillas; la carne es blanda y sirve para bistec	Bistec Asados Postadero Molida para rollos
Cadera	Masa que llena el hueco entre el hueso de la cadera y las vértebras. Es bastante blanda y de poco sabor	Posta al caldero Albóndigas Guisar Bistec	Rump		Molida para rollos Asadas Postas Guisar
Faldilla	Masa que cubre la barriga del animal, tiene muchos tejidos y un poco de grasa; los músculos son ásperos, la carne es dura pero tiene buen sabor.	Sopas Guisar	Flank		
Pecho	Carne que cubre el pecho, parecido a la fadilla.	Sopa Cocido	Brisket		

Método de cocer la carne

La carne se cuece para hacerla más blanda, más apetitosa y para destruir cualquier organismo que pueda tener. La manera más adecuada para cocer la carne consiste en someterla a una temperatura baja y mantenerla uniforme todo el tiempo; es decir, a fuego lento. El exceso de calor hace que los músculos se encojan y los jugos se pierdan, y esto endurece la carne y la merma.

Como en un mismo animal hay carnes blandas y carnes menos blandas, para cada una siga las siguientes recomendaciones.

Para cocer las carnes blandas: como filete y lomillo, masa de cadera y babilla:

Asada en horno, en una vasija o molde descubierto

Asada a la parrilla, en horno

Asada a la parrilla sobre fuego vivo o brasas frita

Para cocer las carnes menos blandas: como faldilla, masa de espalda:

Al caldero, a fuego lento y tapada

En fricasé guisada

En olla de presión

Las carnes duras se cuecen mejor en muy poca agua y en una vasija con tapa bien ajustada que impida el escape del vapor. Las vasijas de metal grueso como el hierro y el aluminio fundido son excelentes, así como la olla de presión.

La carne de cerdo debe cocerse completamente para desarrollar su sabor y para que pierda parte de la grasa.

La ternera debe condimentarse horas antes de cocerla para que adquiera sabor. Como no tiene mucha grasa, debe cocerse en su propio jugo o con muy poca agua. Para que conserve los jugos, es conveniente rebozarla para freírla o cocerla al horno.

Hervida

ROPA VIEJA
8 raciones

Carne sobrante de la sopa
como 2 libras
2 tomates partidos
2 pimientos partidos

2 cebollas rebanadas
2 cucharadas de manteca
1 cucharada de alcaparras
Sal y ajo a gusto

Deshilache la carne y adóbela con sal y ajo a gusto. Sofría los tomates, las cebollas y los pimientos y añada la carne y las alcaparras. Cueza a fuego lento.

CARNE CECINA ENTOMATADA
6 raciones

1½ libras de carne cecina
3 cucharadas de manteca
1 libra de tomates partidos
Sal a gusto

2 cebollas rebanadas
1 diente de ajo machacado
2 pimientos rebanados

Ponga la carne cecina en agua durante dos o tres horas. Pártala en pedazos e hierva hasta que esté blanda. Escurra y desmenúcela. Sofría los tomates, las cebollas y los pimientos y añádale el ajo machacado. Agregue la carne. Revuélvase bien y tape. Cueza a fuego lento por espacio de 15 minutos.

Nota: Sirva con papas fritas o viandas hervidas.

CARNE CECINA CON HUEVO
6 raciones

1½ libras de carne cecina
3 cucharadas de manteca
2 cebollas rebanadas

5 huevos batidos
½ cucharadita de sal

Parta en pedazos la carne cecina y póngase en agua durante dos horas.

Hierva hasta que esté blanda. Desmenúcela. Fría la cebolla sin dejarla dorar. Añada la carne y mezcle. Cueza a fuego lento por diez minutos. Agréguele los huevos batidos y revuelva poco a poco hasta que los huevos se cuezan. Sirva caliente.

ALBÓNDIGAS DE CARNE DE CERDO
6 raciones

1½ libras de carne de cerdo de masa	½ libra de carne de pecho
1 cebolla	¼ cucharadita de pimienta
2 tazas de agua	1 cucharada de sal
3 yemas de huevo	3 claras de huevo
1 cucharadita de sal	3 cucharadas de pan rallado

Muela la carne. Añada la pimienta, la sal, las claras de huevo y el pan rallado. Mezcle todo bien. Déle forma de albóndigas. Prepare un caldo con la carne, la cebolla, el agua y la sal. Saque los huesos. Eche las albóndigas y cuézalas por 30 minutos. Bata las yemas y échelas en el caldo. Mueva y sazone a gusto. Sírvalas calientes.

JAMÓN HERVIDO
15 a 18 raciones

1 jamón de 9 a 12 libras

Ponga el jamón en agua por varias horas. Hierva a fuego moderado hasta que el cuero esté un poco blando. Saque del agua y quite el cuero. Hierva otra vez a fuego moderado de dos a tres horas o hasta que esté blando.

JAMÓN EN VINO
15 a 18 raciones

1 jamón hervido	1 cucharadita de clavos de especia
1½ libras de azúcar mascabado	1 litro de vino
2 rajas de canela	

Una el azúcar, la canela, los clavos de especia y el vino y póngalo a hervir con el jamón. Vire el jamón de un lado a otro entre ratos. El fuego debe ser moderado. Retire el jamón cuando esté blando y el almíbar espeso. Sirva en lonjas con almíbar.

Nota: vea la receta para Jamón hervido. Puede usar jamón que se vende ya hervido

Al vapor

CARNE FRÍA
6 raciones

1 libra de babilla
½ libra de jamón
½ cucharadita de nuez moscada
2 cucharadas de mantequilla

¼ cucharadita de pimienta
1 cucharadita de sal
2 huevos batidos
⅓ taza polvo de galleta

Muela la carne con el jamón y use la cuchilla más fina de la máquina. Añada la nuez moscada, la pimienta, la sal, los huevos, polvo de galleta y mantequilla. Eche la carne en la parte superior del baño de María y aplane para que quede compacta. Cueza en baño de María por 45 minutos. Sírvala fría.

Guisada

CARNE GUISADA
6 raciones

1½ libras masa de espalda
1 cucharada de sal
2 tomates en rebanadas
2 pimientos en rebanadas
2 cebollas en rebanadas

3 dientes de ajo machacado
4 cucharadas de manteca con achiote
1 cucharada de vinagre
1½ libras de papas

Limpie la carne y córtela en pedazos. Adóbela con ajo, sal y vinagre. Eche en un caldero y añádale los demás ingredientes. Revuelva todo, ponga a fuego lento y añádale 1 taza de agua y las papas. Manténgala a fuego lento hasta que se ablande.

POSTA AL CALDERO
10 raciones

2½ libras de babilla
1 diente de ajo machacado
1½ cucharadas de sal
2 cucharadas de cebolla picada

1 cucharada de vinagre
4 cucharadas de manteca
2 tazas de agua
1½ libras de papas pequeñas

Limpie la carne. Haga incisiones pequeñas con un cuchillo fino afilado. Mezcle el ajo, la sal, la cebolla y el vinagre y adobe la carne sin partirla. Dore en manteca caliente. Añada el agua, tape y cueza a fuego lento hasta que esté blanda. Añada las papas a la carne antes de que el líquido se haya evaporado. Deje a fuego lento hasta que las papas se cuezan.

CARNE MECHADA

8 a 10 raciones

1 lechón o gansillo de 2 ó 3 libras
¼ libra de jamón en tiras
¼ libra de tocino en tiras
1 cucharada de vinagre
1 cucharada de alcaparras
1 taza de agua

1 cucharada de aceitunas sin semilla
1 diente de ajo machacado
1 cebolla en pedacitos
4 cucharadas de manteca
6 papas medianas

Con un cuchillo fino y afilado haga unos cortes o incisiones en la carne. Mezcle el jamón, el tocino, la cebolla, la sal, las aceitunas y las alcaparras; y meche la carne. Adobe por fuera con la sal, el ajo y el vinagre. Dore en la manteca. Añade el agua. Tape y cueza a fuego lento, agregue las papas y retire del fuego cuando la carne esté blanda y la salsa espesa.

CHULETAS DE CERDO AL CALDERO

8 raciones

8 chuletas
2 ajos machacados
1 cucharadita de sal
2 cebollas rebanadas
½ taza de guisantes

¼ taza de salsa de tomate
3 cucharadas de aceite
½ taza de vino blanco
Harina de trigo

Adobe las chuletas con la sal y el ajo y envuelva en harina. Fría en el aceite para dorarlas. Añádale las cebollas, los guisantes, la salsa de tomate y el vino. Tape y cueza a fuego lento como por ½ hora hasta que las chuletas estén blandas.

PERNIL DE CERDO AL CALDERO

12 a 14 raciones

1 pernil de 5 a 6 libras
2 cucharadas de sal
¼ cucharadita de pimienta
½ taza de manteca

2 dientes de ajo machacados
2 cucharadas de vinagre
1 cucharadita de orégano en polvo
2 tazas de agua

Haga incisiones a la carne con un cuchillo fino. Mezcle la sal, la pimienta, el orégano y el ajo, e introduzca estos condimentos en las incisiones y adobe por fuera. Vierta por encima el vinagre y deje el pernil en este adobo durante 3 ó 4 horas o si es posible toda la noche. Caliente la manteca y dore el pernil por ambos lados. Cubra con agua, reduzca el fuego y vire de un lado a otro entre ratos. Tarda generalmente de 2 a 3 horas en ablandarse.

PERNIL DE TERNERA MECHADO

10 a 12 raciones

1 pernil de 4 libras
2 cucharadas de sal
1 cucharadita de pimienta
1 cucharadita de orégano en polvo
½ taza de manteca

2 cucharadas de vinagre
3 huevos duros
¼ libra de jamón en tiras
3 lonjas de tocineta
2 dientes de ajo machacados

Mezcle la sal, la pimienta, el orégano, los ajos y el vinagre y adobe el pernil. Con un cuchillo fino haga incisiones e introduzca en éstas los huevos, el jamón y la tocineta. Deje en el adobo por varias horas. Caliente la manteca y dore el pernil por ambos lados. Cubra con agua y cueza a fuego lento por dos horas o hasta que el pernil esté blando y la salsa espesa.

POSTA DE TERNERA AL JEREZ

10 raciones

2½ libras de ternera
5½ onzas de setas
7 onzas de tomates
¼ taza de vino Jerez
1 cebolla rebanada
2 tomates pelados

1 cucharadita de sal
¼ taza de manteca
1 ramita de perejil picado
2 hojas de laurel
4 clavos de especia
½ taza de agua caliente

Adobe la ternera el día anterior u horas antes de ponerla al fuego. Eche la manteca en el caldero y dore la posta a fuego alto. Añada el agua, el vino, la sal, la cebolla, los tomates, el perejil, las hojas de laurel. Tape y cueza a fuego lento. Añádale un poco más de agua si fuese necesario.

LENGUA DE TERNERA ESTOFADA

6 raciones

1 lengua de ternera de 2 libras
4 dientes de ajo
2 hojas de laurel
Tomillo
1 taza de guisantes

½ taza de aceite
¾ cucharadita de sal
½ taza de vino
2 cebollas rebañadas (3½ onzas)

Ponga la lengua en agua fría y a fuego moderado hasta que ablande un poco. Retire del agua y quite la piel. Corte en ruedas y ponga en un caldero con el aceite, la sal, el vino, las cebollas, los ajos, el laurel y el tomillo. Tape y cueza a fuego lento como por 45 minutos hasta que esté completamente blanda. Agregue los guisantes antes de retirar del fuego.

ESTOFADO DE CONEJO

6 raciones

1 conejo de 3 libras
1 cucharada de sal
½ cucharadita de orégano
2 dientes de ajo
½ libra de cebollas
  pequeñas enteras
½ taza de aceitunas

1 hoja de laurel
1 taza de aceite
¼ taza de vino Jerez
1 libra de papas pequeñas
¼ libra de jamón partido
2 tomates partidos

El día anterior lave el conejo con agua de limón o de naranja. Corte en presas y adobe con la sal, el orégano y el ajo. Eche en un caldero con la cebolla, el jamón, las aceitunas, la hoja de laurel, el aceite y el tomate. Revuelva bien y cueza a fuego lento por una hora. Añada las papas y cueza hasta que estén blandas. Añada el vino antes de retirar del fuego.

CONEJO AL JEREZ

6 raciones

1 conejo limpio dividido en
  presas, 3 libras
¾ taza de vino Jerez
1 taza de agua
1 hoja de laurel
6 granos de pimienta
2 clavos de especias
Sal a gusto

1 cucharada de harina de trigo
4 cucharadas de manteca
3 onzas de jamón partido
1 onza de tocino partido
1 cebolla
1 diente de ajo entero
Perejil

Adobe el conejo y sofría hasta que esté dorado. Añádale el jamón, el tocino, la cebolla, el perejil y el ajo. Sofría todo a fuego lento y agregue la harina y revuelva bien, luego añada ¼ de taza de vino y el agua. Cueza por un rato. Retire del fuego y cuele la salsa. Coloque el conejo otra vez en el caldero y agregue la salsa. Añada la hoja de laurel, la pimienta, los clavos de especia y la sal y cueza a fuego lento hasta que la carne esté blanda. Agregue la ½ taza de vino restante minutos antes de llevar a la mesa.

ESTOFADO DE CABRITO

8 raciones

4 libras de carne de cabrito
1 naranja agria
3 cucharadas de sal
2 dientes de ajo machacados
½ cucharadita de pimienta u orégano
2 cucharadas de vinagre
½ libra de cebollas pequeñas
1 taza de vino tinto

¼ libra de tocino partido
¼ libra de jamón partido
12 aceitunas
1 cucharada de alcaparras
1 hoja de laurel
1 taza de aceite
1 taza de tomates picados
4 pimientos morrones

Limpie la carne y lávela con jugo de naranja. Parta en pedazos. Adobe con la sal, el ajo, la pimienta y el vinagre. Añada todos los demás ingredientes, excepto el vino, y revuelva bien. Cueza a fuego lento y tapado hasta que la carne se ablande. Añade el vino antes de retirarlo del fuego.

CABRITO A LA CAZADORA

6 a 8 raciones

4 libras de carne de cabro
1 naranja agria
3 cucharadas de sal
2 dientes de ajo machacados
1 taza de vino blanco
Perejil

½ cucharadita de pimienta
¼ libra de tocino partido
1 cebolla picada
1 hoja de laurel
½ taza de manteca

Lave la carne con el jugo de la naranja. Parta en pedazos, adobe horas antes de ponerla al fuego. Caliente la manteca y dore la carne, añada la cebolla, el tocino, el laurel, y cueza a fuego moderado durante diez minutos revolviendo de vez en cuando. Añada el vino y cueza hasta que esté blanda. Agregue el perejil antes de servir.

HÍGADO DE TERNERA CON VINO

6 raciones

1½ libras de hígado en lonjas finas
¼ taza de harina de trigo
½ cucharadita de sal
⅛ cucharadita de pimienta
½ taza de aceite de oliva

2 onzas de jamón hervido picado
¼ taza de cebolla picada
2 cucharadas de perejil
1 taza de caldo
¼ taza de vino dulce

Mezcle la harina con la sal y la pimienta, y envuelva las lonjas de hígado en la harina. Fríalas en el aceite hasta que estén doradas por ambos lados. Retire de la sartén. En el aceite que queda, eche el jamón, la cebolla y el perejil y sofría hasta que la cebolla esté blanda. Añada el caldo y el vino. Revuelva y agregue el hígado. Cueza a fuego lento hasta que el hígado esté blando. Sirva con ruedas de limón.

GANDINGA

8 raciones

2 libras de gandinga
2 cebollas picadas
2 tomates picados
1 cucharada de vinagre
1 cucharada de manteca con achiote
1 diente de ajo machacado
1 taza de agua
1 libra de papas partidas

¼ cucharadita de orégano en polvo
1½ cucharaditas de sal
2 pimientos picados
1 ají dulce
1 rama de cilantrillo picado
1 cucharada de alcaparras
½ taza de aceitunas

Parta la gandinga en pedazos pequeños. Añada la cebolla, el tomate, el pimiento, el ají, el cilantrillo, el ajo, el orégano, la sal, el agua y el vinagre. Revuelva todo. Agregue la manteca, las alcaparras y las aceitunas. Cueza a fuego lento durante una hora. Añada las papas y sirva cuando las papas estén cocidas.

MONDONGO

6 raciones

1½ libras de mondongo
1 naranja agria
1 pimiento partido
1 cebolla partida
2 tomates partidos
2 cucharadas de manteca
¾ libra de papas partidas
1 taza de garbanzos cocidos

2½ cucharaditas de sal
2 hojas de cilantro
1 ramita de perejil
½ cucharadita de manteca con achiote
½ libra de calabaza partida
¼ libra de jamón partido
1 ají dulce partido
4 tazas de agua

Lave el mondongo con el jugo de la naranja, cubra con agua, hierva por unos minutos y escurra. Parta en pedazos pequeños. Prepare un sofrito con el pimiento, la cebolla, los tomates, el jamón, el ají, el cilantro y el perejil. Agregue el sofrito, el agua, los garbanzos y la sal al mondongo. Cueza a fuego lento hasta que el mondongo esté blando. Añada las papas y la calabaza. Retire del fuego cuando estén blandas.

PATITAS DE CERDO GUISADAS

6 raciones

2 libras de patitas de cerdo
  saladas
½ libra de garbanzos
6 tazas de agua
2 cucharaditas de sal
1 pimiento partido
2 tomates partidos

2 onzas de jamón partido
1 chorizo partido
2 hojas de cilantro
1 cucharada de manteca con achiote
½ libra de papas partidas
½ libra de calabaza partida
1 cebolla partida

Parta las patitas y ponga en agua por varias horas. Hierva las patitas y los garbanzos hasta que ablanden un poco. Agregue un sofrito con el pimiento, la cebolla, los tomates y el jamón. Añada el sofrito, la sal, el chorizo y el cilantro a las patitas. Cueza a fuego moderado. Agregue las papas y la calabaza, sazone a gusto y retire del fuego cuando estén blandas.

Nota: Si usa patitas de cerdo frescas, adobe con sal y orégano el día anterior.

RIÑONES GUISADOS

6 raciones

1½ libra de riñones
½ taza de salsa de tomate
2 cebollas
½ cucharada de sal

1 diente de ajo machacado
1 cucharada de vinagre
4 cucharadas de aceite

Quite toda la grasa a los riñones, ábralos por el medio y ponga en un caldero caliente. Cada vez que suelte líquido seque con papel absorbente. Retire del fuego, lave y parta en pedazos menudos. Mezcle la salsa de tomate, la cebolla, la sal, el ajo, el vinagre y el aceite con los riñones. Cueza a fuego lento por 20 minutos y sírvalos en seguida.

RIÑONES AL JEREZ

6 raciones

1½ libras de riñones
1 cebolla picada
4 cucharadas de mantequilla o aceite
½ cucharada de sal

⅛ cucharadita de pimienta
2 cucharadas de harina de trigo
½ taza de vino Jerez

Limpie los riñones como se indica en la receta anterior. Parta en pedacitos. Dore la cebolla en la mantequilla o el aceite, y añada los riñones, la sal y la pimienta. Cueza a fuego lento por 20 minutos. Añada el vino. Sirva tan pronto estén.

CHOP SUEY DE REPOLLO
6 raciones

1 libra de carne de cerdo
  magra
2 tazas de agua
1 cucharada de sal
4 cucharadas de manteca
2 cebollas
1½ cucharadas de maicena

2 tazas de arroz cocido
1 cucharada de vinagre
1½ cucharadas de melao
1 cucharadita de salsa inglesa
¼ cucharadita de pimienta
3 tazas de repollo picado fino
2 tazas de caldo

Hierva la carne en agua con sal. Sáquela y deshiláchela. Sofría en la manteca. Parta la cebolla en rebanadas finas y agregue a la carne. Añada el repollo, el vinagre, el melao, la salsa y la pimienta y mueva todo. Disuelva la maicena en el caldo donde hirvió la carne. Agréguelo a lo anterior. Cueza hasta que espese. Sirva sobre arroz cocido.

ROSBIF
6 raciones

2 libras de filete
3 dientes de ajo
1 cucharada de sal

½ cebolla rallada
1 cucharada de vinagre
½ taza de manteca

Limpie el filete y adóbelo entero. Caliente la manteca. Eche el filete y dórelo. Cubra y baje el fuego. Cueza por espacio de 15 a 20 minutos.

FILETE RELLENO CON HORTALIZAS
6 raciones

2½ libras de filete
1 cucharada de sal
3 dientes de ajo
½ cebolla picada
2 cucharadas de aceite
¼ libra de habichuelas tiernas cocidas

4 zanahorias picadas cocidas
3 pimientos morrones partidos
4 cucharadas de harina de trigo
½ taza de manteca
1 cucharada de vinagre

Limpie el filete y déjelo entero. Abra a todo el largo y dé dos cortes más, uno a cada lado, para que quede extendido en forma rectangular. Muela el ajo y mezcle con la sal, la cebolla, el aceite y el vinagre. Adobe el filete por ambos lados. Rellene con las hortalizas y amarre a lo largo. Espolvoree con harina y dore en la manteca. Tape y cueza a fuego lento hasta que el filete esté cocido.

Frita

BISTEC
6 raciones

1½ libras de lomillo
2 dientes de ajo
1 cucharada de sal
1 cucharada de vinagre

¼ cucharadita de pimienta
2 cebollas rebanadas
Manteca

Corte la carne a través en seis pedazos. Machaque ligeramente. Muela el ajo con la sal y la pimienta y añada el vinagre. Adobe la carne y cubra con la cebolla rebanada. Deje reposar por varias horas antes de freír. Fría los bistecs en manteca caliente. Dore las cebollas y sirva en seguida.

Nota: El ajo y el vinagre del adobo pueden omitirse si se desea.

BISTEC REBOZADO
6 raciones

1½ libras de lomillo
2 dientes de ajo machacado
1 cucharada de sal
¼ cucharadita de pimienta

3 huevos batidos
½ cucharadita de sal
1 taza de galleta molida

Parta la carne como para bistec y adóbela. Reboce cada bistec primero en huevo y luego en galleta. Fríalos en manteca caliente. Escurra sobre papel absorbente.

BISTEC A LA MILANESA
6 raciones

Use bistecs rebozados y sírvalos con salsa de tomate y queso parmesano rallado por encima.

BISTEC A LA SUIZA
6 raciones

1½ libras de babilla
¼ taza harina de trigo
1 cucharada de sal
⅛ cucharadita de pimienta

Manteca
1 libra de tomates picados
½ taza de agua

Cierna juntas la sal, la harina y la pimienta. Corte los bistecs, un poco gruesos, machaque y cúbralos con harina. Machaque otra vez. Dore y agregue la salsa de tomate y el agua. Tape y cueza a fuego lento hasta que la carne esté blanda. Añádale más agua si es necesario.

BISTEC MOLIDO
6 raciones

1 ½ libras de cadera o babilla
1 cucharada de sal
2 huevos
Manteca

⅛ cucharadita de pimienta
½ taza de polvo de galleta
1 cebolla

Muela la carne y la cebolla y añada la galleta, pimienta, la sal y los huevos. Divídala en seis partes y extienda en forma de bistecs. Fríalos en manteca caliente.

ALBÓNDIGAS
6 raciones

1 libra de babilla molida
¼ libra de jamón molido
1 cebolla molida
1 rebanada de pan
¼ cucharadita de nuez moscada

1 cucharadita de sal
1 huevo batido
½ taza de harina de trigo
½ taza de manteca
1 taza de salsa de tomate

Humedezca el pan y mézclelo con los ingredientes molidos. Añada el huevo, la nuez moscada y la sal y mezcle bien. Forme bolas y envuelva en harina. Dore en manteca caliente y añádale la salsa. Cuézalas a fuego lento durante 15 minutos.

CHULETAS DE CERDO FRITAS
6 raciones

6 chuletas de cerdo
1 cucharadita de sal
¼ cucharada de pimienta

1 cucharadita de orégano en polvo
3 dientes de ajo machacados

Limpie y adobe las chuletas. Póngalas en un caldero y añada una taza de agua. Baje el fuego y cueza hasta que el líquido se evapore. Fría hasta que se doren.

CHULETAS DE TERNERA REBOZADAS
6 raciones

6 chuletas de ternera
1 cucharada de sal
¼ cucharadita de pimienta
2 huevos batidos

1 taza de pan rallado
¼ cucharadita de sal
Manteca

Remueva parte de la grasa de las chuletas. Adobe con sal y pimienta. Échelas en una sartén, añada una taza de agua y deje cocer a fuego lento por 15 minutos. Reboce cada chuleta y fríalas en manteca caliente. Si desea, puede hacerse en el horno.

CHICHARRÓN

Parta la capa de cerdo en pedazos pequeños y ponga en agua fría por una o dos horas. Escurra y eche en un caldero. Cueza a fuego moderado. Cuando la capa haya soltado bastante manteca viértala en otro recipiente. Fría hasta que la capa empiece a dorar, entonces rocee con bastante agua con sal para que queden "volados".

ROLLO DE CARNE CON HUEVOS

8 raciones

2 libras de masa de cadera
½ libra de jamón
½ cucharadita de pimienta
1½ cucharaditas de sal
3 huevos duros o seco
1 taza de agua

½ taza de pan rallado
½ taza de harina de trigo
1 taza de aceite
4 cucharadas de vino tinto
4 lonjas de tocineta
2 huevos batidos

Muela la carne y el jamón, usando la cuchilla más fina de la máquina. Añada la pimienta y la sal. Parta los huevos duros y la tocineta y añada a lo anterior. Agregue los huevos batidos y el pan rallado. Mezcle bien. Forme dos rollos como de 8 pulgadas de largo. Envuelva en harina y dore en el aceite. Añada el vino y el agua y cueza a fuego lento por 30 minutos.

CARNE FIAMBRE

10 raciones

2 libras de masa de cerdo molida
¼ libra de jamón molido
2 huevos batidos
2 huevos batidos
4 cucharadas de manteca

½ taza de pan o galletas molidas
¼ cucharadita de nuez moscada
½ cucharadita de pimienta
1 cucharada de sal

Añada a la carne dos huevos batidos, la pimienta, la sal, la nuez moscada, el jamón y el pan rallado. Divida en dos porciones y forme dos rollos. Rebócelos. Dore en la manteca caliente y cueza a fuego lento como media hora.

ROLLO DE JAMÓN AHUMADO

8 raciones

1 libra de jamón ahumado molido
½ cucharadita de sal
2 cucharadas de pimiento picado
½ taza de galleta molida
4 cucharadas de manteca

½ taza de leche
½ libra de carne de cerdo magra molida
½ libra de ternera molida
2 huevos batidos

Mezcle bien las carnes y añada la sal, pimiento, huevos, leche y galleta molida. Divídala en dos porciones y forme dos rollos. Dore en la manteca caliente y cueza a fuego lento como media hora. Rebane cuando esté frío.

CONEJO FRITO

6 a 8 raciones

3 conejos de 2 a 2½ libras
2 naranjas agrias
3 ajos

1 cucharadita de pimienta
3 cucharadas de sal
Manteca para freír

Lave el conejo con jugo de naranjas o de limón y parta en presas. Machaque o muela el ajo y mezcle con la sal y la pimienta. Adobe las presas, horas antes de cocerlas. Fría en manteca caliente para dorarlas. Reduzca el fuego, tape y cueza por 45 minutos.

CONEJO REBOZADO

6 raciones

1 conejo como de 2½ libras
3 ajos machacados
3 huevos batidos
1 taza de harina
2 hojas de laurel

½ taza de vino seco
1 cucharada de sal
2 cucharadas de jugo del limón
½ taza de manteca

Parta el conejo en presas y adobe con la sal. Mezcle el vino, jugo de limón y añada las hojas de laurel y los ajos. Ponga las presas de conejo en el adobo de vino el día anterior. Cueza a fuego lento en el adobo, si es necesario añádale un poco de agua al adobo, cueza a fuego lento tapado hasta que ablande un poco. Saque de la salsa y escurra. Pase por el huevo y la harina, y fría a fuego lento.

SESOS REBOZADOS

6 raciones

2 sesos
1 cucharada de sal
½ cucharadita de sal

2 cucharadas de harina de trigo
2 huevos batidos
Manteca

Hierva los sesos. Parta en rebanadas. Espolvoree con sal y pimienta. Reboce cada rebanada y fríalos en manteca caliente.

BISTEC DE HÍGADO

6 raciones

1½ libras de hígado
1 cucharada de sal
¼ cucharadita de pimienta

2 cebollas rebanadas
Manteca

Corte el hígado en seis pedazos. Adobe con sal y pimienta por ambos lados, y fríalos. Sofría las cebollas y sírvalas con el hígado.

BISTEC DE HÍGADO EMPANADO

6 raciones

Adobe el hígado en la misma forma que para bistecs. Envuelva en harina y aplaste por ambos lados. Fría en manteca caliente.

ALBÓNDIGAS DE HÍGADO

6 raciones

1½ libras de hígado
3 huevos batidos
1½ tazas de pan rallado
1 cucharada de sal

Manteca
1 lonja de tocineta picada
6 lonjas de tocineta

Muela el hígado, añada la sal, el pan y la tocineta. Una todo y forme en tortas. Ponga una lonja de tocineta alrededor de cada torta. Coloque en un molde engrasado. Cueza en el horno a una temperatura de 325°F por 15 minutos.

A la parrilla

FILETE MIGNON
4 a 6 raciones

2 libras de filete
1 cucharada de sal

¼ cucharadita de pimienta
6 lonjas de tocineta

Limpie el filete y parta en pedazos redondos como de 1½ de pulgada de ancho. Espolvoree con sal y pimienta. Ponga tocineta alrededor de cada pedazo. Coloque en un molde y cuézalo a la parrilla por 10 minutos. Sirva con salsa de setas, de cebolla o con guisantes.

CARNE ASADA
6 raciones

1½ libras de lomillo o
   masa de cadera
1 cebolla en rebanadas
4 cucharadas de aceite o manteca

4 pimientos asados
3 tomates picados
1 cucharadita de sal
½ cucharadita de pimienta

Parta la carne en bistecs y machaque ligeramente, adobe con sal y pimienta. Ase sobre la parrilla y macháquelo de nuevo. Sofría ligeramente la cebolla con el aceite. Añada los tomates, los pimientos y la carne, y cueza a fuego lento como 5 minutos.

CARNE DE CERDO A LA PARRILLA
6 raciones

2 libras de masa de cerdo
1½ cucharadas de sal
5 pimientos asados
½ libra de tomates

2 cebollas rebanadas
2 cucharadas de manteca
1 cucharadita de sal
½ cucharadita de pimienta

Corte la carne en bistecs. Adobe con sal, pimienta y ase a la parrilla. Machaque bien. Fría la cebolla, añada los demás ingredientes y revuelva. Agregue la carne y cueza a fuego lento por 30 minutos.

Al horno

BOLLO DE CARNE
8 raciones

1 libra de babilla molida
¾ libra de masa de cerdo molida
1¾ cucharaditas de sal
⅓ taza polvo de galleta

2 cucharadas salsa de tomate
1 cucharadita de sal de cebolla
¾ cucharadita de nuez moscada

Mezcle bien las carnes, quitando las fibras, si tiene alguna. Añada los demás ingredientes para formar una masa suave. Eche en un molde de pan engrasado, afirme para que quede compacta y extienda uniformemente. Cueza en horno de calor moderado 350°F durante una hora.

BOLLO DE CARNE CON GUISANTES
8 raciones

1 libra de masa de cadera
1 libra de masa de cerdo
½ cucharadita de pimienta
1½ cucharadas de sal
½ taza de agua
1 cucharadita de azúcar

½ taza de pan rallado
1 taza de salsa de tomate
2 cucharadas de mantequilla
2 huevos batidos
½ cebolla rallada
1 taza de guisantes

Muela la carne usando la cuchilla más fina de la máquina. Mezcle con la pimienta, la sal, los huevos, la cebolla, el pan, la salsa de tomate y la mantequilla. Engrase un molde de pan, eche la carne y extiéndala. Hornee a 350°F por 1 hora. Mezcle el agua, el azúcar y la sal, y cueza por cinco minutos, añada los guisantes y eche esta salsa sobre la carne antes de servirla.

BOLLO DE CARNE CON PAPAS
6 raciones

1½ libras de babilla
¼ libra de jamón
1 libra de papas hervidas y
   partidas en cuadritos
½ cebolla rallada

1 cucharada de sal
¼ cucharadita de pimienta
½ taza de leche
3 lonjas de tocineta

Muela la carne y el jamón usando la cuchilla más fina de la máquina. Añada las papas y los demás ingredientes excepto la tocineta. Eche en un molde engrasado dándole la forma del molde. Cubra con la tocineta. Ponga al horno a 350°F durante una hora.

TERNERA ESCALOPÍN
6 raciones

1½ libras masa de ternera
¼ taza de harina de trigo
Sal y pimienta a gusto
½ taza de aceite de oliva
¼ taza cebolla picada

1 lata de 3 onzas de setas
1 taza de jugo de tomate
½ cucharadita de sal
½ cucharadita de azúcar

Caliente el horno a 350°F. Corte la ternera en lonjas como 4 pulgadas de largo y 1½ de ancho. Mezcle la harina con la sal y la pimienta. Envuelva cada lonja en la harina. Caliente el aceite en la sartén, sofría la cebolla y retire; sofría luego la carne para dorarla por ambos lados. Ponga la carne en un molde, añádale la cebolla, las setas, el jugo de tomate, la sal y el azúcar. Tape y cueza durante 30 minutos en horno a 350°F, hasta que la ternera esté blanda.

PERNIL DE TERNERA RELLENO
15 raciones

1 pernil de ternera 5 libras
1 cucharada de sal

½ cucharadita de sal de ajo
½ cucharadita de pimienta

Saque el hueso del pernil, cuidando de no abrirlo mucho, adobe por fuera y por dentro.

Relleno:

½ libra de carne de cerdo molida
½ taza de aceitunas rellenas
1 cebolla picada
1 pimiento picado
1 cucharadita de sal

1 tomate picado
2 onzas de jamón picado
2 huevos hervidos duros partidos
1 ají dulce picado

Sofría la carne, añada el jamón, las hortalizas y la sal. Cueza a fuego lento por algunos minutos. Retire del fuego y añada las aceitunas y los huevos. Rellene el pernil y cosa las aberturas. Coloque en un molde, cubra con papel plateado con la parte brillante del papel hacia afuera. Cueza en el horno de calor moderado (350°F) por hora y media.

PERNIL DE CERDO AL HORNO
12 a 16 raciones

5 a 6 libras de pernil

Adobe el pernil según las instrucciones dadas en Pernil al caldero. Ponga en un asador y cueza en horno de calor moderado (350°F) por dos horas o hasta que esté blando. Destápelo para que dore.

CHULETA DE CERDO AL HORNO I

6 raciones

6 chuletas de cerdo
1 cucharada de sal

½ cucharadita de orégano en polvo
¼ cucharadita de pimienta

Adobe las chuletas y coloque en un molde engrasado. Cueza en el horno a 400°F por quince minutos, reduzca la temperatura a 350°F y cueza por 45 minutos más.

CHULETA DE CERDO AL HORNO II

6 raciones

6 chuletas de cerdo
1 cucharada de sal
6 ruedas de limón

3 cucharaditas de azúcar mascabado
¼ cucharadita de pimienta
1 taza de salsa de tomate

Adobe las chuletas con sal y pimienta por ambos lados. Colóquelas en un molde. Ponga sobre cada chuleta una rueda de limón y ½ cucharadita de azúcar sobre el limón. Vierta la salsa de tomate y cueza en horno de calor moderado (350°F) durante media hora. Sírvalas caliente.

JAMÓN AL HORNO

15 a 18 raciones

1 jamón hervido
1 cucharada de mostaza preparada
Vinagre

1 libra de azúcar mascabado
1 cucharadita de clavos de especia

Mezcle el azúcar con la mostaza y suficiente vinagre para hacer una pasta blanda y cubra los lados del jamón. Coloque los clavos de especia formando cuadros. Cueza en horno de calor moderado durante dos o tres horas.

Nota: Síganse las instrucciones para Jamón hervido.

LECHÓN ASADO

30 raciones

1 lechoncito de 30 libras limpio
2 cucharadas de orégano en polvo
2 cucharadas de pimienta

¼ taza de sal
1 cabeza de ajo machacado
Manteca con achiote

Adobe el lechón el día anterior por dentro y por fuera con la sal, el ajo, la pimienta y el orégano. Haga cortes en todas las partes de mucha carne e introduzca el adobo. Coloque en el asador a una temperatura de 325°F. Por espacio de 4 a 5 horas. Varias veces úntele manteca con achiote, voltee para que se dore y el cuero se tueste por ambos lados. Sirva con ajilimójili y plátanos verdes asados.

CONEJO RELLENO

6 a 8 raciones

1 conejo de 4 libras
2 naranjas agrias
½ cucharadita de pimienta
1 cebolla picada
2 cucharadas de aceite
2 cucharadas de vinagre
2 cucharadas de cebolla rallada
1 libra de masa de cerdo
2 huevos hervidos duros picados

¼ libra de jamón
1½ cucharadas de sal
2 dientes de ajo machacado
2 cucharadas de manteca
¼ taza de salsa de tomate
12 aceitunas
1 cucharadita de alcaparras
1 cucharada de sal

Lave el conejo con el jugo de las naranjas y déjelo entero. Con la sal, la pimienta, el ajo, el aceite y el vinagre, adóbelo por dentro y por fuera, y déjelo en el adobo por varias horas. Muela la carne de cerdo y el jamón y sofría con la cebolla, la salsa de tomate, las aceitunas y las alcaparras. Sazone y añádale los huevos duros. Rellene el conejo y cóselo. Cueza en el horno durante 10 minutos a 400°F, reduzca el calor a 350°F y vírelo de vez en cuando. Estará cocido y blando como en dos horas.

SESOS A LA CRIOLLA

8 raciones

2 sesos
1 litro de agua
1 cucharada de sal
1½ libras de papas

½ taza de queso rallado
1 cucharada de sal
¼ cucharadita de pimienta
½ taza de aceite

Hierva los sesos y córtelos en rebanadas finas. Hierva las papas y córtelas en rebanadas. Engrase un molde y cubra el fondo con rebanadas de sesos. Espolvoree con queso, sal y pimienta. Coloque una camada de papas y repita el procedimiento hasta que se hayan terminado las papas y los sesos. Añada el aceite y ponga al horno por 20 minutos a una temperatura de 350° grados.

BUDÍN DE SESO

4 raciones

1 seso
2 huevos batidos
1 cucharadita de sal
6 cucharadas de queso rallado

2 cucharadas de mantequilla
4 cucharadas de pan rallado
⅛ cucharadita de pimienta

Hierva el seso, maje y cuele por un colador de tejido abierto. Agregue los huevos, el pan, el queso, la mantequilla, la sal y la pimienta. Sazónelo a gusto y échelo en un molde engrasado. Hornee a una temperatura de 350°F por 30 minutos.

Rellenos

PICADILLO PARA RELLENO
2 tazas

1 libra de masa de cerdo
2 onzas de jamón
1 onza de tocino
1 pimiento de 1 onza
1 tomate de 2 onzas

1 cebolla de 1 onza
2 cucharadas de manteca
Sal
2 cucharadas de aceitunas
1 cucharada de alcaparras

Muela en la máquina la carne de cerdo, el jamón, el pimiento, el tomate y la cebolla o si desea píquelos en pedazos pequeños. Sofría a fuego lento hasta que la carne esté cocida. Sazone a gusto y añada las aceitunas y las alcaparras.

RELLENO DE PAPAS
8 a 10 raciones

1½ libras de papas
1 cucharada de sal
1 huevo batido

2 tazas de picadillo para relleno
4 cucharadas de harina

Hierva las papas y májelas. Añada la sal, el huevo y la harina. Divida en 8 ó 10 partes. Espolvoree las manos con harina y coja una parte de papa y extienda en forma circular. Eche una cucharada de relleno. Cubra el relleno con la papa y forme bolas o déle forma alargada si desea. Fríalas en manteca caliente.

RELLENO DE PANAPÉN
6 raciones

Siga las instrucciones para Relleno de papas.

ALCAPURRIAS I
6 raciones

1½ libras de yautía
1 cucharadita de sal
2 cucharadas de manteca con achiote

1 taza de picadillo para relleno
Manteca

Monde la yautía, ralle por la parte más fina del rallo y añada la sal y la manteca. Extienda 4 cucharadas de la masa sobre un pedazo de hoja de plátano o papel parafinado. Eche 2 cucharaditas del relleno y doble en forma de pastelillo, afirme las orillas. Fría en manteca caliente hasta que dore por ambos lados.

ALCAPURRIAS II
6 raciones

3 plátanos verdes
1 libra de yautía
3 cucharadas de manteca con achiote

1 cucharada de sal
2 tazas de picadillo para relleno
Manteca

Monde los plátanos y la yautía, y échelos en agua con sal. Rállelos por la parte más fina del rallo, y añada la sal y la manteca. Extienda 2 cucharadas de masa sobre una hoja de plátano, eche dos cucharaditas del relleno y doble en forma de pastelillo. Fría en manteca caliente hasta que dore por ambos lados.

PIMIENTOS RELLENOS
6 raciones

6 pimientos verdes grandes
1½ tazas de picadillo para relleno
Manteca

1 huevo batido
¼ cucharadita de sal

Ase los pimientos, quíteles el pellejo con cuidado y saque las semillas. Rellene los pimientos con el picadillo y tape con huevo batido. Fría en manteca caliente.

PIMIENTOS RELLENOS CON ARROZ
6 raciones

6 pimientos verdes grandes
1 taza de arroz cocido
½ taza de salsa de tomate
¼ taza de agua
2 cucharadas de mantequilla

1 cucharada de cebolla rallada
1 taza de jamón molido
¼ cucharadita de pimienta
½ cucharadita de sal

Ase los pimientos, quítele el pellejo, saque las semillas y tenga cuidado que no se partan. Una el arroz, la carne, el pimiento y la cebolla. Rellene los pimientos. Póngalos en una sartén. Una la salsa de tomate, agua, mantequilla y sal, y eche por encima a los pimientos. Ponga a fuego lento o al horno por 20 minutos.

Nota: La carne puede ser de la que sobra guisada, mezclada o de picadillo. El arroz puede ser el que haya sobrado.

RELLENO DE PLÁTANO MADURO
6 raciones

3 plátanos maduros

1½ tazas de picadillo

Hierva los plátanos, maje y divida la masa en 6 partes. Aplaste cada parte en la palma de la mano, eche una cucharada de relleno y déle forma redonda o alargada. Fría en manteca caliente.

PIONONOS

6 raciones

3 plátanos maduros
Manteca

1½ tazas de picadillo
2 huevos batidos

Monde los plátanos, pártalos en cuatro tajadas a lo largo y fríalos. Escúrralos en papel absorbente y envuelva cada tajada en forma de rueda. Rellene cada rueda con picadillo y pinche con un palillo. Cubra los extremos con huevo batido y fría en manteca caliente.

Nota: Puede cubrir los extremos con un batido de harina.

PIÑÓN

8 raciones

3 plátanos maduros
1 libra de habichuelas tiernas hervidas
½ taza de manteca

2 tazas de picadillo para relleno
6 huevos
½ cucharadita de sal

Parta los plátanos maduros en tajadas a lo largo. Fríalos. Corte las habichuelas tiernas en pedazos pequeños y mezcle con el picadillo. Bata los huevos y añada la sal. Caliente manteca en la sartén, vierta la mitad del huevo y cubra el fondo de la sartén con la mitad de las tajadas. Extienda todo el picadillo sobre las tajadas y cubra con las otras tajadas. Coloque una tapa o plato sobre la sartén e inviértalo. Eche un poco de manteca en la sartén caliente y vierta el resto de los huevos batidos. Ponga encima el piñón y cueza a fuego lento.

HOJAS DE REPOLLO RELLENAS

8 raciones

1 repollo de 2 libras
2 tazas de picadillo para relleno
1 taza de salsa de tomate
½ taza de agua

1 cucharadita de sal
3 cucharadas de mantequilla
1 cucharadita de azúcar

Eche el repollo entero en el agua caliente y deje marchitar sin que se ablande. Saque las hojas enteras. Eche una cucharada de picadillo en cada hoja. Envuelva y coloque en una sartén engrasada y tenga cuidado de que queden pegadas una con la otra. Mezcle la cebolla, el agua, la sal, la mantequilla y el azúcar y la salsa de tomate, y ponga al fuego por cinco minutos. Cubra los repollos con esta salsa, y cueza a fuego lento o al horno por 15 ó 20 minutos.

REPOLLO RELLENO
10 raciones

1 repollo de 3 libras
1 litro de agua
1 cucharada de sal
1 libra de jamón hervido

1 taza de migas de pan
½ taza de leche
2 tazas de salsa de queso

Hierva el repollo durante 5 minutos. Escúrralo y separe las hojas sin desprenderlas del tallo, de manera que parezca una flor. Muela el jamón y ponga el pan en la leche. Una el jamón con el pan. Eche un poco de este relleno entre cada hoja. Trate de cerrar el repollo para que parezca entero. Amárrelo con un cordón. Coloque el repollo en un molde pequeño, y éste dentro de otro molde más grande con agua caliente. Cueza en horno a 350°F por 20 minutos. Sirva con Salsa de queso.

BERENJENA RELLENA
8 raciones

4 berenjenas
2 tazas de picadillo para relleno
Manteca

2 cucharadas de harina de trigo
2 huevos batidos

Parta las berenjenas a lo largo, cueza hasta que ablanden. Saque la pulpa con cuidado y mezcle con el picadillo. Rellene las berenjenas. Una el huevo, la harina y la sal, y cúbralas. Fríalas.

CHAYOTE RELLENO
8 raciones

4 chayotes
1½ tazas de picadillo para relleno
Manteca

2 huevos batidos
¼ cucharadita de sal

Parta los chayotes en dos e hiérvalos hasta que estén blandos. Saque la pulpa sin romper la cáscara. Májela con un tenedor y mezcle el relleno con el chayote majado, y vuelva a llenar las cáscaras. Bata los huevos y cubra los chayotes. Fríalos.

Nota: Los chayotes pueden cocerse en el horno.

CEBOLLA RELLENA
8 raciones

2 cebollas grandes
2 tazas de picadillo para relleno

¼ cucharadita de sal
1 huevo batido

Hierva las cebollas. Sáquelas del agua cuando estén un poco blandas y deje enfriar. Separe las capas empujándolas por debajo y sacando las del centro primero. Tenga cuidado que éstas no se partan. Para que las capas salgan con facilidad, corte una rebanada muy fina en la parte que corresponde al tallo y a la raíz. Con una cucharilla rellene cada capa y reboce los extremos de modo que el huevo los cubra y la carne no se salga. Fría en manteca caliente.

Pasteles

PASTELES DE PLÁTANO
12 pasteles

3 plátanos
1 libra de yautía blanca
1 taza de leche
1 cucharada de sal
½ taza de manteca con achiote
1 cebolla molida
2 pimientos molidos
2 tomates molidos
1 rama de cilantrillo molido
½ taza de manteca con achiote
1 taza de agua

¼ libra de tocino
2 cucharadas de alcaparras
1 taza de garbanzos cocidos
Hojas de cilantro molido
12 aceitunas
1 libra de carne de cerdo
¼ libra de jamón
¼ cucharada de sal
½ cucharadita de orégano en polvo
2 cucharadas de pasas
2 ajíes dulces molidos

Nota: En algunas partes de la isla acostumbran usar otras combinaciones tales como guineos verdes, mafafo, yautía blanca, yautía amarilla y yautía madre.

Suele usarse caldo del relleno en vez de la leche.

Monde los plátanos y la yautía. Échelos en agua con sal y rállelos por la parte fina del rallo. Agregue la leche, la sal y la manteca a la masa. Mueva bien para que todo tenga el mismo color y sazone a gusto. Ponga aparte hasta que el picadillo esté preparado. Parta la carne de cerdo, el jamón y el tocino en pedazos pequeños, y añada las alcaparras, los garbanzos, las aceitunas, la cebolla, los pimientos, los tomates, el cilantro, el cilantrillo, la manteca, los ajíes, el orégano y las pasas. Agregue una taza de agua, ponga al fuego y cueza por 10 minutos. Limpie las hojas de plátano y córtelas en pedazos. Use dos pedazos para cada pastel. Engrase la hoja, eche como ¼ de taza de masa sobre cada hoja y extienda bien en forma rectangular. Ponga 2 cucharadas del relleno a todo lo largo de la masa. Doble la hoja a lo largo y los extremos hacia abajo. Amarre e hierva durante 45 minutos en agua sazonada con sal.

PASTELES DE ARROZ

6 pasteles

2 tazas de arroz   4 cucharadas de manteca con achiote
2 cucharaditas de sal

Lave el arroz y agréguele la manteca y la sal. Puede añadir un poco de caldo del relleno. Para hacer estos pasteles siga las instrucciones para Pasteles de plátano.

PASTELES DE YUCA

12 pasteles

4 tazas de yuca rallada   1 onza de tocino
4 cucharadas de manteca con achiote   1 hoja de cilantro
1 ramita de perejil   ¼ taza de leche
1 ají dulce   4 cucharaditas de sal
4 cucharadas de manteca   1 libra de masa de cerdo
2 cucharaditas de alcaparras   1½ cucharaditas de sal
½ taza de aceitunas   1 tomate
¼ taza de pasas   1 cebolla
¼ taza de manteca con achiote   1 pimiento
2 onzas de jamón   3 paquetes de hojas
½ ají bravo

Ralle la yuca y exprima para sacarle un poco del almidón. Añada la manteca, sal y suficiente leche para que la masa quede un poco blanda y suave. Corte la carne, jamón, tocino en pedazos pequeños y los demás ingredientes hasta el ají bravo en pedazos muy menudos. Mezcle la carne con las hortalizas y añada la sal. Ponga en caldero todo junto y cueza a fuego lento, si es necesario puede echarle un poco de agua; antes de retirar la carne del fuego, y cuando las hortalizas estén cocidas, añada las pasas, alcaparras y aceitunas. Limpie las hojas y parta en pedazos como de 10" cuadrados, y amortigüe sobre fuego bajo. Pase manteca con achiote sobre cada pedazo, eche cuatro cucharadas de masa y extienda como 6" de largo y 3"de ancho. Envuelva, doble los extremos de la hoja hacia abajo. Hierva en agua con sal de 30 a 45 minutos.

Empanadas y pastelones

EMPANADAS DE APIO
8 empanadas

4 tazas de apio rallado
Sal a gusto

2 tazas de picadillo para relleno
½ taza de manteca con achiote

Sazone el apio rallado, agregue un poco de manteca derretida y mezcle bien. Eche una cucharadita de manteca en la hoja de plátano, vierta un cuarto de taza de apio rallado y extienda de modo que quede más largo que ancho. Ponga el relleno en el centro a lo largo, y doble la hoja al largo solamente. Hornee a fuego moderado por espacio de 45 minutos.

EMPANADAS DE PLÁTANO; EMPANADAS DE YUCA; EMPANADAS DE YAUTÍA AMARILLA

Siga las instrucciones para Empanada de apio.

PASTELÓN DE APIO
6 raciones

4 tazas de apio rallado
3 cucharadas de manteca con achiote

Sal a gusto
2 tazas de picadillo para relleno

Sazone el apio y añada la manteca. Ponga la mitad del apio en un molde llano engrasado y extiéndalo para cubrir el fondo y los lados. Ponga encima el picadillo. Extienda el resto del apio para cubrir la carne. Hornee a fuego moderado por 45 minutos.

PASTELÓN DE PLÁTANO

Siga las instrucciones para Pastelón de apio.

PASTELÓN DE PAPAS
6 raciones

2 libras de papas
1 cucharadita de sal
2 huevos batidos

4 cucharadas de harina
2 tazas de picadillo para relleno

Hierva y maje las papas. Añádale la sal, los huevos y la harina. Divida en dos porciones. Ponga una parte en un molde engrasado de manera que cubra todo el molde. Eche el picadillo y extiéndalo, y cubra con el resto de las papas. Cueza en horno moderado a 350°F por 30 ó 40 minutos.

PASTELÓN DE YAUTÍA BLANCA O YAUTÍA AMARILLA

Siga las instrucciones para Pastelón de papas.

Embutidos

LONGANIZA

3 libras de masa de cerdo
1½ cucharadas de sal
½ taza de manteca con achiote
4 dientes de ajo machacado

1 cucharadita de orégano en polvo
½ cucharadita de pimienta
4 dientes de ajo machacado
2 yardas de tripa de cerdo seca

Muela la carne sin lavarla. Una la sal, la pimienta, los ajos, el orégano y la manteca con la carne. Revuelva bien y llene la tripa de cerdo usando un embudo de tubo ancho y largo. Cuelgue la longaniza al aire y pínchela con un alfiler para que escurra parte de la grasa.

Nota: La tripa de cerdo después de limpia, llénela de aire y póngala a secar.

BUTIFARRAS
24 a 30 butifarras

3 libras de masa de cerdo
3 cucharaditas de sal
4 cucharadas de brandy

½ cucharadita de nuez moscada
1 cucharadita de pimienta
2 yardas de tripa de cerdo

Muela la carne de cerdo. Añada la sal, la pimienta, la nuez moscada y el brandy a la carne molida, y una bien. Llene la tripa de cerdo y amarre cada 2 pulgadas. Pinche con un alfiler. Hierva las butifarras durante tres minutos. Escúrralas y cuélguelas al aire.

MORCILLA
8 raciones

2½ tazas de sangre de cerdo
2 ajíes picantes molidos
1 cucharada de sal
¾ taza de grasa de las tripas

2 pimientos verdes molidos
2 cucharadas de cilantro molido
1 yarda de tripa

Quite un poco de la grasa del interior de las tripas. Pártala en pedazos pequeños y mida ¾ de taza. Lave las tripas virando la parte interior hacia afuera para que queden bien limpias. Enjuague en agua con jugo de naranja o de limón. Amarre uno de los extremos. A la grasa añádale la sangre y los demás ingredientes. Rellene la tripa usando un embudo. No apriete el relleno, debe quedar un poco flojo. Amarre el otro extremo. Hierva en agua con sal por 25 minutos. Escurra y guarde en la nevera. Parta en pedazos y fría antes de servir.

Salsas para carnes

SALSA MORENA

2 cucharadas de mantequilla
1 cebolla picada
3 cucharadas de harina de trigo

¼ cucharadita de sal
⅛ cucharadita de pimienta
1 taza de caldo

Sofría la cebolla. Añada la harina, la sal, la pimienta y dore la harina. Agregue el caldo poco a poco, moviendo para mezclar bien todos los ingredientes con la harina, cueza por unos minutos y cuele.

Nota: A esta salsa le puede añadir huevos o setas partidas, aceitunas o vino Oporto.

SALSA CRIOLLA

2 tomates picados
1 cucharada de harina de trigo
2 cucharadas de mantequilla
1 taza de caldo

2 cebollas picadas
½ pimiento verde picado
Sal y pimienta a gusto

Sofría las cebollas, el pimiento y los tomates en la mantequilla. Añada la harina, la sal y la pimienta. Agregue el caldo poco a poco y cueza a fuego lento moviendo para mezclar bien la harina con el caldo. Cuando la harina esté cocida pase por un colador de tejido abierto.

SALSA DE TOMATE

4 tazas de tomates partidos
1 rebanada de cebolla
Sal y pimienta

1 cucharada de harina de trigo
3 cucharadas de manteca

Cueza los tomates con la cebolla por 20 minutos. Derrita la manteca, añada la harina y cueza moviendo hasta que esté suave y la harina tenga un color dorado. Añada los tomates, hierva por unos minutos, sazone con sal y pimienta a gusto, y cuele. Esta salsa queda rala. Si la desea mas espesa use más harina.

AJILIMÓJILI

6 ajíes picantes
3 ajíes dulces
1 cucharadita de sal
4 granos de pimienta

4 dientes de ajo
½ taza de aceite
½ taza de jugo de limón

Muela los ajíes y los ajos con la sal y la pimienta. Añada el aceite y el jugo de limón, revuelva bien y cuele.

Capítulo XII

AVES

Pollo al horno

Aves

La selección de aves incluye pollos, gallinas, pavos, guineas, patos, gansos y palomas. Los pollos, las gallinas y los pavos son las aves que más se consumen en Puerto Rico. Aunque las guineas y las palomas gustan también, no se consiguen en los mercados. Solamente aquellas personas que crían palomas como un entretenimiento, pueden incluirlas en sus comidas.

Las aves, además de la proteína, aportan al menú algunas sales minerales y tiamina y riboflavina. La carne de pollo es de sabor agradable y delicado, tiene poca grasa, bastantes tejidos conjuntivos, que se ablandan fácilmente. La edad del ave determina el sabor y la calidad de la carne. En los animales adultos, la carne es un poco más dura, pero es excelente para sopas y caldos. En el pollo se encuentran carne blanca y de color oscuro; la carne oscura es más rica en jugos, pero la carne blanca es más blanda que la oscura porque tiene las fibras más cortas y menos tejidos y grasa. Las dos carnes son iguales en cuanto al valor nutritivo se refiere.

El ganso es muy rico en grasa, contiene aproximadamente 30% de ésta, y toda la carne es de color oscuro pronunciado. El pato tiene como 2% de grasa, la carne es seca, de escaso sabor y es el que menos carne tiene en proporción a su peso. El pavo tiene más carne que hueso.

Cómo identificar el pollo de buena calidad

El pollo tierno tiene la cresta roja, los ojos brillantes, la piel lisa y de color amarillo claro, las patas lisas, libres de arrugas, la pechuga carnosa, los cartílagos blandos y muchos cañones. La carne es firme pero blanda. Es pesado en proporción a su tamaño.

Modo de cortar un pollo

1. El pollo no debe matarse como se acostumbra hacer, torciéndole el pescuezo. Debe cortarse con un cuchillo afilado.

2. Para quitarle los tendones de los muslos, se le da un corte en la coyuntura de la pata que corresponde a la rodilla y se sacan los tendones uno a uno halándolos. Hay siete tendones en cada pata.

3. Corte las patas.

4. Haga un corte sobre la piel y saque el buche.

5. Haga dos cortes en forma de cruz sobre el vientre y saque las tripas, hígado, corazón, etc., todo junto teniendo cuidado que no se parta la hiel. Corte la piel alrededor del orificio del intestino. Después que estén afuera las tripas, saque el esófago y los pulmones que están pegados debajo de la espina dorsal.

6. Separe el hígado, el corazón y la molleja.

7. Abra la molleja y quite el pellejo que cubre la parte interior.

8. Corte y separe la glándula de grasa que está sobre el rabo.

9. Para cortar las presas:

   Corte alrededor del hueso de la cadera y separe la cadera junto con el muslo. Corte por la coyuntura para separar el muslo.

   En igual forma se corta alrededor de las alas, se corta el ligamento de la coyuntura y se acaban de separar las presas doblando el ala.

   La pechuga se corta pasando el cuchillo dos pulgadas más abajo que el hueso de la pechuga a lo largo de las costillas hasta llegar a la espina dorsal, entonces se parte.

   El espinazo se parte a la altura de los muslos. El resto del espinazo y las costillas se parten en dos.

Manera de cocer el pollo y otras aves

Para cocer el pollo se siguen las mismas reglas que para cocer la carne. El pollo se cuece a una temperatura baja para desarrollar el sabor y conservarlo blando. Para el pollo guisado se usa muy poca agua y se conserva tapado todo el tiempo. Para freír pollo, puede envolverse cada presa en harina de trigo o de maíz, en polvo de galleta o pan, pues conserva el jugo y queda blando por dentro y tostado por fuera. En cuanto a las aves más duras como la gallina, el gallo y el pavo, la mejor manera de prepararlos es en fricasé, guisado al vapor, al horno o en una olla de presión.

Frito, asado, guisado

POLLO FRITO
6 raciones

3 pollos de 1½ o 2 libras
3 ajos
3 cucharadas de sal

½ cucharadita de pimienta
Manteca para freír

Machaque o muela el ajo, mezcle con la sal y pimienta. Parta los pollos por la mitad y adóbelos. Ponga en un sitio fresco una hora o más. Dore en manteca caliente. Reduzca el fuego, tape y cueza por 30 minutos, o puede ponerlos en el horno a fuego moderado, 350°F.

Nota: Si desea puede envolverlo en harina o polvo de galleta.

POLLO AL HORNO
6 raciones

1 pollo de 4 libras
2 cucharadas de sal
½ cucharadita de pimienta

2 huevos batidos
1 taza de polvo de galleta

Parta el pollo en presas. Adóbelo con la sal y la pimienta. Reboce el pollo y colóquelo en un molde engrasado. Cueza en horno de calor moderado (350°F) por 40 minutos. Úntele mantequilla derretida dos veces antes de sacarlo del horno.

POLLO EN LECHE
6 raciones

1 pollo de 2½ libras
4 onzas de manteca
½ libra de cebollas rebanadas
¼ libra de mantequilla

2 tazas de agua caliente
1 cucharada de sal
2 tazas de leche

Deje el pollo entero. Sofría hasta dorarlo. Agregue las cebollas y el agua. Sazone a gusto. Tape y cueza a fuego lento.Media hora antes de retirarlo del fuego, agregue la leche y la mantequilla. Sirva cuando la salsa esté espesa.

POLLO ENCEBOLLADO
6 raciones

1 pollo de 3 libras
1 libra de cebollas

1 taza de aceite
Sal

Adobe el pollo con sal y parta las cebollas en rebanadas. Eche el aceite en el caldero y sobre el aceite coloque la cebolla y el pollo. Tape y cueza a fuego lento por una hora. Revuelva dos veces.

Nota: Puede dejar el pollo entero o partirlo en presas.

POLLO EN ESCABECHE
6 a 8 raciones

3 libras de pollo en presas
2 cucharadas de sal
½ libra de cebollas rebanadas
1 taza de aceite

4 cucharadas de mantequilla
½ cucharadita de pimienta
1 hoja de laurel
½ taza de vinagre

Adobe el pollo con la sal y la pimienta. Dore en el aceite. Coloque las cebollas sobre el pollo, la mantequilla, las hojas de laurel y el vinagre. Tape y cueza a fuego lento hasta que el pollo esté blando.

PALOMAS EN ESCABECHE

Siga las instrucciones para Pollo en escabeche.

POLLO AL REY
6 a 8 raciones

1 pollo de 2 libras
4 tazas de agua
1 cucharada de sal
1 cebolla
2 cucharadas de harina de trigo
2 cucharadas de mantequilla
Rebanadas de pan tostado

1 taza de leche
1½ tazas de caldo
½ taza de guisantes
3 pimientos morrones partidos
1 taza de setas
¼ cucharadita de pimienta

Hierva el pollo con la sal y la cebolla. Separe la carne de los huesos y córtela en pedazos pequeños. Reserve el caldo. Derrita la mantequilla, añada la harina y la pimienta, y mueva hasta que forme una pasta. Añada poco a poco la leche y el caldo, y revuelva; cueza a fuego moderado hasta que espese. Ponga en baño de María y añádale el pollo, los guisantes, los pimientos morrones y las setas. Una todo, sazone y sirva sobre pan tostado.

FRICASÉ DE POLLO
6 a 8 raciones

1 pollo de 3 libras
1 cucharada de sal
½ cucharadita de orégano
2 dientes de ajo machacado
¼ cucharadita de pimienta
½ taza de aceitunas
1 cucharada de alcaparras
1 libra de papas medianas

1 hoja de laurel
½ taza de aceite
½ taza de salsa de tomate
3 onzas de cebolla rebanada
2 cucharadas de vinagre
¼ libra de jamón en pedazos pequeños
2 pimientos maduros o morrones

Limpie el pollo y pártalo en presas. Adobe dos o tres horas antes de guisarlo. Ponga en un caldero con los demás ingredientes, revuelva y cueza a fuego lento y cubierto. Mueva de vez en cuando. Sazone y añada las papas.

FRICASÉ DE GUINEA

Siga las instrucciones para Fricasé de pollo.

GALLINA EN PEPITORIA

6 a 8 raciones

1 gallina de 4 libras
Sal a gusto
1 taza de aceite o manteca
1 tomate
1 cebolla
2 tazas de agua tibia
2 yemas de huevo

5 granos de pimienta
5 clavos de especia
½ cucharadita de canela
½ libra de almendras
½ cucharadita de jugo de limón
1 ajo machacado
2 ramitas de perejil partido

Limpie la gallina y parta en presas. Adobe con sal cada presa y sofría en aceite. Añádale el tomate y la cebolla. Añada el agua y cueza a fuego lento. Cuando la gallina esté casi blanda, agregue los condimentos y deje hervir de nuevo. Separe las presas y cuele la salsa. Muela las almendras, extraiga la leche y agregue a la salsa, vierta sobre las presas e hierva por unos minutos. Momentos antes de servir añada las yemas batidas y el jugo de limón.

GALLINA A LO AGRIDULCE

6 a 8 raciones

1 gallina de tres libras
1 cucharada de sal
½ cucharadita de pimienta
2 dientes de ajo machacados
1 taza de azúcar mascabado
½ taza de vinagre

3 cucharadas de manteca
4 onzas de jamón partido
2 chorizos
4 tazas de agua
1 cucharada de vinagre
2 cucharadas de aceite

Limpie la gallina y déjela entera. Adóbela por dentro y por fuera con sal, pimienta, ajo, vinagre y aceite. Déjela en el adobo la noche anterior. Eche la gallina y la manteca en un caldero y añada el jamón y los chorizos. Mezcle el agua, el azúcar y el vinagre y vierta sobre la gallina. Tape y cueza a fuego lento moviéndola de vez en cuando hasta que la gallina esté blanda y la salsa, espesa.

POLLO RELLENO

6 raciones

1 pollo de 4 libras
3 cucharaditas de sal
2 dientes de ajo machacados
½ cucharadita de orégano en polvo
1 cebolla picada
1½ libras de carne de cerdo

¼ libra de jamón
3 cucharadas de mantequilla
2 cucharadas de salsa de tomate
1 cucharada de pasas
12 aceitunas

Adobe el pollo por dentro y por fuera varias horas antes de rellenarlo. Muela el jamón y la carne de cerdo, y añádale los demás ingredientes. Sazone y rellene el pollo. Cosa la abertura y engráselo por fuera con mantequilla. Cueza en el horno en un molde destapado y cuando esté dorado cubra con la tapa y cueza a fuego lento por espacio de dos horas. Entre ratos destape y úntele grasa por encima.

PAVO RELLENO
10 a 12 raciones

1 pavo de 8 libras

Adobo:
4 cucharadas de sal
2 dientes de ajo machacados
½ cucharadita de pimienta en polvo
3 cucharadas de aceite
2 cucharadas de vinagre
1 cucharadita de pimienta
¾ taza de almendras enteras

Relleno:
3 libras de carne de cerdo
1½ libras de jamón
1 libra de pan humedecido en caldo
1½ cucharaditas de hojas de laurel molidas
½ taza de vino Jerez
½ taza de mantequilla derretida

Haga un corte por debajo del rabo y saque las tripas y los órganos. Desprenda el pellejo del pescuezo con mucho cuidado para conservar el pellejo entero. Corte el hueso del pescuezo. Adobe el pavo por dentro y por fuera. Haga incisiones pequeñas en los muslos, caderas, pechuga y alas. Guarde en la nevera hasta el día siguiente. Muela las carnes y los órganos, añada los demás ingredientes, y sazónelo a gusto. Rellene el pavo y cosa. Hornee a 400°F durante 20 minutos. Reduzca el fuego a 350°F y tápelo. Entre ratos vírelo y échele por encima mantequilla o caldo. Puede tardar como dos horas.

PAVO RELLENO CON PASAS Y ALMENDRAS
25 raciones

1 pavo de 10 libras
3 cucharadas de sal

1 cucharada de pimienta en polvo
1 cucharadita de orégano

Mezcle la sal, la pimienta y orégano. Adobe el pavo por dentro y por fuera. Haga unos pequeños cortes o incisiones en los muslos, caderas, pechuga y las alas. Guarde en la nevera hasta el día siguiente. Muela la molleja, el hígado y el corazón para usarlo en el relleno, adobe y guarde en la nevera.

Relleno para el pavo:
2½ libras de pan de sándwich
3 tazas de caldo de pollo
2 cucharaditas de sal
½ cucharadita de pimienta
½ taza de aceitunas
1 cucharada de alcaparras

1 taza de pasas
6 huevos batidos
¼ taza de mantequilla derretida
2 cebollas ralladas
1 taza de almendras
Menudo molidos

Quite la corteza al pan y desmenuce. Añada el caldo, la sal, la pimienta y demás ingredientes. Mezcle bien. Tenga preparadas dos o tres agujas con hilo grueso o doble para coser el pavo. Rellene primero el buche y pescuezo y luego el estomago teniendo cuidado de no llenarlo demasiado porque va a aumentar al hornearse y puede salirse. Cosa los extremos del pavo.

Pasta para cubrir el pavo:
¼ libra de mantequilla derretida   *6 cucharadas de harina de trigo*

Mezcle la mantequilla y la harina, y cubra el pavo con la pasta. Pegue las alas al cuerpo, y amarre alrededor, luego amarre los muslos en los extremos. Coloque el pavo en un asador. Hornee a 400°F por 20 minutos destapado, luego tape y reduzca la temperatura a 300°F. Entre ratos voltee para que se cueza uniformemente. Échele un poco del caldo por encima o unte mantequilla derretida. Los últimos 5 minutos antes de sacarlo del horno, destape para que dore. Antes de servirlo quite los hilos de los extremos.

PAVO TRUFADO
10 a 12 raciones

1 pavo de 8 libras
1 taza de vino seco
1 lata de trufas
1 cucharadita de pimienta
½ taza de vino Jerez
1 taza de polvo de galleta
5 huevos batidos

½ libra de tocineta
1 cucharadita de nuez moscada
2 cebollas
1 hoja de laurel partida
¼ libra de jamón
1 cucharada de sal
1 libra de jamón hervido

Corte el pavo al largo del espinazo y separe la carne del pellejo sin partirlo. El cuchillo debe ser fino y debe estar muy afilado. Adobe la carne con sal y añada el vino seco. Ponga en la nevera hasta el día siguiente. Separe la carne de los huesos y muela junto con el jamón y la tocineta. Añada los demás ingredientes. Mezcle y sazone. Cosa las aberturas de los muslos y las alas y rellene el pavo. Cosa el espinazo, envuelva en una servilleta y amárrelo como si fuera un salchichón. Prepare un caldo con los sobrantes del pavo y hiérvalo durante una hora. Ponga en la nevera y sírvalo frío en lonjas.

EMBUTIDO DE PAVO
10 a 12 raciones

1 pavo de 8 a 10 libras
½ libra de jamón hervido
8 huevos
½ cucharada de pimienta
2 cucharaditas de sal
1 cucharadita de nuez moscada

1 lata de trufas
1 lata de setas
4 huevos batidos
½ cucharadita de sal
Polvo de galleta
Caldo

Limpie el pavo y separe la carne del hueso; quite el pellejo. Muela la carne del pavo y el jamón con la cuchilla más fina. Adobe la carne y añada los huevos enteros uno a uno y bata para que se mezcle bien. Corte las trufas y setas en rebanadas, y revuelva todo para que las trufas y las setas queden bien distribuidas. Haga un rollo en forma de salchichón no muy grueso. Reboce, envuelva los rollos en una servilleta y amarre los extremos. Hierva en caldo por una hora. Ponga en la nevera y sirva frío.

PASTELÓN DE POLLO
6 raciones

Pasta:
4 tazas de harina de trigo
1½ cucharaditas de sal
Agua helada

3 cucharaditas de polvo de hornear
1 taza de manteca

Cierna la harina, mida y mezcle con la sal y el polvo de hornear. Añada la manteca y la harina cortándola con dos cuchillos o pellizcándola con la punta de los dedos. Si se usan los dedos, debe trabajarse muy ligero, tener harina en los dedos cada vez que se pellizca, para que el calor de los dedos no derrita la manteca. Cuando la manteca y la harina queden reducidas a granos pequeños, agregue el agua fría poco a poco en el centro y con el tenedor, eche la harina hacia el centro. Según se va formando la pasta, se retira hasta que la harina absorba el agua necesaria para formar una masa firme y blanda, pero no húmeda. Ponga en la nevera hasta el momento de usarla. Extienda la mitad de la masa pasando el rodillo del centro hacia las orillas, dándole forma circular como de ¼ de pulgada de espesor y una pulgada más grande que el molde. Acomode la pasta en el fondo y los lados del molde, y recórtela. Pinche el fondo con los dientes del tenedor para que el aire se escape y la masa no se infle. Extienda el resto de la masa, igual que hizo con la primera y resérvela para cubrir el pastelón. Vierta el relleno. Humedezca la orilla de la capa de abajo, póngale la cubierta y afirme por la orilla con el tenedor, y dé varios cortes en la superficie. Hornee a 400°F por 25 ó 30 minutos.

Relleno:
1 pollo de 2 libras
2 cucharaditas de sal
½ cucharadita de orégano
2 dientes de ajo molido
½ taza de aceitunas
1 cucharada de alcaparras
½ libra de papas en pedazos

½ taza de aceite
1 taza de salsa de tomate
3 onzas de cebollas en ruedas
¼ cucharadita de pimienta
1 cucharada de vinagre
4 cucharadas de aceite
I hoja de laurel

Adobe el pollo con la sal, el orégano, el ajo molido, la pimienta, la cucharada de vinagre y las 4 cucharadas de aceite. Ponga la ½ taza de aceite y los demás ingredientes con el pollo en un caldero, y cueza a fuego lento y tapado hasta que el pollo esté blando. Eche las papas un poco antes de retirar el pollo del fuego. Separe la carne de los huesos y rellene el pastelón.

Vea los Capítulos VI Cereales, X Sopas y XV Croquetas para otras recetas de pollo.

Capítulo XIII

PESCADO Y MARISCOS

Pescado frito

Pescado y mariscos

El pescado es un alimento que puede sustituir la carne en el menú, pues contiene proteína de buena calidad y en la misma proporción que la carne. Contiene más agua y carece de hemoglobina, por lo cual es menos estimulante que la carne.

Clasificación del pescado

El pescado se clasifica en tres grupos: peces, crustáceos y moluscos. De acuerdo con su procedencia, se dividen éstos en pescado de agua salada y de agua dulce. También se clasifican de acuerdo con la cantidad de grasa que contienen.

Peces que contienen más de 5 % de grasa:

Salmonete	Salmón	Sardina
Sierra	Sábalo	Anguila
Carite	Atún	

Los que contienen de 2% a 4% de grasa:

Mero	Bacalao
Cachicata	Róbalo

Crustáceos:

Ostras	Almejas
Ostiones	Mejillones

Damos a continuación algunos de los peces que se encuentran en las aguas del mar Caribe y se consiguen en los mercados de los pueblos de la costa:

Boquicolorado. (Yellow Grunt). Color amarillo, con rayas oscuras y azul pálido a lo largo del cuerpo y alrededor de la cabeza; interior de la boca es de un rojo brillante; largo como 18" y peso promedio de una libra, cuerpo corto grueso; vive en fondos rocosos y es muy abundante en las aguas de la isla.

Cachicata. (Common grunt). Color azul pálido, igual forma que el boquicolorado, interior de la boca amarillo anaranjado, como 18" de largo, peso promedio como 5 onzas pero los hay hasta de 2 libras.

Pluma. (Saucer-eye porgy). Pez ancho y corto, de 4" a 8" de largo y peso promedio de medio a una libra; boca muy pequeña, en gran demanda por su excelente sabor.

Chopa amarilla. (Sheepshead). Color azul pálido con unas rayas amarillas, pez corto y grueso, de 5 a 10 pulgadas de largo, muy abundante, excelente para freír.

Róbalo. (Snook). Pez de mar liana, a veces entra en los ríos donde se pesca, pez grande hasta de 3 pies de largo, color plateado y lomo verdoso, con rayas oscuras a lo largo del cuerpo; muy agradable sabor. No es muy común en los mercados.

Picuda, picúa. (Barracuda). Cuerpo largo y redondo, grueso, color gris, lomo oscuro; pez común en las Antillas, voraz y agresivo; mide hasta 2 ó 3 pies de largo, pero los que se encuentran en el mercado son pequeños, excelente sabor.

Liza, lisa. (Mullet). Cuerpo bastante largo y delgado, largo de 16 a 18 pulgadas, lomo color oscuro y lados y vientre plateado, vive en fondos cenagosos lo que influye en su sabor, entra en los ríos y lagunas, especie muy numerosa.

Capitán. (Hog-fish). Cuerpo ancho y corto, color rojo ladrillo, se distingue por las tres espinas dorsales en filamentos; vive en las rocas y se alimenta con peces pequeños y moluscos; de buen sabor y muy abundante en las Antillas.

Mero. (Red grouper). Cuerpo color marrón olivo con lunares oscuros; uno de los peces más importantes como alimento; mide de 2 a 3 pies de largo, a veces pesa hasta 25 libras. Por su delicado sabor, en el dicho popular lo comparan al cordero: "del mar el mero y de la tierra el cordero".

Cherna. (Nassau grouper). La cherna y la cabrilla son muy parecidas al mero en cuanto a las manchas o lunares que tienen. La cherna pesa hasta 50 libras o más, pero en Puerto Rico el peso promedio es de 10 libras.

Cabrilla. (Red hind grouper). De color amarillo-verdoso con lunares escarlata, el más pequeño de los tres; tiene como 18 pulgadas de largo, de delicado sabor, es uno de los peces más abundantes.

Manchego. (Lane snapper). Muy conocido, junto con el pargo amarillo son los más abundantes en Puerto Rico. El manchego se distingue por las rayas amarillas a lo largo del cuerpo y las dos manchas negras sobre el lomo cerca de la cola.

Pargo. (Red snapper). Según el color hay: pargo criollo, pargo colorado, pargo prieto y pargo amarillo. El pargo colorado es el que más se parece al manchego. Son peces muy conocidos y estimados. Al pargo criollo también llaman "sama". Es el más representativo del grupo por sus brillantes colores. El peso promedio es de 5 libras, pero hay algunos peces que pesan hasta 25 libras. El pargo vive en las rocas en el fondo del mar y aunque la carne no es muy delicada tiene muy buen sabor.

Sierra. (Spanish mackerel). Pez de mar afuera, rico en grasa, carne firme compacta, muy bueno para escabeche. De cuerpo largo y estrecho, de color gris plateado brillante en el vientre y azulado verdoso en el lomo.

Salmonete. (Red goat fish). Hay dos clases de salmonete el rojo y el amarillo (yellow goat fish). Este pez se encuentra desde Florida hasta Brasil, y es muy común en el mercado. No es muy grande y se distingue por la barbita formada por dos aletas y el color rojo o amarillo en el lomo, en proporción es más bien largo que ancho y tiene un marcado sabor a marisco.

Machete. (Cutlas-fish). Cuerpo largo, aplastado, ancho terminando en punta, pues no tiene cola ni aletas centrales, ni escamas; boca grande con dientes grandes e irregulares, es pez voraz de mar afuera; color plateado, sabor excelente, muy bueno para freír.

Cojinuda. (Hard tail). Pez pequeño, como de 10 a 15 pulgadas de largo, muy numeroso, común en las Antillas, en gran demanda por su excelente sabor.

Jurel. (Horse-eye-Jack). Especie muy extendida por los mares tropicales, muy abundante en las Antillas, especialmente en Puerto Rico, de tamaño de 5 a 10 pulgadas. Excelente para freír.

En Puerto Rico abunda la pesca, especialmente en las costas del Sur y el Este. Hay pueblos como Mayagüez, Boquerón, Ponce, Naguabo, Fajardo, Punta Santiago, Palo Seco, etc. donde se consigue gran variedad de pescado de excelente calidad. A pesar de esto no se consume suficiente pescado fresco porque la industria de la pesca no se ha desarrollado y se importan millones de libras de pescado fresco seco y en conserva.

Cómo seleccionar y conservar el pescado

El pescado es un alimento muy delicado que se daña con facilidad; hay que tener mucho cuidado al comprarlo y escoger aquel que se vende bajo las condiciones sanitarias más estrictas.

El pescado fresco se conoce porque tiene:
Los ojos claros
Las agallas de un color vivo
La carne es firme y dura
Las escamas son brillantes y húmedas
Tiene un marcado olor a marisco fresco

Algunos peces raspan con los dientes las quillas y los costados de los barcos para comerse las algas que se adhieren a ellos. Al raspar sacan virutas de las láminas de cobre que cubren los costados del barco. El pez retiene este cobre en el cuerpo y al comerlo causa trastornos digestivos. Para saber si el pescado ha raspado cobre, se le introduce en la cabeza un tenedor de plata o plateado, y si sale oscuro es señal de que el pez ha ingerido cobre.

Antes de guardar el pescado en la nevera, debe quitársele el papel en que viene envuelto y colocarse dentro de una vasija bien tapada para evitar que los demás alimentos de la nevera tomen el olor a pescado.

Preparación del pescado

El pescado se cuece en corto tiempo, pues carece de tejidos conjuntivos duros. Como no tiene hemoglobina, su sabor no es muy pronunciado, pero éste mejora condimentándolo bien y sirviéndolo acompañado de alguna salsa y con otros alimentos.

Damos a continuación una tabla sobre el modo de preparar y servir el pescado.

TABLA IX

DISTINTOS MODOS DE PREPARAR Y SERVIR EL PESCADO

CLASES	MODO DE PREPARAR	ALIMENTO CON QUE PUEDE SERVIRSE
Carite	Asado a la parrilla	Papa majada, ruedas de tomate, salsa tártara
Liza	A la vinagreta	Batata frita, habichuelas tiernas con mantequilla
Manchego	Frito	Berenjena a la parmesana, pepinillos frescos, salsa de huevos
Róbalo	Budín	Yautía hervida, acelgas con mantequilla, salsa de tomate
Capitán	Croquetas	Ensalada de col y tomate, salsa holandesa
Sábalo	Relleno al horno	Tostones de plátano maduro, berros, salsa de alcaparras
Picúa	Escabeche	Plátano hervido, pepinillo fresco
Pargo	Empanado	Calabaza majada, guingambó hervido, salsa bechamel
Colirubia	Hervido	Batata asada, tomate relleno, salsa de queso
Langosta	Ensalada	Aceitunas, rábano, tostadas con queso
Pargo	Al plato	Ñame hervido, pimiento asado, ruedas de limón.

Hervido

PESCADO AL PLATO

6 raciones

2 libras de pargo
1 cebolla partida
2½ tazas de agua
1 cucharada de sal
1 taza de caldo de pescado
1 cucharada de harina de trigo

Perejil picado
Sal y pimienta
¼ libra de queso parmesano rallado
1 libra de tomates rebanados
3 huevos batidos
Sal a gusto

Añada la cebolla partida al agua con sal y ponga al fuego a hervir. Agregue el pescado en pedazos, tape, y cueza durante 20 minutos. Saque el pescado y cuele el caldo. Prepare una salsa con el caldo, la harina, el perejil picado, la sal y la pimienta. Engrase un molde llano y coloque una camada de pescado, otra de tomate y de salsa, y espolvoree con queso. Repita hasta llenar el molde. Vierta entonces los huevos y espolvoree con queso. Hornee a una temperatura moderada (350°F) durante 30 minutos.

Nota: Puede prepararlo en una sartén y cocerlo a fuego lento.

PESCADO A LA VINAGRETA

6 raciones

1 chillo entero de 2 libras
1 taza de pasas hervidas
    partidas en cuadritos
4 huevos duros picados
Hojas de lechuga
3 dientes de ajo
½ cucharadita de pimienta

2 cucharadas de jugo de limón
2 pimientos morrones
Salsa francesa
1 taza de guisantes
1 cebolla mediana
2 cucharadas de sal
½ taza de salsa vinagreta

Adobe el pescado con la sal, la pimienta y el jugo de limón, y envuelva en una hoja de plátano o en una tela fina. Hierva en agua con sal, cebolla y ajos enteros. Coloque el pescado en una fuente y báñelo con salsa francesa. Mezcle las papas con los guisantes y los huevos picados, y añada la salsa vinagreta. Arregle las hojas de lechuga alrededor del pescado y forme un borde con los huevos, papas y pimientos. Sirva frío.

MERO EN SALSA

6 raciones

1½ libras de mero
1 cucharadita de sal
2 libras de tomates
1 taza de agua
1 cucharada de harina de yuca
Perejil picado

2 cucharadas de mantequilla
Sal y pimienta a gusto
1 pimiento verde picado
1 cebolla picada
3 tazas de yautía majada
½ taza de caldo de pescado

Hierva el pescado en poca agua, quite las espinas y desmenuce. Reserve el caldo. Parta los tomates y cueza con el agua a fuego lento hasta que ablanden. Cuele por un colador de tejido abierto. Derrita la mantequilla, agregue la harina de yuca, la salsa de tomates y el caldo de pescado, y cueza en baño de María por unos minutos. Añada el pescado, el pimiento y la cebolla a la salsa. Cueza hasta que la salsa espese un poco. Sazone a gusto. En una fuente, formen una rueda con la yautía majada y vierta el pescado dentro de la rueda. Adorne con perejil picado.

SERENATA

6 raciones

1 libra de bacalao
1 cebolla rebanada

2 tomates rebanados
Salsa francesa
Aceitunas a gusto

Ponga el bacalao en agua por algunas horas para quitarle un poco de la sal. Hierva, quite el pellejo y las espinas, y corte en pedazos pequeños. Coloque el bacalao en una fuente y adorne con las ruedas de tomate, cebollas y las aceitunas. Vierta la salsa francesa. Sirva con viandas hervidas: plátanos, batata, papas, etc.

BACALAO GUISADO

6 a 8 raciones

1½ libras de bacalao
2 pimientos partidos
2 cebollas partidas
1 ají dulce
¼ taza de aceite de oliva
2 dientes de ajo

½ taza de salsa de tomate
1 taza de agua
1 libra de papas hervidas
¼ taza de aceitunas
2 cucharadas de alcaparras

Ponga el bacalao en agua caliente por 2 horas. Limpie y parta en pedazos. Prepare un sofrito con el pimiento, la cebolla y el aceite. Añada el ají, el ajo, la salsa de tomate, el agua y el bacalao. Cueza y luego añada las aceitunas, las alcaparras y las papas partidas en cuartos. Deje hervir por un rato y sirva caliente.

COCOLÍA RELLENA

6 raciones

6 cocolías
1 diente de ajo
3 hojas de cilantro
2 cucharadas de manteca
6 aceitunas picadas
1 tomate picado
1 pimiento picado
½ mazo de perejil

1 cucharadita de harina de trigo
4 granos de pimienta
Sal a gusto
1 cucharada de vinagre
1 cucharadita de alcaparras
1 cucharada manteca con achiote
1 cebolla picada
1 huevo batido

Hierva las cocolías, separe las patas y las pinzas y saque la carne. Lave y limpie los cascos. Muela el ajo, la pimienta y la sal, y añada el vinagre. Sofría el tomate, el pimiento y la cebolla; añada el perejil y el cilantro, y luego la carne, las aceitunas y las alcaparras. Cueza por unos minutos a fuego lento. Rellene los cascos. Una el huevo con la harina y cubra la carne. Fría ligeramente u hornee hasta que el huevo endurezca.

JUEYES AL CARAPACHO

Siga las instrucciones anteriores.

PASTELES DE PESCADO

6 pasteles

1 libra de yautía amarilla
6 guineos verdes[1]
Sal a gusto
Manteca con achiote
½ taza de leche evaporada
1½ libras de dentón[2]
1 cucharada de alcaparras
1 cebolla picada

1 pimiento picado
2 ajíes dulces
1 ají picante picado
Perejil y cilantro picado
¼ taza de aceite de oliva
¼ taza de aceitunas
1 tomate picado

Ralle la yautía y los guineos, y añada la sal, la manteca y la leche sin diluir. Mezcle bien para que la masa quede suave y blanda. Hierva el pescado en poca agua, escurra y separe la carne de las espinas. Haga un sofrito con las hortalizas, añada el pescado desmenuzado, el perejil y el cilantro, las aceitunas, las alcaparras y los ajíes. Cueza por unos minutos. Añada un poco del caldo del pescado para que no quede muy seco. Haga los pasteles siguiendo las instrucciones para Pasteles de plátanos.

1. Puede sustituir los guineos por mafafos o plátanos.
2. Puede usar chillo, róbalo o tiburones pequeños de los que se cogen en el chinchorro.

Guisado

PESCADO ENTOMATADO
8 raciones

2 libras de manchego
1 libra de tomates rebanados
Sal y pimienta a gusto

½ taza de aceite
2 dientes de ajo
2 cebollas rebanadas

Parta el pescado en ruedas y adobe con la sal y la pimienta. Eche el aceite en una cazuela y ponga el pescado, luego encima las rebanadas de tomates, las de cebolla y los ajos. Tape la cazuela y cueza a fuego lento. Si desea, puede cocer el pescado en un horno.

PESCADO A LA CAZUELA
6 a 8 raciones

3 libras de róbalo
2 cucharadas de sal
½ cucharadita de pimienta
2 cucharadas de jugo de limón
1 taza de aceite de oliva

½ libra de cebollas rebanadas
3 dientes de ajos picados
1 lata de tomates al natural
1 taza de vino seco

Compre pescados como de ½ libra cada uno. Límpielos y déjelos enteros. Adobe con la sal, la pimienta y el jugo de limón. Eche el aceite en una cazuela, y coloque los pescados. Ponga encima las cebollas, los ajos y los tomates. Cueza a fuego lento por 20 minutos. Entonces añada el vino y tape. Deje cocer como por media hora o hasta que el pescado esté blando.

BACALAO A LA VIZCAÍNA
6 raciones

1 libra de bacalao
½ taza de aceite de oliva
2 cebollas rebanadas
½ taza de salsa de tomate
½ taza de aceitunas

2 dientes de ajo
1 libra de papas rebanadas
2 pimientos maduros asados
¼ taza de pasas
1 cucharada de alcaparras

Ponga el bacalao en agua caliente, quite el pellejo y las espinas y corte en pedazos de tamaño mediano. En una cazuela ponga camadas de bacalao, cebollas y papas, la salsa de tomate, las aceitunas, las alcaparras y las pasas, el ajo y tiras de pimientos. Vierta el aceite y cueza a fuego lento durante 30 minutos. Puede cocerse en el horno.

BUCHE DE BACALAO GUISADO

6 raciones

1 libra de buche de bacalao
½ taza de aceite de oliva
2 cucharadas de alcaparras
½ taza de aceitunas

3 pimientos morrones partidos
3 cebollas partidas
2 pimientos verdes partidos
1 taza de salsa de tomate

Ponga el buche de bacalao en agua la noche anterior. Hiérvalo, por ½ hora, escurra y parta en pedazos pequeños. Sofría las cebollas y el pimiento verde en el aceite y añada la salsa y el buche. Cueza a fuego lento. Agregue los pimientos morrones, las aceitunas y las alcaparras. Sazone y retire del fuego.

ASOPAO DE LANGOSTA

Vea el Capítulo VI Cereales.

Al horno

PESCADO RELLENO

6 raciones

1 pescado de 3 libras
2 cucharadas de sal
2 cucharadas de jugo de limón
½ libra de tomates rebanados
½ taza de jamón hervido y molido
2 cucharadas de cebolla rallada

8 aceitunas
½ taza de tomate picado
½ taza de aceite de oliva
½ cucharadita de pimienta
1 cebolla rebanada

Limpie el pescado y déjelo entero. Adóbelo por dentro y por fuera con la sal, el jugo de limón y media cucharadita de pimienta. Mezcle el jamón hervido con las cebollas, el tomate y las aceitunas, y rellene el pescado. Coloque el pescado en un molde engrasado. Coloque encima las ruedas de tomates y cebollas, y vierta el aceite. Hornee una hora a temperatura moderada (350°F).

PESCADO RELLENO CON PAN

6 raciones

1 manchego de 3 libras
½ taza de aceite de oliva
2 cucharadas de sal
½ cucharadita de pimienta
2 cucharadas de jugo de limón

1 taza de pan cortado en cuadritos
½ cebolla picada
2 cucharadas de mantequilla
½ mazo de perejil picado

Limpie el pescado y quite el pellejo con cuidado. Corte los filetes a lo largo y separe del espinazo. Adobe los filetes con la sal, la pimienta y el jugo de limón. Fría los cuadritos de pan en el aceite y dórelos. Mezcle el pan con la cebolla, la mantequilla y el perejil. Engrase un molde y coloque uno de los filetes en el fondo y cubra con el relleno. Ponga encima el otro filete y afirme con palillos. Cueza en el horno a fuego lento por una hora. Sirva con Salsa de queso.

BUDÍN DE PESCADO Y REPOLLO

8 a 10 raciones

2 libras de repollo
1 litro de agua
2 rebanadas de pan desmenuzado
1 cebolla rebanada
⅛ cucharadita de pimienta
½ taza de leche

1 libra de pescado hervido
2 huevos batidos
1½ cucharaditas de sal
1 cucharada de sal
2 cucharadas de mantequilla

Parta el repollo en dos e hierva en agua con sal por unos minutos. Saque del agua, escurra y corte en rebanadas. Dore la cebolla. Desmenuce el pescado y mezcle con el pan, los huevos, la sal, la pimienta y la leche. Engrase un molde, ponga una camada de repollo y otra de pescado. Repita hasta que se terminen los ingredientes. Coloque el molde dentro de otro molde con agua caliente y cueza en horno de calor moderado hasta que esté un poco seco. Si desea, sirva con Salsa tártara.

BUDÍN DE SALMÓN

6 raciones

2 tazas de salmón desmenuzado
½ taza de leche
½ cucharadita de sal
1 taza de migas de pan

2 cucharadas de queso parmesano rallado
Pimienta a gusto
2 huevos batidos

Mezcle todos los ingredientes y ponga en un molde engrasado. Cueza en horno de calor moderado por 40 minutos.

BUDÍN DE SALMÓN Y PAPAS
8 raciones

2 tazas de salmón desmenuzado
Sal y pimienta a gusto
4 huevos batidos

1 taza de leche
2 tazas de papas majadas

Mezcle todos los ingredientes y sazone a gusto. Eche en un molde engrasado y cueza en horno de calor moderado por 40 minutos.

LANGOSTA A LA PARRILLA
2 raciones

1 langosta de 3 libras
Mantequilla

Sal y pimienta a gusto

Corte la langosta a lo largo sin quitarle el caparazón. Remueva el estomago y los intestinos. Coloque cada mitad en la parrilla, descansando sobre la concha. Unte mantequilla y espolvoree con pimienta a gusto. Cueza a fuego lento durante 40 minutos. Sirva caliente con mantequilla derretida.

Frito

PESCADO FRITO
6 raciones

3 libras de liza
Aceite de oliva
Jugo de limón

Harina de trigo
Sal y pimienta a gusto

Parta el pescado en ruedas y adobe con la sal, el limón y la pimienta. Guárdelas en sitio bien fresco como una hora. Envuelva las ruedas en harina y fríalas en bastante aceite hasta que estén doradas y cocidas. Sirva caliente.

Nota: El aceite de oliva puede sustituirse por aceite de maíz.

PESCADO A LA MINUTA

6 raciones

3 libras de pargo
1½ cucharadas de sal
2 cucharadas de jugo de limón
Polvo de galleta

¼ cucharadita de pimienta
2 tazas de aceite de oliva
4 huevos batidos

Quite el pellejo y las espinas. Corte en filetes gruesos y adobe con sal, pimienta y limón. Deje en sitio fresco. Humedezca cada pedazo de pescado frito en huevo batido y envuelva en polvo de galleta. Fría en aceite hasta que esté dorado.

PESCADO A LA MILANESA

6 raciones

6 ruedas de colirubia
Sal a gusto
Jugo de limón
Pimienta a gusto

Pan y queso rallado
Huevo batido
Perejil picado
Aceite de oliva

Adobe las ruedas de pescado con sal, jugo de limón y pimienta. Guárdelas en sitio fresco. Envuelva en pan y queso rallado. Mezcle el huevo batido con perejil picado y sal, y reboce el pescado. Envuelva de nuevo en pan y queso rallado, y fría en aceite caliente.

PESCADO EN ESCABECHE

6 raciones

6 ruedas de carite
Sal y pimienta
½ litro de aceite de oliva
1 taza de vinagre
½ taza de aceitunas

1 cebolla rebañada
2 hojas de laurel
2 ajos enteros
1 cucharadita de pimienta en grano

Adobe y fría el pescado. Añada la cebolla, las hojas de laurel, los ajos y la pimienta al vinagre, y cueza a fuego lento hasta que la cebolla se ablande un poco. Añada el aceite y las aceitunas al vinagre. Ponga el pescado en una vasija honda de loza o vidrio y vierta el aceite.

BACALAO EN ESCABECHE

8 a 10 raciones

1 ½ libras de bacalao
1 taza de aceite de oliva
1 cebolla rebanada
2 dientes de ajo

½ taza de vinagre
2 hojas de laurel
1 cucharadita de pimienta en grano

Ponga el bacalao en agua por algunas horas. Quítele el pellejo y las espinas y corte en pedazos pequeños. Escurra, envuelva cada pedazo en harina y fría en aceite. Sofría las cebollas y los dientes de ajo en el aceite. Añada el vinagre, las hojas de laurel y la pimienta, y sofría por unos minutos. Retire del fuego y vierta sobre el bacalao.

Cócteles

CÓCTEL DE CAMARONES

1 libra de camarones
Aceitunas rellenas

Salsa y tomate picante
Ramitas de berro

Coloque los camarones en una copita para helado, vierta la salsa de tomate y adorne con aceitunas y ramitas de berro.

CÓCTEL DE OSTRAS

Prepare en igual forma que el Cóctel de camarones y añada unas gotas de limón.

Salsas para pescado

SALSA TÁRTARA

2 yemas batidas
½ cucharadita de mostaza
½ cucharadita de sal
1 cucharadita de azúcar
½ taza de aceite de oliva
Perejil

½ cucharada de alcaparras
½ cucharada de encurtidos
1 cucharada de aceitunas
1 rebanada de cebolla
1 ½ cucharadas de vinagre

Agregue la mostaza y la sal a las yemas, luego el aceite, gota a gota, y continúe batiendo. Cuando espese un poco añada el vinagre, siga añadiendo el aceite y bata un poco más ligero. Parta las alcaparras, las aceitunas, los encurtidos y la cebolla en pedacitos y agregue a la salsa antes de servirla.

SALSA DE MANTEQUILLA

6 cucharadas de mantequilla
3 cucharadas de harina de trigo
1½ tazas de agua caliente

½ cucharadita de sal
⅛ cucharadita de pimienta

Derrita la mitad de la mantequilla y añada la harina, la sal y la pimienta. Agregue el agua poco a poco e hierva. Retire del fuego y añada el resto de la mantequilla antes de servir la salsa.

SALSA VINAGRETA

1 cucharada de sal
¼ cucharadita de pimentón
2 granos de pimienta
3 cucharadas de vinagre

6 cucharadas de aceite de oliva
1 encurtido picado
½ pimiento picado
1 ramita de perejil picado

Mezcle todos los ingredientes en el orden que están.

SALSA DE CEBOLLA

1 cebolla grande picada
½ taza de aceite de oliva

¼ taza de vinagre

Sofría la cebolla y cuando esté blanda añada el vinagre.

Vea el Capítulo XV Croquetas para otras recetas de bacalao, pescado y camarones.

Capítulo XIV

HUEVOS Y QUESO

Huevos a la flamenca

Huevos y queso

El huevo pertenece al grupo de los alimentos más ricos en proteína. Ésta se encuentra en la yema y en la clara; la yema contiene, además, grasa, vitamina A, riboflavina y las sales minerales fósforo, calcio, hierro y azufre.

Por su contenido de proteína, el huevo puede sustituir a la carne en el menú. Es fácil de digerir y, cocido ligeramente, el organismo lo asimila muy bien. El huevo es un alimento indispensable en nuestra alimentación por lo que se recomienda el consumo de un huevo diario o por lo menos cuatro a la semana.

Cuidado de los huevos

El huevo debe comerse completamente fresco, de lo contrario, su sabor se altera fácilmente. El huevo fresco tiene la clara firme y espesa, la yema tiene forma redonda que sobresale de la clara y conserva bien su forma. Cuando el huevo es viejo, la clara está acuosa y se riega o extiende cuando se pone en un plato.

Debe guardarse en sitio fresco y seco, en una vasija bien tapada y lejos de alimentos que tengan un olor fuerte, pues el cascarón es poroso y a través de éste pasa cualquier olor.

Preparación de huevos

Como todo alimento que contiene proteína, el huevo debe cocerse a fuego lento y por tiempo suficiente para coagular la clara. El huevo es un alimento muy útil y se presta a infinidad de usos. El ama de casa que tiene siempre suficientes huevos en la nevera puede improvisar en cualquier momento de emergencia desde el plato principal hasta el postre. Con huevos se puede confeccionar una gran variedad de platos combinándolos con otros alimentos farináceos y hortalizas.

Hervidos

HUEVOS PASADOS POR AGUA

Hierva el agua, y eche los huevos. Baje el fuego y deje que los huevos se cuezan de tres a cinco minutos.

HUEVOS DUROS

Ponga los huevos en la olla con agua fría y cueza a fuego lento hasta que hierva. Baje el fuego y deje en el agua por 30 minutos.

HUEVOS RELLENOS CON TOCINETA
6 raciones

12 huevos cocidos duros
1 cucharadita de sal
¼ cucharadita de pimienta

3 lonjas de tocineta
½ taza de queso rallado
2 tazas de salsa blanca

Parta los huevos en dos cada uno. Maje las yemas. Fría la tocineta y parta en pedazos pequeños. Añada a las yemas majadas, sazone con sal y pimienta y rellene las mitades de huevos. Mezcle la salsa blanca con el queso, vierta sobre los huevos rellenos.

HUEVOS RELLENOS CON JAMÓN
6 raciones

Prepare en igual forma que los Huevos rellenos con tocineta, usando jamón en vez de tocineta. Sustituya la salsa blanca por salsa de tomate. Si desea añada 1 taza de guisantes frescos a la salsa de tomate.

HUEVOS GUISADOS CON PAPAS
6 raciones

1½ libras de papas
¼ libra de jamón partido
1 cebolla rebanada
1 taza de salsa de tomate
2 tazas de agua
1 cucharada de sal

1 pimiento partido
1 diente de ajo machado
4 cucharadas de aceite de oliva
1 cucharadita de vinagre
6 huevos cocidos duros

Lave, monde y parta las papas en cuartos. Prepare un sofrito con el jamón, la cebolla, el ajo, el aceite, el vinagre y la sal, el pimiento y la salsa. Agregue las papas, el agua y cueza a fuego lento. Parta los huevos en dos cada uno, añada a las papas guisadas y revuelva con cuidado. Caliente por unos minutos todo junto.

HUEVOS A LA CREMA
6 raciones

6 huevos cocidos duros
3 cucharadas de mantequilla
1 cucharadita de sal
4 cucharadas de harina de trigo
6 rebanadas de pan tostado

¼ cucharadita de pimienta
2½ tazas de leche
1 taza de guisantes
½ taza de zanahorias hervidas y partidas

Divida cada huevo en ocho partes. Prepare una salsa blanca con la mantequilla, la sal, la pimienta, la harina y la leche, y añada a los huevos. Agregue los guisantes y la zanahoria. Sirva sobre tostadas.

HUEVOS FRITOS

6 huevos   *3 cucharadas de manteca*

Eche la grasa en una sartén grande. Tan pronto se derrita eche los huevos teniendo cuidado de que las yemas no se rompan. Baje el fuego. Cubra con una tapa hasta que la clara esté cocida.

HUEVOS EN NIDO
6 raciones

2 libras de papas hervidas   *1 cucharada de sal*
3 cucharadas de mantequilla   *6 huevos*

Maje las papas, añada la mantequilla y la sal, y una todo bien. Divida las papas en seis. Eche cada parte en un molde engrasado y haga un hoyo en el centro. Parta y eche un huevo en cada hoyo. Espolvoree con sal y ponga en un horno de calor moderado hasta que el huevo esté cocido.

Al horno

HUEVOS A LA MALAGUEÑA
6 raciones

6 huevos   *3 lonjas de jamón o salchichón*
1 cucharadita de sal   *1 taza de salsa de tomate*
1 taza de guisantes frescos

Engrase moldes pequeños. Eche un huevo en cada uno y espolvoree con sal. Cubra con guisantes y salsa y ponga encima tiras de jamón o salchichón. Ponga en horno de calor moderado por unos minutos, o en una sartén a fuego lento, con brasas en la tapa.

HUEVOS A LA FLAMENCA
6 raciones

1 cebolla partida   *6 huevos*
1 tomate partido   *½ taza de salsa de tomate*
2 cucharadas de manteca   *½ taza de guisantes*
6 espárragos partidos   *1 pimiento morrón en tiras*
6 pimientos verdes partidos   *Sal a gusto*

Sofría la cebolla y el tomate. Añada los espárragos y los pimientos y deje dorar un poco. Vierta el sofrito en un molde llano y eche los huevos sobre el sofrito. Cubra con un poco de salsa de tomate, guisantes y tiras de pimiento morrón. Cueza en un horno de calor moderado hasta que los huevos estén cocidos. Puede hacerse en una sartén, con poco fuego y con brasas sobre la tapa.

Revoltillo

REVOLTILLO
6 raciones

6 huevos
1 cucharadita de sal
½ taza de leche

¼ de cucharadita de pimienta
3 cucharadas de mantequilla

Parta los huevos y bata ligeramente. Añada la sal, pimienta y la leche. Derrita la mantequilla y eche los huevos. Cueza a fuego lento, y revuelva con el tenedor hasta que esté cocido.

REVOLTILLO DE QUESO
6 raciones

¼ libra de queso americano
6 huevos batidos
1 cucharadita de sal

⅛ cucharadita de pimienta
3 cucharadas de mantequilla

Parta el queso en pedazos pequeños. Bata los huevos lo suficiente para mezclar las claras y las yemas. Añada el queso y la sal a gusto a los huevos. Derrita la mantequilla en la sartén y vierta el huevo. Cueza a fuego lento revolviendo de vez en cuando. Retire del fuego cuando el huevo esté cocido. Sirva caliente.

REVOLTILLO DE BACALAO
6 a 8 raciones

½ libra de bacalao
3 cucharadas de manteca
3 tomates picados
2 cebollas picadas

1 pimiento verde picado
6 huevos batidos
Sal a gusto

Ponga el bacalao en agua por un rato para desalarlo. Corte en pedazos pequeños. Sofría las hortalizas y añada al bacalao. Revuelva y agregue los huevos. Cueza a fuego lento, revolviendo hasta que el huevo esté cocido.

Tortillas

TORTILLA DE ACELGAS
6 raciones

2 mazos de acelgas
2 cebollas picadas
1 pimiento picado

1 cucharadita de sal
4 cucharadas de aceite de oliva
5 huevos

Hierva ligeramente las acelgas en agua con sal. Parta las hojas en pedazos pequeños y sofría con el aceite, las cebollas y el pimiento. Bata las claras y yemas por separado, añada la sal. Mezcle los huevos batidos y el picadillo de acelgas. Eche en la sartén y no la mueva hasta que empiece a secar; entonces, usando una tapa o un plato, vírela del otro lado y deje al fuego hasta que esté dorada. Sirva caliente.

TORTILLA DE PAPAS
6 a 8 raciones

2 libras de papas
6 huevos

1 cucharadita de sal
¼ libra de manteca

Parta y fría las papas. Espolvoree con sal. Bata los huevos y una con las papas. Caliente la manteca en una sartén y eche los huevos con las papas. Dore a fuego lento. Vuelva del otro lado y dore.

TORTILLA DE PAPAS Y CHORIZO
6 a 8 raciones

2 libras de papas
¼ libra de cebollas picadas
¼ libra de manteca

2 chorizos desmenuzados
6 huevos batidos
½ cucharadita de sal

Parta las papas en forma de hojuelas redondas y eche en agua con sal. Escurra y fría en manteca caliente. Revuelva constantemente para que se salcochen en la manteca sin que se doren mucho. Fría la cebolla un poco. Mezcle la cebolla, los chorizos y las papas. Bata los huevos, añada la sal, y agregue las papas. Revuelva bien. Eche en una sartén con manteca caliente y cueza a fuego lento. Dore por un lado. Voltee y dore por el otro lado.

TORTILLA DE PAPAS A LA MERCEDES

6 raciones

2 libras de papas
¼ libra de manteca
¼ libra de jamón hervido
1 chorizo desmenuzado
6 huevos

1 cebolla en rebanadas
1 taza de guisantes frescos
1 cucharada de sal
6 espárragos

Corte las papas en rebanadas finas. Fría en manteca caliente, sin que se doren. Engrase un molde hondo. Ponga una camada de papas y adorne con pedacitos de jamón, de chorizo, con guisantes y cebolla. Espolvoree con sal. Repita hasta que se terminen los ingredientes. Ponga encima los espárragos, en forma de rayos, y entre cada espárrago eche un huevo. Cueza en horno de calor moderado hasta que los huevos estén cocidos.

TORTILLA CON JAMÓN

6 raciones

½ libra de jamón partido
¼ libra de cebollas partidas
1 cucharadita de sal

4 tomates partidos
6 huevos
1 pimiento verde partido

Sofría el jamón, la cebolla, el pimiento y los tomates. Deje enfriar. Bata los huevos y eche en una sartén engrasada. Tan pronto empiecen a cuajar, eche el sofrito. Doble la tortilla para cubrir el picadillo. Sirva sola o con salsa de tomate por encima.

TORTILLA CON JALEA

2 raciones

4 huevos
½ cucharadita de sal

1 cucharada de manteca o aceite
½ taza de jalea

Bata los huevos hasta que la yema y la clara se unan bien. Añada la sal. Cuando la grasa esté derretida y cubra el fondo de la sartén, eche el huevo batido. Tan pronto empiece a cuajar eche la jalea que ha sido batida un poco y doble para cubrir la jalea.

TORTILLA DE CEBOLLA Y TOCINETA

6 raciones

1 libra de cebollas rebanadas
1 cucharadita de sal

6 huevos
4 lonjas de tocineta

Fría la tocineta. En la grasa que se derritió eche las cebollas y fríalas sin dejarlas dorar. Bata los huevos y añada la cebolla y la tocineta. Vierta en una sartén con manteca caliente. Cueza a fuego lento y, cuando se dore por un lado, vuelva del otro lado para que dore.

TORTILLA DE SESOS
6 raciones

1 seso
1 litro de agua
1 cucharadita de sal
4 cucharadas de manteca

2 cucharadas de perejil picado
1 cucharadita de sal
6 huevos
⅛ cucharadita de pimienta

Hierva el seso por 15 minutos. Deje enfriar y maje bien quitando todas las fibras oscuras. Bata los huevos; añada los sesos, la pimienta, el perejil y la sal. Fría en una sartén grande a fuego moderado. Tan pronto esté dorada por un lado, voltee la tortilla y dore por el otro lado.

Queso

Por la cantidad de proteína que contiene, el queso puede alternar con la carne en el menú; además, es agradable y se sirve en distintas formas combinando con otros alimentos.

TABLA X
USOS DE DISTINTAS CLASES DE QUESO

CLASE	ORIGEN	USO
Parmesano	Italia	Rallado para macarrones, espagueti, minestrona y otras sopas
Crema Filadelfia	Estados Unidos	Con jaleas y mermeladas con galletas, o pastas y emparedados
Americano-Cheddar	Estados Unidos	Rallado con pastel de manzana o postre de frutas en conserva, emparedados
Roquefort	Francia	Para canapés con galletas tostadas con apio americano, con el postre
Americano-Club	Estados Unidos	Emparedados, croquetas, suflé
Suizo	Suiza	Con dulce en almíbar, emparedados
Edam (de bola)	Holanda	Rellenos para espaguetis, croquetas
Queso de crema de Arecibo	Puerto Rico	Con pastas de frutas y dulces en almíbar

Cómo conservar el queso

El queso debe quedarse en sitio fresco y seco o en la nevera. Se envuelve en papel parafinado y dentro de un recipiente tapado, o en el paquete original en que viene, para excluir el aire. El queso tiene a veces unas manchas blanquecinas que se deben al crecimiento de hongos sobre la superficie que en nada afectan su valor alimenticio. El queso se raspa y puede usarse sin peligro para la salud.

QUESO RELLENO
12 raciones

1 queso de Holanda
1 pollo de 2 libras
½ taza de aceitunas
¼ taza de pasas
4 cucharadas de aceite

1 diente de ajo machacado
½ taza de salsa de tomate
1½ cucharadas de sal
3 huevos

Corte una tapa cuadrada en el lado superior del queso y saque el queso con una cucharilla, con cuidado para no romper la corteza. Ponga el queso en agua por unas horas para que se ablande. Si está muy maduro póngalo en agua caliente. Parta el pollo en presas, adobe y prepare un fricasé con el pollo, las aceitunas, las pasas, la cebolla, el aceite, el ajo, la salsa de tomate y la sal. Cuando el pollo esté blando, separe la carne de los huesos y mezcle con los huevos partidos. Rellene el queso con el pollo y coloque la tapa. Engrase el queso por fuera. Ponga una hoja de plátano en el fondo de un caldero, coloque el queso sobre la hoja y tape. Cueza a fuego lento. También puede cocerse en un horno de calor moderado.

Nota: El queso puede rellenarse con carne de cerdo, con espaguetis o espaguetis con paloma.

REPOLLO RELLENO CON ARROZ Y QUESO
12 raciones

1 repollo de 2 libras
1 litro de agua
1 cucharada de sal

2 tazas de arroz blanco cocido
1 taza de queso rallado
¼ cucharadita de pimienta

Saque las hojas enteras del repollo y marchite en agua caliente (2 minutos). Una el arroz, el queso y la pimienta. Eche dos cucharadas de arroz en cada hoja y envuelva como un pastel. Coloque en un molde engrasado y cueza en horno de calor moderado por 15 minutos.

CHAYOTE RELLENO CON QUESO

8 rellenos

4 chayotes
2 cucharaditas de sal
1 taza de queso de Holanda rallado

½ cucharadita de pimienta
2 huevos batidos
½ taza de pan rallado

Parta en dos cada chayote. Cueza al vapor o hierva hasta que ablanden. Saque la pulpa teniendo cuidado que la cáscara no se rompa. Maje la pulpa del chayote con un tenedor. Añada la sal, el queso y la pimienta. Una todo bien y rellene las cáscaras. Bata los huevos y eche por encima para cubrir el chayote. Espolvoree con pan o galleta rallada. Cueza al horno por 20 minutos, a calor moderado (350°F).

SUFLÉ DE QUESO

6 raciones

4 cucharadas de mantequilla
6 cucharadas de harina de trigo
½ cucharadita de sal
5 yemas de huevo

1 taza de leche
⅛ cucharadita de pimienta
¾ taza de queso rallado
5 claras

Prepare una salsa espesa con la mantequilla, la harina, la sal, la pimienta y la leche. Añada el queso y retire del fuego. Bata las yemas y agregue a la salsa, y deje enfriar un poco. Bata las claras a punto de merengue y añada a la salsa, y mezcle bien. Eche en el molde y cueza en horno de calor moderado (350°F) por 25 minutos.

Nota: Use queso de Holanda o partes iguales de queso parmesano y queso americano.

BOLITAS DE QUESO

Vea el Capítulo XV Croquetas.

BERENJENAS A LA PARMESANA

6 raciones

2 libras de berenjenas
½ taza de aceite de oliva
Sal
2 cucharadas de aceite
2 cebollas partidas

2 dientes de ajo
1 cucharadita de sal
1 taza de tomates
½ libra de queso parmesano

Rebane las berenjenas sin mondarlas. Espolvoree con sal y sofría en media taza de aceite. Sofría en las dos cucharadas de aceite las cebollas, los ajos y los tomates. En un molde engrasado ponga una camada de berenjenas, otra de queso rallado y vierta parte del sofrito. Repita hasta llenar el molde. Espolvoree con queso. Cueza en horno de calor moderado o en un caldero a fuego lento por 45 minutos.

Capítulo XV

CROQUETAS, BUÑUELOS, PASTELILLOS Y OTROS ALIMENTOS FRITOS

Sorullitos

Alimentos fritos

Las frituras incluyen los alimentos fritos, como hortalizas, rellenos, buñuelos, pastelillos, etc. Y, aunque son muy populares, existe cierto prejuicio contra éstas por ser consideradas, indigestas, debido a la manteca que absorben al freírse. Ya que las frituras son algo típico de nuestra cocina, es necesario mejorar el método que se emplea para cocerlas, de modo que sea un alimento sano y fácil de digerir.

Clases de grasas

Para freír se usan distintas clases de grasa, en forma sólida como la manteca, o en forma líquida como el aceite. La composición de las grasas varía, y al aplicarles calor intenso producen humo a distintas temperaturas. Al calentar algunas grasas humean inmediatamente, mientras que otras pueden calentarse bastante y no echan humo; por este motivo, para freír es preferible una grasa que resista una temperatura alta antes de humear o descomponerse.

Entre las grasas más adecuadas para freír, están el aceite de soya, el de maíz y el de semilla de algodón o la manteca vegetal. La ventaja de estas grasas para freír es que pueden utilizarse para freír dos o tres veces.

Método para freír

Para que los alimentos queden dorados por fuera, cocidos uniformemente y secos, debe usarse manteca abundante y una temperatura adecuada. El tiempo de cocción y la temperatura de la manteca varían de acuerdo con la clase de alimento, según podrá verse en la siguiente tabla.

TABLA XI

TEMPERATURA CORRECTA PARA FREÍR DISTINTOS ALIMENTOS

	TEMPERATURA °F	MINUTOS
Croquetas y todo alimento cocido como bolas de bacalao	375°-390°	2-5
Almojábanas, rosquillas, pastelillos	360°-370°	2-3
Pescado	390°	5-10
Pollo o conejo	375°-390°	25-30
Chuletas o carne empanada	375°-400°	10-15
Papas fritas a la francesa, batatas, tostones	395°	4-6

Si no hay un termómetro de cocina para medir la temperatura de la manteca, puede hacerse la prueba siguiente: eche un pedazo de pan como de una pulgada cuadrada en la manteca caliente y si se dora en 1 minuto, la temperatura aproximada de la manteca es de 365°F-375°F, en 40 segundos, es de 375°F-385°F, y en 20 segundos, es de 385°F-395°F.

Recomendaciones

Cuando se acostumbra freír a menudo pastelillos, croquetas, sorullitos, etc., es conveniente adquirir una vasija que se vende exclusivamente para freír, y que consta de una cacerola con una canasta de alambre que se ajusta dentro de la vasija. Las frituras se echan en la canasta, y ésta se introduce en la manteca; cuando están cocidas, la canasta se suspende sobre la orilla de la cacerola para dejar escurrir la grasa, y si no se tiene esta canasta, los alimentos se colocan sobre papel absorbente para que escurran. Todo alimento frito en una sartén con poca manteca absorbe más grasa que cuando se fríe en una vasija con mucha manteca.

Tenga suficiente manteca para freír; llene la vasija como ⅔ partes de su tamaño.

No haga las croquetas, ni las almojábanas y otras frituras demasiado grandes.

Cuando envuelva croquetas u otro alimento en huevo batido y pan rallado o harina, trate de que se adhiera bien por fuera y de que la superficie quede uniforme y suave.

Espere que la manteca esté caliente antes de echar la fritura. Pruébela para saber si tiene la temperatura correcta.

No eche demasiadas frituras al mismo tiempo; deje espacio para cuando éstas "suban", además, éstas hacen que la temperatura baje.

Cuando acabe de freír, cuele la manteca y consérvela para freír exclusivamente. Si acaso conserva algún olor, éste desaparecerá friendo unas rebanadas de papas.

Esta manteca puede usarse dos o tres veces. Puede añadirle manteca fresca para reponer la que se ha gastado.

Si la manteca se pone rancia, al calentarse echa humo a una temperatura relativamente más baja que cuando está fresca.

Croquetas

CROQUETAS DE CARNE DE CERDO
6 croquetas

1½ libras de carne de cerdo
1 cucharada de sal
4 cucharadas de mantequilla
¼ cucharadita de pimienta
9 cucharadas de harina de trigo
1 libra de manteca

1½ tazas de leche
2 cucharadas de cebolla rallada
3 huevos batidos
½ cucharadita de sal
1½ tazas de polvo de galleta

Muela la carne de cerdo, añada la sal y cueza a fuego lento hasta que la carne esté cocida. Prepare una salsa blanca espesa con la mantequilla, la sal, la pimienta, la harina y la leche. Añada la cebolla y la carne, y mueva hasta que se forme una masa que se desprenda del caldero; retírela del fuego y deje enfriar. Déle forma de croqueta y reboce en el huevo batido y polvo de galleta. Fría en manteca caliente y abundante, y escurra sobre papel absorbente.

CROQUETAS DE JAMÓN
8 croquetas

2 libras de jamón molido
1½ tazas de salsa blanca espesa
3 huevos batidos

½ cucharadita de sal
1½ tazas de polvo de galleta

Siga las instrucciones para Croquetas de carne de cerdo.

CROQUETAS DE PESCADO
6 croquetas

2 tazas de pescado hervido
½ cucharadita de sal
1½ tazas de polvo de galleta

2 huevos batidos
1 cucharadita de cebolla rallada
1 taza de salsa blanca espesa

Siga las instrucciones para Croquetas de carne de cerdo.

CROQUETAS DE POLLO
10 croquetas

1 pollo de 2 libras
4 tazas de agua
½ cucharadita de sal
8 cucharadas de harina de trigo
6 cucharadas de mantequilla
1 cucharadita de sal
¼ cucharadita de pimienta

1 cucharada de jugo de cebolla
1 taza de caldo
½ tazas de leche
3 huevos batidos
Sal a gusto
1½ taza de polvo de galletas

Hierva el agua, añada la sal y el pollo, y cueza a fuego moderado hasta que esté cocido. Separe la carne de los huesos y parta en pedazos pequeños. Prepare una salsa blanca bien espesa con la mantequilla, la sal, la pimienta, la harina, el caldo y la leche. Añada el pollo, el jugo de cebolla y revuelva para formar una pasta que se despegue del fondo. Sazone, enfríe y déle forma de croquetas. Reboce y fría en manteca caliente y abundante.

CROQUETAS DE QUESO

6 croquetas

4 cucharadas de mantequilla
8 cucharadas de harina de trigo
½ cucharadita de sal
⅛ cucharadita de pimienta
1½ tazas de leche
1 taza de manteca

2 tazas de queso partido en cuadritos
½ taza de queso parmesano
2 huevos batidos
4 yemas batidas
¼ cucharadita de sal
1 taza de polvo de galleta

Prepare una salsa blanca espesa usando los primeros cinco ingredientes y añádale las yemas y el queso. Cuando esté fría déle forma de croquetas y reboce. Fríalas en manteca caliente y abundante, y escurra en papel absorbente. Sirva caliente.

BOLITAS DE QUESO

45 bolitas

1½ tazas de queso de Holanda rallado
1 cucharada de harina de trigo
¼ cucharadita de sal

Pimienta a gusto
3 claras batidas a punto de merengue
Polvo de galleta

Mezcle el queso con la harina, la sal y la pimienta. Añada las claras. Forme bolitas y envuelva en el polvo de galleta. Fría en manteca abundante y escurra sobre papel absorbente.

CROQUETAS DE BATATA

10 croquetas

3 tazas de batatas majadas
½ taza de mantequilla
1 cucharadita de sal
2 huevos

¼ cucharadita de canela
¼ taza de azúcar
1 huevo batido
½ taza de pan rallado

Añada la mantequilla, la sal, los huevos, la canela y el azúcar a las batatas majadas. Una bien hasta que esté suave. Déle forma a las croquetas con un molde o en la palma de la mano. Reboce las croquetas. Fría en manteca abundante y caliente. Escurra en papel absorbente. Sirva caliente.

CROQUETAS DE ARROZ

6 croquetas

2 tazas de arroz cocido
1 huevo batido
¼ cucharadita de sal

3 cucharadas de leche
1 taza de polvo de galleta
1 huevo batido

½ cucharadita de pimienta
2 cucharadas de perejil picado

¼ cucharadita de sal
½ libra de manteca

Al arroz cocido añádale el huevo, la pimienta, la sal, el perejil y la leche, y forme las croquetas. Reboce. Fría en manteca caliente y abundante, y escurra sobre papel absorbente.

Buñuelos y almojábanas

BUÑUELOS DE PAPAS
20 buñuelos

1½ libras de papas
1 cucharadita de sal
3 cucharadas de mantequilla

5 huevos
1 libra de manteca

Hierva y maje las papas. Añádale la mantequilla y los huevos uno a uno, y bata al agregarlos. Fría en manteca caliente por cucharadas. Escurra y sírvalos en almíbar o espolvoree con azúcar.

BUÑUELOS DE APIO
16 buñuelos

1 libra de apio
3 huevos batidos

Sal a gusto
Manteca

Hierva y maje el apio. Añada los huevos, sazone a gusto y mezcle bien. Eche por cucharadas en manteca caliente y abundante y, cuando estén dorados, saque y escurra sobre papel.

BUÑUELOS DE ÑAME
16 buñuelos

1 libra de ñame rallado
1½ cucharaditas de sal
2 huevos batidos

3 cucharadas de harina de trigo
Manteca

Mezcle todos los ingredientes en el orden en que aparecen. Eche por cucharaditas y fría en bastante manteca hasta que estén dorados. Escurra sobre papel.

BUÑUELOS DE ÑAME Y QUESO

20 buñuelos

2 tazas de ñame crudo rallado
½ taza de harina de trigo
2 cucharadas de manteca
1 cucharadita de sal

3 cucharadas de queso rallado
1 huevo batido
6 cucharadas de leche
1 libra de manteca

Al ñame majado añada los demás ingredientes mezclándolo todo. Cuando la manteca esté caliente, eche por cucharadas y fría hasta que estén cocidos y dorados. Sirva en almíbar o espolvoree con azúcar granulada.

BUÑUELOS DE MAÍZ Y QUESO

20 buñuelos

4 tazas de leche
¾ cucharadita de sal
2 tazas de harina de maíz

1 taza de queso rallado
4 huevos
Manteca

Caliente la leche. Añada la sal y la harina de maíz. Cueza igual que para Bolas de bacalao, y deje enfriar. Añada el queso y los huevos enteros, uno a uno, y bata vigorosamente cada vez que añada uno. Fría por cucharaditas.

FRITURAS DE MAÍZ

16 frituras

¾ taza de harina de trigo
¼ cucharadita de sal
½ cucharadita de polvo de hornear

¼ cucharadita de canela
1 taza de maíz tierno rallado
1 huevo batido

Mezcle los ingredientes secos y agregue el maíz. Añada el huevo batido y mueva para que se una bien. Eche por cucharadas y fría. Espolvoree con azúcar antes de servir.

CASABE

1 libra de yuca

Sal a gusto

Lave y monde la yuca. Ralle y exprima el agua hasta que quede bien seca. Caliente bien una sartén o caldero. Eche un poco de yuca para cubrir el fondo y aplaste para formar una torta bien fina. Dore por ambos lados.

TORTITAS DE MAÍZ Y YUCA
12 tortitas

1 taza de maíz tierno rallado
¾ taza de harina de yuca
½ cucharadita de polvo de hornear

¼ cucharadita de canela en polvo
1 huevo batido
Manteca

Una al maíz la harina de yuca, el polvo de hornear y la canela. Añada el huevo batido y revuelva despacio. Eche por cucharadas en bastante manteca caliente. Escurra sobre un papel y espolvoree con un poco de azúcar.

BACALAÍTOS
24 bacalaítos

½ libra de bacalao
2 tazas de harina
2 tazas de agua
Manteca

½ cucharadita de polvo de hornear
2 ajos machacados
½ cucharadita de sal

Ponga el bacalao en remojo por algunas horas. Quite las espinas y el pellejo. Corte en pedazos pequeños. Mezcle la harina con el polvo de hornear, añada el bacalao, los ajos y el agua. Si es necesario añada sal. Fría por cucharadas en manteca abundante. Escurra sobre papel absorbente.

BACALAÍTOS EN SALSA

4 cucharadas de aceite
2 cebollas picadas
Perejil

1 taza de salsa de tomate
½ taza de agua
Manteca

Sofría la cebolla en el aceite. Añada la salsa, el agua y el perejil. Hierva por dos minutos y vierta sobre los bacalaítos.

ALMOJÁBANAS
36 almojábanas

½ taza de harina de trigo
½ taza de agua
1 taza de harina de arroz
½ taza de leche o menos
2 cucharaditas de sal
4 cucharadas de mantequilla derretida

2 cucharaditas de polvo de hornear
1 taza de queso blanco rallado
4 huevos
2 cucharadas de queso parmesano
1 libra de manteca

Una el agua con la harina de trigo, con media hora de anticipación. Añada los huevos enteros uno a uno, la harina de arroz, la sal, la mantequilla, el queso y el polvo de hornear. La leche se le echa poco a poco y solamente la que sea necesaria. Eche por cucharadas en manteca caliente y abundante.

Sorullitos, pastelillos y otros alimentos fritos

SORULLITOS
10 a 12 sorullitos

1½ tazas de harina de maíz
½ cucharadita de sal

1¼ tazas de agua caliente
⅓ taza de queso rallado

Mezcle la sal y la harina de maíz, añada el agua y cueza por unos minutos. Añada el queso y deje enfriar. Forme los sorullitos y fría en suficiente manteca hasta que estén dorados.

AREPITAS
12 a 14 arepitas

1 taza de harina de maíz
3 tazas de agua

1 taza de queso blanco rallado
1 cucharadita de sal

Hierva el agua, añada la sal y la harina de maíz. Mueva constantemente hasta que la harina esté cocida y se forme una masa que se despegue de los lados de la cacerola. Añada el queso rallado y deje enfriar. Forme las tortitas y fríalas.

PASTELILLOS DE MAÍZ
8 pastelillos

2 tazas de harina de maíz
4 tazas de agua
1 cucharadita de sal
1 libra de carne de cerdo
1 cebolla
2 onzas de jamón

3 cucharadas de manteca
1 pimiento
1 tomate
1 cucharadita de sal
Manteca

Prepare un funche duro usando la harina, el agua y la sal. Muela en la máquina los demás ingredientes y añádale la sal. Cueza a fuego lento. Sazone a gusto. Sobre una hoja de plátano engrasada, eche dos cucharadas de funche y extiéndalo en forma de círculo. Ponga una cucharada de relleno en el centro y doble en dos afirmando las orillas para que se unan. Fría en manteca caliente y escurra sobre papel absorbente.

BOLAS DE BACALAO CON HARINA DE MAÍZ
10 bolas

1½ tazas de harina de maíz
5 tazas de agua fría
1 cucharadita de sal
1 huevo batido

1 cucharadita de mantequilla
1 taza de bacalao desmenuzado
Manteca

Hierva el agua, añada la sal y la harina de maíz. Mueva constantemente hasta que la harina esté cocida y forme una masa que se despegue de los lados de la cacerola. Añada el bacalao, el huevo y la mantequilla. Deje enfriar, forme las bolas y fríalas.

BOLAS DE BACALAO CON PAPAS
8 bolas

½ libra de bacalao
1 libra de papas hervidas
1 huevo batido

1 cucharada de mantequilla
Perejil picado
Manteca

Remoje el bacalao por algunas horas y desmenúcelo. Maje las papas y mezcle con el bacalao. Añada el huevo, la mantequilla, el perejil y sazone a gusto. Forme bolas y fríalas.

PASTELILLOS DE CARNE I
24 pastelillos

4 tazas de harina de trigo
2 cucharaditas de sal
4 cucharadas de manteca
1 huevo batido
1¼ tazas de agua o leche
1 libra de carne de cerdo
2 onzas de jamón
1 onza de tocino
2 tomates

1 pimiento
1 cebolla
1 cucharadita de sal
2 cucharadas de manteca
12 aceitunas partidas
1 cucharada de alcaparras
¼ taza de pasas
2 huevos duros partidos
Manteca

Cierna juntas la harina de trigo y la sal. Agregue la manteca a la harina cortándola con dos cuchillos o trabajándola con la punta de los dedos. Mezcle la leche y el huevo, y añada poco a poco a la harina para formar una masa blanda. Guarde en la nevera hasta el momento de usarlo. Pase la carne de cerdo, el jamón, el tocino, los tomates, el pimiento y la cebolla por la máquina de moler, y sofría un poco. Añada la sal y cueza hasta que la carne esté blanda. Añada las aceitunas, las alcaparras, las pasas y el huevo duro a la carne unos minutos antes de retirarla del fuego. Con el rodillo extienda un poco la masa a un espesor como de un octavo de pulgada. Con un platillo marque y corte círculos de masa. Sobre cada círculo eche una cucharadita de carne. Moje un poco las orillas, doble en dos y afírmelas con la punta del tenedor. Fría en manteca caliente y abundante y cuando suba eche manteca sobre el pastelillo. Cuando esté dorado sáquelo, escurra sobre un papel absorbente.

PASTELILLOS DE CARNE II
18 pastelillos

3 tazas de harina de trigo
1½ cucharaditas de sal
3 cucharadas de aceite

Agua
1 taza de picadillo
1 libra de manteca

Cierna juntas la harina y la sal. Añada el aceite y agua para formar una masa blanda y seca. Amase un poco para suavizarle. Coloque en una escudilla, cubra con un paño y deje en reposo por dos horas o más. Extienda la masa bien fina y siga las instrucciones de la receta anterior para formar los pastelillos.

PASTELILLOS DE CARNE III
12 pastelillos

2 tazas de harina de trigo
2 cucharaditas de polvo de hornear
1 libra de manteca

1 cucharadita de sal
1 taza de picadillo
1½ cucharadas de aceite

Cierna juntos la harina, la sal, el polvo de hornear y agregue el aceite. Añada agua poco a poco a la harina para formar una masa blanda. Extienda la masa bien fina y siga las instrucciones de Pastelillos 1.

PASTELILLOS DE QUESO

Use cualquier receta de masa para Pastelillos y rellene con queso partido en cuadritos.

ROSQUILLAS (DONAS)
32 rosquillas

3 cucharadas de mantequilla
1 taza de azúcar
3 huevos
1½ cucharaditas de sal
1 libra de manteca

4 cucharaditas de polvo de hornear
¼ cucharadita nuez moscada
4 tazas de harina
½ taza de leche

Ablande la mantequilla. Añada el azúcar y bata hasta que se una. Bata los huevos y agregue al batido anterior. Una los ingredientes secos y cierna dos veces. Añada los ingredientes secos y la leche al primer batido y forme una masa blanda pero firme. Pase el rodillo y corte las rosquillas con un molde apropiado. Fría en mucha manteca a 360°F por 2 minutos y escurra. Espolvoree con azúcar molida.

FRITURA DE SESO
8 raciones

1 seso hervido, limpio
1½ tazas de leche
1½ tazas de harina

1 cucharadita de sal
Manteca

Parta el seso en rebanadas como de ½ pulgada de grueso. Mezcle la leche con la harina y la sal. Caliente la manteca y eche una rebanada de seso en el batido y fríala, repita. Sirva caliente con rebanadas de limón.

SESOS REBOZADOS

Sumerja las rebanadas de seso en huevo batido en vez de leche y harina, y fríalos.

FRITURAS DE CAMARONES
8 raciones

1 libra de camarones
1 taza de harina
½ cucharadita de sal

½ cucharadita de polvo de hornear
½ libra de manteca
1 taza de leche

Hierva los camarones en agua con sal por media hora. Quíteles la concha y la línea negra a lo largo del cuerpo. Mezcle la harina, la sal, la leche y el polvo de hornear. Añada los camarones. Fríalos en manteca caliente para que estén dorados.

Viandas fritas

TOSTONES DE PLÁTANO VERDE
15 a 18 tostones

3 plátanos
Agua

Sal
½ libra de manteca

Monde los plátanos y parta en ruedas al sesgue de ¾ de pulgada de grueso. Ponga en agua con sal por un rato. Fría en manteca caliente; reduzca el fuego cuando estén dorados. Saque de la manteca, aplaste un poco, sumerja en el agua con sal y fría de nuevo.

MOFONGO

4 plátanos
½ libra de chicharrón molido

1 cucharadita de sal
Manteca

Corte los plátanos como para tostones y fría. Cuando estén cocidos muela en el pilón. Añada el chicharrón y mezcle bien. Forme bolas y sírvalas calientes.

PLATANUTRES

8 raciones

3 plátanos verdes

1 libra de manteca

Monde los plátanos y rebánelos bien finos. Ponga en agua con hielo por un rato. Escurra y seque con un paño. Fría en manteca caliente y abundante. Cuando estén dorados sáquelos de la manteca y escurra sobre papel absorbente. Eche en una bolsa de papel, espolvoree con sal y muévalos para distribuir la sal.

PLÁTANOS MADUROS FRITOS

6 raciones

3 plátanos maduros

Manteca

Monde los plátanos y rebane a lo largo. Fría en manteca caliente a fuego lento hasta que estén cocidos y dorados.

PLÁTANOS MADUROS AL SARTÉN

6 raciones

3 plátanos maduros
4 cucharadas de manteca
2¼ tazas de agua caliente

3 cucharadas de mantequilla
¾ taza de azúcar
2 rajas de canela

Dore los plátanos en la manteca caliente. Añada el agua, la mantequilla, la canela y el azúcar y cueza a fuego lento hasta que estén cocidos.

BATATA FRITA

6 a 8 raciones

Lave y monde 1½ libras de batatas. Corte en ruedas como de ¼ de pulgada de grueso o más. Ponga en agua con sal durante media hora. Escurra y fría en bastante manteca de modo que la batata hierva en la manteca caliente y quede blanda y cocida.

PAPAS FRITAS

4 raciones

1 libra de papas	½ libra de manteca
1 cucharada de sal	

Lave las papas, monde y corte en pedacitos largos como de ¼ de pulgada de ancho y échelas en el agua con sal. Caliente la manteca, escurra las papas y fríalas. Muévalas entre ratos. Deje dorar. Saque y escurra sobre papel absorbente. Sirva caliente.

BERENJENA REBOZADA

4 raciones

1 libra de berenjenas	1 cucharadita de polvo de hornear
¾ taza de leche	¾ cucharadita de sal
1 taza de harina de trigo	½ libra de manteca

Monde las berenjenas y parta en rebanadas como de ¼ de pulgada de grueso. Mezcle la leche con la harina de trigo, la sal y el polvo de hornear; revuelva para unirlo bien. Reboce las berenjenas en el batido y fríalas en manteca caliente hasta que estén doradas. Escurra en papel absorbente. Espolvoree con azúcar. Sirva caliente.

Nota: Si se fríen y no se van a servir en seguida, se pueden guardar en el horno.

HOJUELAS DE PAPAS

8 raciones

2 libras de papas	1 cucharada de sal
1 libra de manteca	

Lave las papas, monde y parta en hojuelas finas. Eche en agua con pedazos de hielo durante 1 hora. Escurra las papas y fría en manteca abundante hasta que estén doradas. Eche en una bolsa o funda de papel con la sal. Sacuda la bolsa para que las papas cojan bien la sal. Se conservan tostadas aun cuando estén frías.

HOJUELAS DE PANAPÉN

8 raciones

1 panapén	1 libra de manteca
Sal	

Corte el panapén en tiras finas y ponga en agua fría por un rato. Eche en agua hirviendo durante un minuto. Seque y fría en manteca hasta que estén doradas. Escurra sobre el papel absorbente y espolvoree con sal.

FRITURAS DE CALABAZA
4 raciones

2 tazas de calabaza majada
½ taza de harina de trigo
¼ cucharadita de sal
2 huevos

¼ cucharadita de clavos de especia
½ cucharadita de canela
2 cucharadas de azúcar

Una todos los ingredientes en el orden en que aparecen. Fríalos por cucharadas en manteca caliente. Escurra en papel absorbente y sirva caliente.

FRITURAS DE PAPAS
4 raciones

1½ libras de papas
1 cucharada de sal
2 huevos

1 taza de queso rallado
½ libra de manteca

Hierva y maje las papas. Añádale los huevos y el queso y fría en manteca caliente.

FRITURAS DE REPOLLO
4 raciones

½ libra de repollo
1 taza de leche
1 taza de harina de trigo

1 cucharadita de polvo de hornear
Manteca
1 cucharadita de sal

Parta el repollo en pedazos pequeños. Eche en agua caliente por dos minutos, saque del agua y escúrralos. Mezcle la harina con la sal y el polvo de hornear; agregue la leche y bata bien. Añada el repollo. Eche por cucharadas y fríalos en manteca abundante.

TORTITAS DE PANAPÉN
8 tortitas

2 tazas de panapén hervido
2 cucharadas de mantequilla
½ cucharadita de sal

2 cucharadas de queso rallado
1 huevo batido

Maje el panapén, añádale la sal y la mantequilla, y mezcle bien. Incorpore el huevo, la sal y el queso. Déle forma de tortas pequeñas, y fría en manteca caliente y abundante.

Capítulo XVI
BIZCOCHOS

Bizcocho de frutas

Bizcochos

El bizcocho, de acuerdo con la definición que nos da el diccionario, es "una masa compuesta de la flor de harina, huevos y azúcar, que se cuece en hornos pequeños y se hace de diferentes especies y figuras". Cada país tiene su bizcocho típico; podemos afirmar que es éste uno de los alimentos internacionales y, como postre, gusta a casi todo el mundo.

Ingredientes para hacer bizcochos

Para que el bizcocho tenga un sabor agradable deben escogerse los ingredientes de la mejor calidad. En su confección se emplean los siguientes ingredientes: harina de trigo, azúcar, mantequilla u otra grasa, huevos, algún líquido y polvo de hornear.

Hay distintos tipos de harina cuya composición varía de acuerdo con la clase de trigo de donde se obtiene y el método de extracción. La harina elaborada de trigo blando es blanca, suave, suelta y contiene un porciento bajo de gluten. La mejor harina para bizcochos es la refinada, de trigo blando conocida en el mercado como harina para bizcocho o "cake flour", y de la cual se encuentran distintas marcas.

Cuando la única harina que hay en la despensa es la corriente de trigo duro para pan, y se desee hacer un bizcocho, a cada taza de harina se le quitan dos cucharadas, esto es, no se usa la taza completa.

El azúcar blanco granulado es el que más se usa, pero para algunos bizcochos se sustituye por azúcar en polvo, azúcar mascabado o miel. Ésta da un sabor distinto al bizcocho y, además, se conserva fresco por más tiempo y no se reseca.

Entre las grasas se prefiere la mantequilla por su sabor agradable, pero se usan otras. La margarina se usa como sustituto de la mantequilla, pues es más barata, tiene sabor y, además, está enriquecida con vitamina A. También se usa la manteca de cerdo o manteca vegetal combinada con mantequilla o margarina.

En los bizcochos de especias, de jengibre o los que contienen ingredientes de un sabor marcado, se puede usar manteca solamente.

Los huevos deben ser completamente frescos y de la mejor calidad. Éstos son indispensables para darle consistencia al bizcocho y hacerlo más liviano.

La leche, ya sea con su sabor natural o ligeramente agria, aumenta el valor nutritivo del bizcocho. Puede usarse cualquier clase de leche: evaporada, en polvo o deshidratada. Si se usa la leche en polvo, es más fácil mezclar ésta con la harina y luego añadirle el agua.[1] La leche agria,[2] en combinación con soda, produce el gas que hace subir el bizcocho. Cuando se usan bastantes huevos o éstos son de tamaño más grande, la cantidad de leche o líquido debe disminuirse.

---

1 Para preparar la leche en polvo se usan 4 cucharadas de polvo por 1 taza de agua.
2 Para preparar leche agria, se le añade 1 cucharada de vinagre o limón a 1 taza de cualquier clase de leche.

El polvo de hornear contiene una sal básica como el bicarbonato de soda y un ácido, como crémor tártaro o fosfato. Cuando el bizcocho se pone al horno y la masa se calienta, se produce el bióxido de carbono, un gas que al escapar hace la masa porosa y liviana. El polvo de hornear con crémor tártaro es de acción rápida y cuando se usa en una receta hay que poner el bizcocho en el horno inmediatamente. En el polvo de hornear con fosfato o de "doble acción" la reacción es lenta, o sea, que el gas tarda en producirse. Si tiene esta clase de polvo use solamente la mitad de la cantidad que se indica en las recetas de este libro. Para algunos bizcochos, en vez de este polvo se usa leche agria y soda. Los de mantequilla necesitan, además de los huevos, el polvo de hornear para que la masa quede liviana.

Instrucciones generales

Al comenzar a preparar un bizcocho, el trabajo debe organizarse para que la labor resulte fácil y no se pierda tiempo yendo de un sitio a otro en busca de los ingredientes y utensilios necesarios; así, pues, sugerimos lo siguiente:

1. Lea la receta cuidadosamente para saber lo que va a hacer y el orden que va a seguir.

2. Coloque sobre la mesa de trabajo los ingredientes y los utensilios necesarios.

3. Engrase el molde.

4. Prenda el horno para que se vaya calentando.

5. Por último, se miden y mezclan los ingredientes.

Preparación del molde

El molde se engrasa bien, usando una brocha de pintar número 2, pasándola por las esquinas y junturas (dobleces) de los extremos. Si se desea, después de engrasado el molde, se le espolvorea un poco de harina, se le extiende bien moviendo el molde y se le quita la harina que sobre. Esto da al bizcocho una superficie lisa. Puede usarse también un papel blanco engrasado en el fondo del molde, o papel grueso parafinado. El molde debe llenarse un poco menos de las dos terceras partes y extenderse con la pala del cuchillo o una espátula, del centro hacia la orilla, para que la superficie quede lisa.

Horneado

El bizcocho grande requiere un calor moderado por largo tiempo mientras que los bizcochos pequeños se cuecen más rápido. Es preferible el calor moderado porque el bizcocho se cuece mejor, aunque tarda en subir, pero resulta más liviano y con una corteza suave. Cuando se hornea un solo bizcocho, se coloca en el centro de la parrilla. Si se ponen dos moldes en la misma parrilla, se colocan en posición diagonal, y si se ponen dos moldes en cada parrilla, éstos se colocan en una posición diagonal opuesta en forma de X. Debe dejarse una distancia como de una pulgada entre cada molde y los lados del horno. Esto facilita la circulación del aire caliente alrededor del bizcocho y se cuece mejor.

Mientras el bizcocho está en el horno, puede observarse lo siguiente: el primer cuarto de tiempo, el bizcocho empieza a subir de los lados; el segundo cuarto de tiempo el bizcocho ha subido completamente y empieza a dorarse, al tercer cuarto de tiempo se ha dorado completamente, y al último cuarto de tiempo los lados se separan del molde y el bizcocho está completamente cocido. El tiempo y la temperatura varían de acuerdo con la clase de bizcocho y el molde que se use.

Damos a continuación una tabla que indica la temperatura y el tiempo aproximado para hornear distintas clases de bizcochos.

TABLA XII

TEMPERATURA Y TIEMPO PARA HORNEAR BIZCOCHOS

	TEMPERATURA DEL HORNO	TIEMPO
Bizcocho esponjoso		
En moldes hondos	350°-375°F	45-60 minutos
En moldes llanos	350°-375°F	30-40 minutos
Bizcocho de mantequilla		
Moldes hondos (de bollo, de tubo)	325°-350°F	45-60 minutos
Moldes llanos	350°-375°F	30-40 minutos
Individuales (cup)	350°-375°F	20-30 minutos
De capa (layer)	350°-375°F	20-30 minutos
Bizcocho de frutas	350°F	2 a 4 horas
Ponqué	350°F	1¼ a 1½ horas

Cómo se sabe cuándo el bizcocho está cocido

1. Los lados del bizcocho se separan del molde.

2. Si se hace presión con las yemas de los dedos sobre el bizcocho, éste cede a la presión, pero luego recobra su forma original.

3. Si se introduce la hoja de un cuchillo o un palillo, éstos salen limpios.

4. No despide vapor, "ni suena" cuando se acerca el oído.

Para que el bizcocho quede bien, debemos evitar algunos errores, los cuales apuntamos en la tabla siguiente:

TABLA XIII
POR QUÉ EL BIZCOCHO NO QUEDA BIEN

CAUSA	RESULTADO
Si el horno está muy caliente	El bizcocho se dora por encima rápidamente antes de subir y, cuando sube, se abre por encima.
Si el horno no tiene la temperatura adecuada	El bizcocho se queda pesado y no sube lo suficiente.
Cuando el bizcocho tiene harina en exceso	Sube mucho hacia el centro, se abre y queda seco y duro.
Cuando tiene poca harina	El bizcocho queda muy blando, no sube lo suficiente, no conserva su forma y se desborona.
Cuando tiene mucha grasa	Tiene una corteza blanda y mantecosa.
Cuando tiene mucha azúcar	Tiene una corteza tostada y el bizcocho queda pesado.
Cuando no se ha batido lo suficiente o tiene mucho polvo de hornear	Tiene la miga áspera y la superficie no queda lisa.
Cuando se ha batido demasiado	El bizcocho tiene muchos agujeros y "túneles".

Bizcocho de mantequilla

Hay dos clases principales de bizcochos: el bizcocho de mantequilla y el bizcocho esponjoso sin grasa. A la primera clase pertenecen todos los bizcochos que llevan mantequilla, y a la segunda clase pertenecen los bizcochos que llevan mayor cantidad de huevos como el bizcocho esponjoso.

El único bizcocho de mantequilla que no necesita polvo de hornear es el ponqué debido a la gran cantidad de huevos que se le incorpora a la masa. Al bizcocho de mantequilla, se le agregan distintos ingredientes y se obtienen otras clases de bizcochos. Entre éstos, el bizcocho de frutas es muy rico y contiene gran cantidad de frutas secas y abrillantadas.

La mantequilla o grasa se bate con una cuchara de madera y se ablanda hasta que adquiera la consistencia de crema.

El azúcar se incorpora poco a poco a la grasa, se bate hasta disolverla y luego se le añaden las yemas batidas o los huevos batidos enteros (según la receta) y la vainilla u otra esencia para darle el sabor.

La harina, sal y polvo de hornear se miden, se mezclan y se ciernen juntos, así como cualquier otro ingrediente seco como especias, cocoa, etcetera.

La harina se va añadiendo poco a poco, alternando con la leche o líquido que se use; esto evita que la grasa se separe y la masa se conserve homogénea. Al añadir el líquido hay que tener cuidado, pues algunas harinas absorben más líquido que otras. Por último se añaden las claras batidas a punto de merengue.

BIZCOCHO SENCILLO

6 a 8 raciones

½ taza de mantequilla
1 taza de azúcar
2 yemas batidas
⅔ taza de leche
2 tazas de harina de trigo

2½ cucharaditas de polvo de hornear
¼ cucharadita de sal
1 cucharadita de vainilla
2 claras batidas

Ablande la mantequilla y agregue el azúcar poco a poco y continúe batiendo. Añada las yemas, la vainilla y una bien. Cierna juntos la harina, el polvo de hornear y la sal. Agregue la harina a la mantequilla poco a poco alternando con la leche. Incorpore las claras y mezcle bien. Vierta en un molde engrasado y cueza en horno de calor moderado (350°F) por 20 minutos.

BIZCOCHO DE CANELA

6 a 8 raciones

Omita la vainilla del Bizcocho sencillo y cierna junto con los ingredientes secos 1½ cucharaditas de canela.

BIZCOCHO DE CHOCOLATE

6 a 8 raciones

⅔ taza de mantequilla
1½ tazas de azúcar
3 huevos bien batidos
1 cucharadita de vainilla
4 onzas de chocolate amargo,
   derretido y frío

2¼ cucharaditas de polvo de hornear
2 tazas de harina de trigo
¼ cucharadita de sal
½ taza de leche

Ablande la mantequilla y agregue el azúcar poco a poco; continúe batiendo hasta que esté como crema. Añada la vainilla y los huevos, y continúe batiendo. Incorpore el chocolate y bata para que quede bien distribuido. Cierna la harina tres veces y agréguela a la mantequilla alternando con la leche. Revuelva para que quede bien mezclado. Cueza en dos moldes llanos redondos en un horno de calor moderado (350°F) por espacio de 30 minutos. Entre las capas, ponga jalea o mermelada. Cubra con Azucarado de siete minutos.

Nota: Molde redondo 9" x 1".

BIZCOCHO DE MÁRMOL

12 a 16 raciones

Prepare las recetas para Bizcocho sencillo y para Bizcocho de chocolate. Eche por cucharadas y a un tiempo de los dos batidos en un molde engrasado. Cueza en horno de calor moderado (350°F) durante una hora o hasta que un palillo salga limpio.

BIZCOCHITOS PARA TÉ

12 bizcochitos

½ taza de mantequilla
1 taza de azúcar
2 yemas batidas
1½ cucharaditas de vainilla
2 claras batidas

1⅓ tazas de harina de trigo
1½ cucharaditas de polvo de hornear
¼ cucharaditas de sal
½ taza de leche

Ablande la mantequilla y añada el azúcar poco a poco mezclando bien, y continúe batiendo hasta que esté suave. Añada las yemas batidas y continúe batiendo. Cierna juntos dos veces la harina, el polvo de hornear y la sal, y añada la harina alternando con la leche. Incorpore las claras batidas y revuelva hasta que la masa esté suave. Vierta en moldes individuales engrasados y cueza en un horno de calor moderado (350°F) por 30 minutos.

BIZCOCHO DE CUMPLEAÑOS

8 a 10 raciones

¾ taza de mantequilla
1½ tazas de azúcar
4 yemas batidas
1 cucharadita de vainilla

2 cucharaditas de polvo de hornear
¼ taza de leche
4 claras batidas
2½ tazas de harina de trigo

Ablande la mantequilla y agregue el azúcar poco a poco. Añada las yemas batidas y la vainilla y continúe batiendo. Cierna la harina y el polvo de hornear y añada a la mantequilla alternando con la leche. Incorpore las claras batidas. Vierta en dos moldes llanos redondos, 9 pulgadas de ancho por 1 pulgada de hondo, para hacer un bizcocho de 2 capas. Cueza en horno de calor moderado (350°F) por 20 minutos. Ponga jalea entre las capas.

BIZCOCHO DE TERCIOPELO

12 a 16 raciones

½ taza de mantequilla
1½ tazas de azúcar
4 yemas batidas
½ taza de agua
½ taza de maicena
½ cucharadita de sal

4 cucharaditas de polvo de hornear
4 claras batidas
⅓ taza de almendras picadas
1½ tazas de harina de trigo
2 cucharadas de azúcar en polvo

Ablande la mantequilla. Añada el azúcar poco a poco y bata hasta que esté como una crema. Añada las yemas, bata y agregue el agua. Cierna juntos tres veces la harina, la maicena, la sal y el polvo de hornear y añada a la mantequilla. Agregue las claras y bata hasta que la masa esté suave. Eche en un molde engrasado. Cubra con almendras y azúcar en polvo, y cueza en un horno de calor moderado (350°F) por 40 minutos.

BIZCOCHO AMARILLO

10 a 12 raciones

2½ tazas de harina de trigo
3 cucharaditas de polvo de hornear
¼ cucharadita de sal
1 cucharadita de vainilla

¾ taza de mantequilla
1¼ tazas de azúcar
8 yemas batidas
¾ taza de leche

Ablande la mantequilla y añada el azúcar poco a poco. Agregue las yemas batidas y la vainilla, y continúe batiendo. Cierna juntos tres veces la harina, el polvo de hornear y la sal. Agregue aproximadamente la tercera parte de la harina cernida alternando con la leche y bata hasta añadir toda la leche y la harina. Vierta en un molde engrasado y cueza en un horno de calor moderado (350°F) por 25 minutos.

BIZCOCHOS DE CAFÉ

10 a 12 raciones

½ taza de mantequilla
1 taza de azúcar
2 yemas batidas
2 tazas de harina de trigo
2½ cucharaditas de polvo de hornear

¼ cucharadita de canela
¼ cucharadita de nuez moscada
½ cucharadita de sal
2 claras batidas
¾ taza de café tinta

Ablande la mantequilla y añada el azúcar poco a poco. Agregue las yemas batidas y siga batiendo. Cierna tres veces la harina, la sal, la nuez moscada y el polvo de hornear, y añada a la primera preparación alternando con el café. Añada las claras batidas y bata hasta que se mezcle. Vierta en un molde engrasado y cueza en horno de calor moderado durante 25 minutos.

BIZCOCHO DE ESPECIAS

10 a 12 raciones

⅓ taza de mantequilla
1⅓ tazas de azúcar mascabado
3 yemas batidas
1 cucharadita de vainilla
2 tazas de harina de trigo
3 cucharaditas de polvo de hornear
3 claras batidas

¼ cucharadita de sal
1½ cucharaditas de canela
1½ cucharadita de clavos
1½ cucharaditas de nuez moscada
¾ taza de leche
1 taza de pasas

Ablande la mantequilla. Añada el azúcar poco a poco y bata por un rato. Agregue las yemas batidas y la vainilla, y mezcle bien. Cierna juntos tres veces la harina, el polvo de hornear, la sal, la canela, los clavos y la nuez moscada, y añada a la mantequilla alternando con la leche. Añada las pasas y las claras. Eche en un molde engrasado y cueza en un horno moderado (350°F) durante 40 minutos.

BIZCOCHO DE JENGIBRE

10 a 12 raciones

⅔ taza de azúcar
½ taza de mantequilla
2 huevos
1 taza de agua caliente
1 taza de melao

3 tazas de harina de trigo
2½ cucharaditas de jengibre
2 cucharaditas de canela
1 cucharadita de soda
1 cucharadita de sal

Cierna tres veces los ingredientes secos. Ablande la mantequilla y añádale el azúcar. Una el agua con el melao. Mezcle los ingredientes secos con los líquidos y échelo en un molde con papel en el fondo. Hornee durante 40 minutos en un horno de calor moderado, 360°F.

BIZCOCHO CON RON

12 a 16 raciones

1 taza de mantequilla
2 tazas de azúcar
6 yemas batidas
5 cucharaditas de polvo de hornear
6 claras batidas

3 tazas de harina de trigo
½ cucharadita de sal
¾ taza de leche
¼ taza de ron

Ablande la mantequilla y agregue el azúcar poco a poco. Bata hasta que el azúcar esté bien unido con la mantequilla. Agregue las yemas batidas y continúe batiendo. Cierna la harina tres veces y añádala a la mantequilla alternando con la leche y, por último, incorpore el ron. Añada las claras al batido. Vierta en un molde engrasado y cueza en un horno de calor moderado por 40 minutos.

BIZCOCHO AL REVÉS

10 raciones

2 cucharadas de mantequilla
1 taza de azúcar mascabado
8 ruedas de piña
15 cerezas o ciruelas
1 taza de mantequilla

2 tazas de azúcar
8 yemas batidas
2 tazas de harina de trigo
2 cucharaditas de polvo de hornear
8 claras batidas

En un molde que no sea muy hondo, derrita las 2 cucharadas de mantequilla, añada el azúcar mascabado, y ponga al fuego hasta que se disuelva el azúcar y extienda bien en el fondo del molde. Coloque encima las ruedas de piña y las cerezas en el centro de las ruedas y en el espacio entre estas. Ablande la mantequilla y agregue el azúcar poco a poco, bata y añada las yemas; continúe batiendo hasta que esté suave. Cierna tres veces la harina con el polvo de hornear y agregue a la mantequilla. Añada las claras batidas. Vierta el bizcocho sobre las frutas y cueza en un horno de calor moderado (350°F) por 40 minutos. Tan pronto esté cocido, vierta sobre un plato, y las frutas quedarán hacia arriba sobre el bizcocho.

BIZCOCHO AL REVÉS DE MANGÓ

Use rebanadas de mangó en vez de piña.

PONQUÉ

½ libra de mantequilla
1⅓ tazas de azúcar
5 yemas batidas
2 tazas de harina de trigo

¾ cucharaditas de nuez moscada
5 claras batidas
1 cucharada de brandy

Ablande la mantequilla y añada el azúcar poco a poco. Continúe batiendo hasta que esté suave como crema. Agregue las yemas y continúe batiendo. Cierna la harina tres veces y añada a la mantequilla, luego, el brandy. Incorpore las claras batidas revolviendo para que quede bien mezclado. Cueza en un horno de calor moderado (350°F) durante una hora.

BIZCOCHO DE FRUTAS

¾ libra de mantequilla
1¾ libras de azúcar
1 cucharada de agua
2 cucharaditas de soda
2 tazas de leche
1½ libras harina de trigo
6 yemas batidas
1 cucharadita de nuez moscada

¾ taza de jugo de uvas
1 libra de pasas de Corinto
½ libra de cidra abrillantada picada
½ libra de nueces picadas
6 claras batidas
2 cucharaditas de canela en polvo
1 cucharadita clavos de especia

Bata la mantequilla con el azúcar. Disuelva la soda en el agua, mezcle con la leche, y añada a la mantequilla. Cierna la harina junto con las especias y agregue a la mantequilla. Añada las yemas una a una y luego las claras batidas a punto de merengue. Agregue el jugo de uvas. Envuelva las frutas en harina de trigo y añada al batido; revuelva bien para unirlo todo. Cueza en horno de calor moderado (350°F) de hora y media a dos horas. Se necesitan 2 moldes redondos de tubo 9¾" de ancho por 3" de alto y 1 molde para pan, rectangular de 8¼" x 4 ½" x 1½".

Bizcocho sin mantequilla o esponjoso

A los bizcochos esponjosos por lo general no se les pone polvo de hornear, aunque en algunos casos, cuando la receta lleva pocos huevos, se le añade una cucharadita de polvo.

La cantidad de aire que se introduce en la masa hace que el bizcocho resulte liviano. Esto se consigue añadiéndole bastantes huevos, y batiendo las claras y las yemas por separado.

BIZCOCHO ESPONJOSO
12 a 16 raciones

6 claras batidas
6 yemas batidas
1 taza de azúcar

Ralladura de limón
1 taza de harina
Una pizca de sal

Bata las claras, añádale las yemas y continúe batiendo. Agregue la ralladura de limón y el azúcar. Incorpore la harina, bata hasta que esté suave. Vierta en seguida en un molde de tubo y cueza en un horno de calor moderado durante 40 minutos o hasta que el bizcocho se separe del molde.

SOPA BORRACHA

12 a 16 raciones

1 bizcocho esponjoso
1 taza de almíbar frío
1 taza de vino

Azucarado de Siete Minutos
Grajeas

Mezcle el almíbar y el vino y vierta sobre el bizcocho. Prepare Azucarado de Siete Minutos y cubra el bizcocho. Espolvoree con las grajeas.

Nota: En vez del azucarado puede usar claras batidas a punto de merengue, con un poco de azúcar.

BRAZO GITANO

12 raciones

4 claras
½ taza de azúcar cernida
4 yemas
1½ cucharaditas de polvo de hornear
¼ cucharadita de sal

1 cucharadita de jugo de limón
1 taza de harina
½ taza de azúcar cernida
3 cucharadas de agua

Bata las claras a punto de merengue. Añada ½ taza de azúcar poco a poco mientras las bate. Bata las yemas con el mismo batidor hasta que estén espesas. Añada ½ taza de azúcar a las yemas. Junte las claras y yemas. Agregue el agua y jugo de limón, y bata. Cierna la harina tres veces junto con el polvo de hornear y la sal, y agregue a los huevos, revolviendo hasta que todo esté unido. Vierta en un molde para brazo gitano cuyo fondo ha sido forrado con papel y engrasado. Cueza en horno de calor moderado (350°F) por 15 minutos. Humedezca un paño y espolvoree con azúcar. Vierta el bizcocho mientras esté caliente sobre el paño, y unte jalea sobre la superficie. Enrolle el bizcocho y envuelva en la toalla, pero sin apretar el bizcocho. Deje un rato hasta que tome la forma. Remueva la toalla y espolvoree con azúcar en polvo.

BIZCOCHO BLANCO

6 a 8 raciones

¾ taza de claras
½ taza de harina de trigo para pan
⅛ cucharadita de sal

¾ cucharadita de crémor tártaro
¾ taza de azúcar
½ cucharadita de vainilla

Cierna la harina y la sal cuatro veces. Bata las claras a punto de merengue. Añada el crémor, el azúcar y la vainilla y bata hasta que una bien. Agregue la harina a las claras y revuelva. Vierta en un molde sin engrasar y cueza en horno lento (325°F) durante una hora. Saque del molde y deje enfriar.

BIZCOCHO MORENO
6 a 8 raciones

1 ¼ tazas de claras
¼ cucharadita de sal
1 cucharadita de crémor
1 ¼ tazas de azúcar

1 cucharadita de vainilla
¾ taza de harina de trigo
4 cucharadas de cocoa

Bata las claras con un batidor de alambre hasta que estén a punto de nieve. Añada el crémor y continúe batiendo hasta que estén duras, pero no secas. Agregue el azúcar echando dos cucharadas a un tiempo. Revuelva de arriba hacia abajo y siga echando azúcar por cucharadas hasta terminarla. Incorpore la vainilla revolviendo. Cierna la harina, sal y cocoa cuatro veces, y agregue poco a poco revolviendo. Vierta en un molde con tubo en el centro sin engrasar y cueza en un horno lento (325°F) durante una hora.

PLANTILLAS
10 plantillas

3 claras
⅓ taza de azúcar en polvo
3 yemas

½ cucharadita vainilla
⅓ taza de harina de trigo
⅛ cucharadita de sal

Bata las claras hasta que estén duras pero húmedas. Añada el azúcar poco a poco y continúe batiendo. Bata las yemas, añada la vainilla y agregue a la clara y el azúcar. Cierna la harina tres veces e incorpore a la primera preparación. En un molde cubierto con papel sin engrasar, vierta por cucharadas o use prensa de repostero. El tamaño de las plantillas debe ser de 1 pulgada de ancho por 4 pulgadas de largo. Espolvoréelas con azúcar en polvo, y ponga en un horno de calor moderado por 12 minutos. Sáquelas del papel usando un cuchillo.

Azucarados para cubrir bizcochos

AZUCARADO HERVIDO

¾ taza de azúcar
¼ taza de agua
⅛ cucharadita de crémor

2 claras
½ cucharadita de vainilla

Mezcle el agua, el azúcar y el crémor. Ponga sobre el fuego y mueva mientras el azúcar se disuelve. Hierva hasta que el almíbar haga un hilo largo. Bata las claras a punto de merengue y añada el almíbar poco a poco, y continúe batiendo; añada la vainilla y bata hasta que endurezca. Vierta sobre el bizcocho y extienda con la pala del cuchillo, trabaje ligero para que el azucarado se endurezca antes de extenderlo.

AZUCARADO DE SIETE MINUTOS

1 clara
1 taza de azúcar
¼ cucharadita de crémor
3 cucharadas de agua

Pizca de sal
½ cucharadita de vainilla
Colorante vegetal

Ponga la clara, el azúcar, el crémor, el agua y la sal en la parte superior del baño de María. Coloque sobre el fuego y bata con un batidor hasta que comience a endurecer, que es cuando conserva la forma al dejar caer un poco del batidor. Añada la vainilla y unas gotas de colorante vegetal. Bata un poco, retire del fuego y extienda sobre el bizcocho.

AZUCARADO DE SIETE MINUTOS CON COCO

Prepare el Azucarado de siete minutos y extienda sobre el bizcocho. Espolvoree con coco rallado antes de que se seque. Extraiga un poco de la leche del coco para que esté bastante seco.

AZUCARADO CON SIROP DE MAÍZ

1 clara
1½ tazas de sirop maíz

Pizca de sal

Mezcle la clara con el sirop y la sal en la parte superior del baño de María. Ponga sobre el fuego y bata constantemente hasta que endurezca.

AZUCARADO CON SIROP DE MAÍZ Y CHOCOLATE

Al Azucarado con sirop de maíz añada 3 onzas de chocolate derretido y mezcle bien antes de cubrir el bizcocho.

AZUCARADO DE CHOCOLATE

1½ onzas de chocolate
⅓ taza de crema de leche tibia
1 yema
½ cucharadita de vainilla

½ cucharadita de mantequilla
Sal a gusto
Azúcar en polvo

Derrita el chocolate sobre agua caliente y añada los demás ingredientes. Agregue el azúcar en polvo hasta que tenga la consistencia suficiente para cubrir el bizcocho.

Salsa para bizcochos o budines

SALSA DE LIMÓN

1 taza de azúcar
⅓ taza de agua

1 cucharada de jugo de limón
1 cucharada de mantequilla

Hierva el agua con el azúcar hasta que el sirop esté espeso. Añada la mantequilla y el jugo de limón.

SALSA DE VAINILLA

Siga las instrucciones para Salsa de limón, sustituyendo el jugo de limón por una cucharadita de vainilla.

SALSA DE CHOCOLATE

1 taza de leche
2 cucharaditas de maicena

1 onza de chocolate derretido
⅓ taza de azúcar

Mezcle la leche y la maicena en la parte superior del baño de María, y cueza hasta que espese. Añada el chocolate derretido y el azúcar, y mezcle bien.

SALSA DE FRUTAS

Siga las instrucciones para Salsa de chocolate sustituyendo la leche por jugo de cualquier fruta: china, piña, etc. y el chocolate, por pedacitos de frutas picadas.

Besitos de coco

Galletitas

Las galletitas son muy apetecidas. Cada país tiene una galleta especial: en Inglaterra las galletas para el té son de nueces o frutas; en Francia se confeccionan los "macaroons" y en España los polvorones; en Puerto Rico los mantecados y besitos de coco.

Preparación de la masa

Para las galletitas se usan los mismos ingredientes que para hacer bizcochos; la diferencia consiste en que la masa para galletitas es un poco más dura para poder trabajarla y darle distintas formas. Son más fáciles de preparar, requieren menos habilidad y se hacen en menos tiempo.

Al mezclar los ingredientes y añadirle el líquido a la harina, debe tenerse presente que algunas harinas requieren más o menos líquido del que se especifica en la receta. Si la receta lleva huevos, los huevos batidos aumentan el líquido, lo cual debe tomarse en consideración.

La masa debe quedar suave y blanda, de modo que no se pegue de la tabla o de las manos. Si se le añade demasiada harina a la masa, las galletitas quedan duras y secas. Es conveniente cubrir la masa con un papel y ponerla en la nevera por una hora, pues así se puede trabajar mejor.

Para preparar las galletitas, se coge un pedazo pequeño de la masa y se extiende con el rodillo. La tabla se espolvorea con un poco de harina para que la masa no se pegue. Cuando se cortan las galletitas, los sobrantes se ponen aparte para trabajarlos solos; no deberán mezclarse con la masa.

Distintas maneras de formar las galletitas

La masa de las galletitas es tan fácil de trabajar que puede obtenerse galletitas en las formas más variadas y artísticas. Además, como a la de bizcocho, se le incorporan frutas, especias o esencias para darle distintos sabores.

1. La masa se extiende sobre la tabla, y las galletas se cortan con moldes de fantasía.
2. Se forma un rollo con la masa y se enfría en la nevera. Poco antes de ponerse al horno, se cortan en ruedas o cuadritos.
3. Se moldean con las manos en forma de bolas, que luego se aplastan un poco con los dientes del tenedor o se adornan con nueces o frutas.
4. Se echan por cucharaditas en un molde llano, sin orillas.
5. La masa se deja un poco blanda y se extiende en un molde llano, a un espesor de ¾ pulgada, y se cuece al horno. Se corta después en cuadros o rectángulos.
6. La masa se pasa por una prensa de repostero[1] y se le da forma, de acuerdo con la figura que hay en el disco por donde salen.

1. "Cookie press"

Cómo hornear las galletitas

El horno se calienta de 350°F a 425°F de acuerdo con la clase de galletita que se vaya a hacer, y se hornea de 10 a 20 minutos.

Las galletitas se colocan en una placa de repostero, que es una lámina de metal, por lo general de aluminio, que no tiene orillas. Si no se tiene esta placa, se puede usar cualquier molde grande, redondo o cuadrado, volviéndolo al revés; de modo que los bordes queden hacia abajo. En esta forma las galletas se cuecen ligero y quedan doradas.

Las galletitas se sacan del horno, se enfrían y se guardan en un envase de loza, vidrio u hojalata. Si se ablandan se calientan un poco en el horno para que se endurezcan.

Galletitas cortadas

GALLETITAS DE CHINA
60 a 75 galletitas

3 tazas de harina de trigo
3 cucharaditas de polvo de hornear
¼ cucharadita de sal
⅓ taza de mantequilla

1 taza de azúcar
1 huevo batido
¼ de taza de jugo de china
Ralladura de ⅓ de china

Cierna juntos la harina, el polvo de hornear y la sal. Bata la mantequilla, añada el azúcar poco a poco, el huevo batido, el jugo de china y la ralladura. Agregue la harina y mezcle para formar una masa. Extienda la masa con un rodillo hasta que tenga ¼ de pulgada de grueso. Corte las galletitas y cueza en horno de calor moderado (350°F) por 15 minutos.

GALLETITAS DE JENGIBRE
50 galletitas

2¼ tazas de harina de trigo
½ cucharadita de soda
⅛ de cucharadita de polvo de hornear
½ cucharadita de jengibre en polvo
1 huevo batido

⅛ cucharadita de sal
½ taza de mantequilla
½ taza de azúcar
½ taza de melao

Mezcle y cierna juntos la harina, la sal, la soda, el polvo de hornear y el jengibre. Bata la mantequilla, añada el azúcar poco a poco, el melao y el huevo. Agregue la harina a la mantequilla y mezcle bien para formar una masa suave. Extienda la masa con el rodillo hasta ¼ de pulgada de grueso. Corte las galletitas y cueza en horno de calor moderado por 10 ó 15 minutos.

GALLETITAS DE LIMÓN

50 galletitas

2½ tazas de harina de trigo
2 cucharaditas de polvo de hornear
1½ cucharaditas de jugo de limón
½ cucharadita de nuez moscada

½ taza de mantequilla
1 taza de azúcar
2 huevos batidos

Mezcle y cierna la harina, el polvo de hornear y la nuez moscada. Bata la mantequilla, añada el azúcar poco a poco y los huevos. Agregue la harina, la leche y el jugo de limón. Extienda la masa y corte las galletitas, adorne con pedacitos de frutas abrillantadas. Cueza en horno de calor moderado por 20 minutos.

GALLETITAS JUEGO DE DAMAS

30 galletitas

2½ tazas de harina de trigo
¼ cucharadita de sal
¼ cucharadita de soda
1½ onzas de chocolate derretido
2 huevos batidos

1 cucharadita de polvo de hornear
1 cucharadita de vainilla
¾ taza de mantequilla
1 taza de azúcar

Cierna juntos la harina, la sal, la soda y el polvo de hornear. Bata la mantequilla, añada el azúcar poco a poco, los huevos y la vainilla. Añada la harina para formar una masa y separe en dos partes. Agregue el chocolate derretido a la mitad de la masa, la cual quedará de color oscura. Divida esta masa en dos y forme tiras largas como de 1 pulgada de ancho por ¼ de pulgada de grueso. Haga lo mismo con la otra parte de la masa, la cual quedó de color amarillo. Ponga sobre la tabla una tira de color oscuro, unte leche por los lados y por encima. Coloque al lado una lista de color claro y una las dos. Encima de estas dos tiras, coloque las otras dos, una de color oscuro sobre la de color claro y una de color claro sobre la oscura. Afirme bien los lados para que unan. Guarde en la nevera por una hora. Corte a través y cueza en horno caliente (400°F) por 10 minutos.

GALLETITAS REALES

50 galletitas

2½ tazas de harina de trigo
2 cucharaditas de polvo de hornear
½ cucharadita de nuez moscada
¼ cucharadita de sal
1 cucharadita de jugo de limón

½ taza de mantequilla
1 taza de azúcar
2 huevos batidos
1 cucharada de leche

Cierna juntos la harina, el polvo de hornear, la nuez moscada y la sal. Bata la mantequilla, añada el azúcar poco a poco y los huevos batidos. Añada la harina a la mantequilla, la leche y el jugo de limón, y forme una masa suave. Extienda la masa con el rodillo, hasta que tenga como ¼ de pulgada de grueso. Corte las galletitas y adorne con pasas, cerezas u otra fruta partida. Cueza por 20 minutos en horno de calor moderado (350°F).

GALLETITAS MORENAS
60 galletitas

3 tazas de harina de trigo
2 cucharaditas de polvo de hornear
1½ tazas de mantequilla

2 tazas de azúcar mascabado
2 huevos batidos
Pizca de sal

Cierna juntos la harina, el polvo de hornear y la sal. Bata la mantequilla, añada el azúcar poco a poco y los huevos. Agregue la harina a la mantequilla y mezcle bien. Divida la masa y forme unos rollos como de 1 pulgada de diámetro, y guarde en la nevera por varias horas hasta el momento de usarla. Corte en rueditas de ¼ de pulgada de grueso y cueza en horno caliente (400°F) por 10 minutos.

GALLETITAS DE MANTEQUILLA DE MANÍ
40 galletitas

2 tazas de harina de trigo
1 cucharadita de polvo de hornear
¼ taza de mantequilla
¼ taza de azúcar mascabado
¼ taza de mantequilla de maní

¾ taza de azúcar
2 cucharadas de leche
2 huevos batidos
⅛ cucharadita de sal

Cierna juntos la harina, el polvo de hornear y la sal. Mezcle y bata las mantequillas, añada el azúcar poco a poco y los huevos batidos. Agregue la harina y la leche, y revuelva hasta que una bien. Ponga en la nevera por media hora. Extienda, corte las galletitas y cueza en horno caliente (400°F) por 8 ó 10 minutos.

GALLETITAS DE NUECES
40 a 50 galletitas

2 tazas de harina de trigo
1½ cucharaditas de polvo de hornear
⅛ cucharadita de sal
½ taza de mantequilla
1 taza de azúcar

1 huevo batido
½ taza de nueces partidas
½ cucharadita de vainilla
¼ taza de azúcar mascabado

Cierna juntos la harina, el polvo de hornear y la sal. Bata la mantequilla hasta que esté blanda como crema. Añada el azúcar poco a poco, luego el huevo, las nueces y la vainilla. Agregue la harina para formar una masa suave. Divida la masa en partes iguales y forme rollos de ½ pulgada de diámetro. Envuelva cada rollo en papel parafinado y guarde en la nevera por varias horas. Corte en ruedas como de ⅛ pulgada de grueso. Coloque en un molde sin engrasar y cueza en horno caliente (400°F) de 5 a 10 minutos.

GALLETITAS ARCO IRIS

25 galletitas

1½ tazas de harina de trigo
1 cucharadita de polvo de hornear
⅛ cucharadita de sal
½ taza de mantequilla

½ taza de azúcar
1 cucharada de leche
1 cucharadita de vainilla
1 huevo batido

Cierna juntos la harina, el polvo de hornear y la sal. Bata la mantequilla, añada el azúcar poco a poco, el huevo, la leche y la vainilla. Agregue la harina a la mantequilla y revuelva para formar una masa suave. Divida la masa en tres partes y a cada una agregue algunas gotas de colorante vegetal en rojo, verde o amarillo. Extienda cada parte en forma rectangular, más larga que ancha; repita igual con las otras dos partes. Coloque una encima de otra y envuelva para formar un rollo. Ponga en la nevera por varias horas. Corte a través en ruedas ¼ de pulgada de grueso y cueza en horno caliente (400°F) por 12 ó 15 minutos.

Galletitas en forma de bolitas

POLVORONES

100 polvorones

3 tazas de harina de trigo
⅛ cucharadita de sal
1 taza de azúcar
1 taza de manteca vegetal

1 yema batida
1 clara
1 cucharada de mantequilla

Cierna la harina junto con la sal. Bata la manteca hasta que esté blanda y añada el azúcar poco a poco. Añada la yema, la clara y la mantequilla y mezcle bien. Agregue la harina a la manteca revolviendo para que se una bien. Haga unas bolitas pequeñas y coloque en el molde; aplaste un poco para darle forma redonda. Cueza en horno de calor moderado (350°F) por 10 minutos.

MANTECADOS

40 mantecados

2 tazas de harina de trigo
½ cucharadita de sal

½ taza de azúcar
½ taza de manteca

Mezcle y cierna juntos el azúcar, la harina y la sal. Añada la harina a la manteca amasándola hasta que quede una masa compacta. Forme bolitas, coloque sobre el molde y aplaste. Con el cuchillo marque ligeramente dos líneas en forma de cruz. Espolvoree con azúcar con color y cueza en horno de calor moderado (350°F) por 30 minutos.

MANTECADOS CON BRANDY

50 mantecados

½ libra de azúcar
½ libra de harina de trigo
2 cucharadas de brandy

¼ libra de manteca
⅛ cucharadita de sal

Mezcle y cierna juntos el azúcar, la harina y la sal. Agregue la harina y la manteca, cortando la manteca con dos cuchillos o amasando con los dedos. Cuando esté bien unido añada el brandy. Forme bolitas y coloque en un molde; aplaste para darle una forma redonda. Cueza en horno caliente (400°F) por 10 minutos.

MANTECADOS DE ESCOCIA

80 mantecados

½ taza de manteca
½ taza de mantequilla
3½ tazas de harina de trigo

½ cucharadita de sal
½ taza de azúcar mascabado

Ablande la manteca y la mantequilla y añada azúcar poco a poco. Caliente un poco la harina y añada a la manteca. Forme bolitas, aplaste un poco y cueza en horno caliente (400°F) por 20 minutos.

GALLETITAS SUECAS

15 a 20 galletitas

½ taza de mantequilla
¼ taza de azúcar
1 yema

1 clara
1 taza de harina de trigo
10 cerezas

Bata la mantequilla; añada el azúcar poco a poco y la yema; mezcle. Agregue la harina y revuelva para que una bien. Forme bolitas con la masa, sumerja en la clara de huevo sin batir y coloque en un molde. Aplaste un poco las bolitas, y con la yema del dedo aplaste un poco más en el centro. Cueza en horno a 300°F por 5 minutos. Adorne en el centro con media cereza y vuelva a poner al horno por 15 minutos más.

Galletas echadas por cucharaditas

GALLETITAS DE COCO
30 galletitas

½ taza de mantequilla
½ taza de azúcar
¼ cucharadita de sal
1 ½ cucharaditas de polvo de hornear

1 ½ tazas de harina de trigo
1 taza de coco rallado
1 huevo batido
⅓ taza de leche

Bata la mantequilla, añada el azúcar poco a poco y el huevo. Cierna juntos la harina, la sal y el polvo de hornear y añada a la mantequilla alternando con la leche. Agregue el coco rallado antes de añadirle toda la leche. Eche la masa por cucharaditas en un molde engrasado y cueza en horno caliente (400°F) por 10 ó 15 minutos.

GALLETITAS DE CHOCOLATE
40 galletitas

½ taza de mantequilla
1 taza de azúcar mascabado
1 huevo batido
2 onzas de chocolate derretido
½ taza de leche

¼ cucharadita de sal
¼ cucharadita de soda
1 cucharadita de polvo de hornear
2 ¼ tazas de harina de trigo
½ taza de nueces partidas

Bata la mantequilla y añada el azúcar poco a poco, el huevo y el chocolate. Cierna juntos la harina, la sal, la soda y el polvo de hornear, y añada a la mantequilla alternando con la leche. Agregue las nueces y eche por cucharaditas en un molde engrasado. Cueza en horno de calor moderado (350°F) de 10 a 15 minutos.

GALLETITAS DE MELAO Y ESPECIA
40 a 50 galletitas

½ taza de mantequilla
½ taza de azúcar
¼ taza de melao
1 huevo batido
½ cucharada de vinagre
2 cucharadas de café tinta
2 tazas de harina de trigo

½ cucharadita de soda
½ cucharadita de sal
½ cucharadita de canela
½ cucharadita de jengibre
¼ cucharadita de clavos de especia
¼ cucharadita de polvo de hornear

Bata la mantequilla; añada el azúcar poco a poco y agregue el melao, el huevo, el café y el vinagre. Cierna juntos la harina, el polvo de hornear, la soda, la sal y las especies. Agregue a la mantequilla y mezcle bien. Eche la masa por cucharaditas en un molde engrasado y cueza en horno de calor moderado (350°F) por 15 minutos.

GALLETITAS DE GUINEO

30 galletitas

¼ libra de mantequilla
¼ libra de azúcar
2 guineos maduros majados
1 huevo batido

¼ libra de pasas partidas
1¾ de harina de trigo
¼ cucharadita de vainilla
⅛ cucharadita de sal

Bata la mantequilla, añada el azúcar poco a poco, el huevo batido, el guineo y las pasas. Añada la vainilla, la harina, la sal y mezcle bien. Eche la masa por cucharaditas en un molde engrasado y cueza en horno de calor moderado (350°F) por 15 minutos.

GALLETITAS DE GUINEO Y NUECES

40 galletitas

1½ tazas de harina de trigo
1 cucharadita de soda
½ cucharadita de sal
¼ taza de mantequilla

2 huevos batidos
2 guineos maduros majados
1½ tazas de nueces partidas
1 taza de azúcar

Cierna juntas la harina, la soda y la sal. Bata la mantequilla, añada el azúcar poco a poco y los huevos. Agregue la harina, mezcle bien y añada los guineos y las nueces, y revuelva para que la masa quede suave. Eche por cucharaditas en un molde engrasado y cueza en horno de calor moderado (350°F) por 15 ó 20 minutos.

GALLETITAS DE AVENA Y PASAS

40 galletitas

1 taza de harina de trigo
1 cucharadita de polvo de hornear
¼ cucharadita de sal
1 taza de avena
½ taza de mantequilla

½ taza de azúcar
1 huevo batido
1 taza de pasas partidas
¼ taza de nueces partidas
⅓ taza de leche

Cierna la harina, el polvo de hornear y la sal. Muela la avena en la máquina y mezcle con la harina. Bata la mantequilla, añada el azúcar y el huevo. Agregue las pasas y las nueces a la mantequilla, y luego la harina alternado con la leche. Eche la masa por cucharaditas en un molde engrasado, y cueza en horno de calor moderado (350°F) por 15 minutos.

BESITOS DE COCO
10 besitos

1½ tazas de coco rallado
4 cucharadas de harina de trigo

½ taza de azúcar
1 cucharadita de vainilla

Mezcle los ingredientes en el orden en que están escritos. Bata un poco para que se unan bien. Eche por cucharadas en un molde engrasado. Hornee por 20 minutos en horno de calor moderado (350°F). Saque del molde mientras están calientes.

Galletitas extendidas con rodillo

BARRITAS DE FRUTAS
64 barritas

1 libra de harina
1½ cucharaditas de soda
½ cucharadita de sal
7 cucharadas de mantequilla
½ libra de azúcar
2 huevos batidos

6 onzas de cáscara de china
   abrillantada, picadas
¼ taza de melao
2 cucharadas de leche
6 onzas de pasas picadas
6 onzas de cidra picadas

Cierna juntas la harina, la soda y la sal. Bata la mantequilla y añada el azúcar poco a poco, los huevos y el melao. Agregue la harina y la leche, y luego las frutas. Mezcle bien y divida la masa en 8 partes iguales. Extienda la masa y forme tiras como de 8 pulgadas de largo y 2 pulgadas de ancho. Coloque en el molde y cueza en horno de calor moderado (350°F) por 30 minutos. Mientras están calientes, corte las tiras a través o en cuadritos o triángulos.

PALITOS DE DÁTILES
40 palitos

1 taza de harina de trigo
1 cucharadita de polvo de hornear
1 cucharada de mantequilla
⅛ cucharadita de sal
½ taza de nueces partidas

1 taza de azúcar
2 huevos batidos
1 cucharada de leche
1 libra de dátiles partidos

Cierna juntos la harina, el polvo de hornear y la sal. Bata la mantequilla y añada el azúcar poco a poco, añada los huevos y la leche. Mezcle los dátiles y nueces con un poco de la harina. Agregue la harina a la mantequilla y mezcle bien; añádale los dátiles y las nueces y una con la masa. En un molde engrasado, extienda la masa hasta que tenga como ½ pulgada de grueso. Cueza en horno de calor moderado (350°F) por 20 minutos. Corte en tiras de 1 por 3 pulgadas y envuelva en azúcar en polvo.

Galletitas prensadas

FLORECITAS
60 galletitas

2½ tazas de harina de trigo
⅛ cucharadita de sal
½ cucharadita de polvo de hornear
1 taza de mantequilla

¾ taza de azúcar
1 huevo batido
1 cucharadita de esencia de almendras

Cierna la harina junto con la sal y el polvo de hornear. Bata la mantequilla, añada el azúcar poco a poco y el huevo batido. Agregue la esencia de almendras y la harina, y mezcle bien. Eche un poco de la masa en una prensa de repostero con el disco en forma de flor y eche en molde sin engrasar. Cueza en horno de calor moderado (350°F) por 10 ó 12 minutos.

Capítulo XVIII
PASTELES DULCES

Pastel de crema de limón

Pasteles dulces

El pastel es un plato que se sirve como postre. Se prepara con una masa de harina con manteca la cual se rellena con crema o frutas. También se rellena con carne, pollo, pescado, hortalizas, y entonces se usa como plato principal. La masa se prepara y manipula de distinta manera a la de galletitas y bizcochos, y requiere cierto cuidado y ligereza al trabajarla.

Preparación de la masa

La masa puede prepararse con cualquier clase de harina de trigo, pero es preferible usar la harina propia para pastelería (pastry flour) que es la más refinada y blanca. Esta clase de harina contiene menos gluten y requiere menos manteca.

La manteca de cerdo o las grasas hidrogenadas, conocidas como manteca vegetal, son las mejores, pero se prefiere la manteca de cerdo porque la masa queda suave. La manteca debe estar bien fría para que la pasta quede en hojuelas. También se usa el agua fría, y si la masa se conserva en la nevera hasta el momento de usarla, se trabaja con más facilidad.

La harina se cierne antes de medirla y se une a la manteca cortándola con dos cuchillos o pellizcándola con la punta de los dedos. En el caso de personas inexpertas, es preferible usar dos cuchillos para cortar la manteca. Si se usan los dedos hay que trabajar muy ligero, y es necesario tener harina en los dedos cada vez que se pellizca la manteca, para que el calor de los dedos no la derrita. Cuando la manteca queda reducida a granos pequeños como habichuelas, el agua fría se añade poco a poco, echando la harina hacia el centro con el tenedor. Debe usarse solamente la cantidad de agua que la harina pueda absorber. Según se va formando la masa, se saca de la escudilla hasta que la harina que queda haya absorbido el resto del agua. Entonces se envuelve la masa en papel parafinado o un paño y se guarda en la nevera o en un sitio fresco hasta el momento de usarla.

La masa no debe trabajarse demasiado. Se aplasta un poco y luego se extiende con el rodillo, del centro hacia las orillas, en todas direcciones. Para colocar la pasta sobre el molde, se envuelve en el rodillo y se desdobla sobre el molde o se dobla por la mitad, colocándola en el molde, de modo que el doblez quede en el centro, y entonces se desdobla la pasta y se acomoda en el fondo y en los lados del molde, para evitar que le entre aire por debajo. Las orillas del pastel se afirman para que el líquido no se salga.

Cuando se extiende la masa y se corta el pastel, quedan sobrantes que pueden utilizarse en distintas formas. Se humedecen las orillas, se unen y se extienden de nuevo, cortándolas en cuadros, triángulos, estrellas y otras figuras para servirlos con las sopas en vez de fideos. También se hacen "hojuelas" para servirlas como postre, con jalea y mermelada.

PASTA

2½ tazas de harina de trigo
10 cucharadas de manteca bien fría

¾ cucharadita de sal
Agua con hielo

Cierna y mida la harina. Añada la sal y vuelva a cernirla. Corte la manteca con dos cuchillos que quede reducida a pedazos del tamaño de una habichuela. Agregue agua fría poco a poco y mueva ligero con un tenedor hasta que se forme una masa que se despegue del fondo y de los lados, pero que esté blanda y seca. Divida la masa en dos partes iguales. Extienda una parte con el rodillo, trabajando del centro hacia afuera para formar un círculo de ¼ de pulgada de espesor. Coloque un círculo de pasta en el molde y ajuste bien sobre el fondo y los lados. Recorte las orillas. Pinche el fondo con los dientes del tenedor para que salga el aire y la pasta no se infle. La otra masa se usa para cubrir el pastel. Cueza en horno caliente (400°F) por 10 minutos.

Nota: Esta pasta es suficiente para hacer un pastel cubierto de 9 a 10 pulgadas de diámetro o dos pasteles cubiertos con merengue o tiras de pasta.

Pasteles de crema y frutas cubiertos con merengue

La mitad de la receta de Pasta es suficiente para la corteza de un pastel. Coloque la pasta dentro del molde y acomódela bien sobre el fondo y los lados. Pinche el fondo para que el aire se escape. Cueza en horno caliente (400°F) por 10 minutos.

PASTEL DE CREMA DE LIMÓN
6 a 8 raciones

1½ tazas de azúcar
6 cucharadas de maicena
⅛ cucharadita de sal
1½ tazas de agua caliente
4 yemas batidas
3 cucharadas de jugo de limón

Ralladura de 1 limón
1 cucharada de mantequilla
Merengue
4 claras
8 cucharadas de azúcar

Mezcle la maicena, la sal, ¾ taza de azúcar y el agua. Cueza a fuego moderado moviendo constantemente hasta que hierva. Ponga en baño de María y cueza durante 10 minutos. Añada la mantequilla, las yemas, la ralladura, ¾ taza de azúcar y el jugo de limón. Vierta en la corteza horneada. Bata las claras a punto de merengue, agregue el azúcar y extienda sobre la crema. Espolvoree con azúcar y dore al horno.

PASTEL DE CREMA DE GUINEO
6 a 8 raciones

½ taza de azúcar
6 cucharadas de maicena
⅛ cucharadita de sal
4 yemas batidas
2 tazas de leche

½ cucharadita de vainilla
3 guineos rebanados
Merengue
4 claras batidas
8 cucharadas de azúcar

Mezcle el azúcar con la sal y la maicena. Agregue la leche a las yemas y una con la maicena. Cueza a fuego lento moviendo constantemente hasta que espese. Retire del fuego y añada la vainilla. Ponga los guineos sobre la corteza del pastel y vierta la crema. Añada el azúcar a las claras y extienda sobre el pastel. Dore en el horno.

PASTEL DE CREMA DE COCO
6 a 8 raciones

½ taza de azúcar
8 cucharadas de maicena
¼ cucharadita de sal
4 yemas batidas
2 tazas de leche

1 taza de coco rallado
Merengue
4 claras batidas
½ taza de coco rallado
½ cucharadita de vainilla

Mezcle el azúcar con la sal y la maicena. Añada la leche a las yemas y una con la maicena. Cueza a fuego lento o en baño de María hasta que espese. Retire del fuego y añada el coco y la vainilla. Vierta en la corteza del pastel. Añada el azúcar a las claras y extienda sobre el pastel. Espolvoree con ½ taza de coco rallado. Dore en el horno.

PASTEL DE CREMA DE CHOCOLATE
6 a 8 raciones

1½ tazas de leche caliente
1 onza de chocolate
2 yemas batidas
½ taza de azúcar
4 cucharadas de maicena

⅛ cucharadita de sal
½ cucharadita de vainilla
Para el merengue:
  4 claras batidas
  8 cucharadas de azúcar

Siga las instrucciones para Pastel de crema de coco y sustituya el coco rallado por el chocolate.

Pastel de frutas cubierto con tiras de pasta

Extienda la mitad de la pasta para formar un círculo. Coloque sobre el molde y ajuste al fondo y a los lados. Extienda el resto de la masa y corte tiras de ½ pulgada de ancho y como de 10 pulgadas de largo para entretejerlas sobre el pastel pasando una tira por encima de la otra.

PASTEL DE PIÑA
6 a 8 raciones

4 tazas de piña rallada
1 taza de azúcar

2 cucharadas de mantequilla

Hierva la piña con el azúcar por 10 minutos hasta que se espese. Añada la mantequilla. Retire del fuego y enfríe antes de echarlo sobre la corteza. Cubra con listas de pasta. Cueza en horno caliente (450°F) por 10 minutos; baje el fuego a 350°F y cueza por 20 minutos.

PASTEL DE CIRUELAS
6 a 8 raciones

¾ libra de ciruelas
1 cucharadita de jugo de limón

1 taza de azúcar
1 cucharada de mantequilla

Ponga las ciruelas en agua e hierva por 5 minutos. Deje reposar por media hora. Cuando estén blandas quítele las semillas. Mezcle con el azúcar y cueza por unos minutos. Retire del fuego y añádale la mantequilla y el jugo de limón. Deje enfriar y vierta sobre la pasta. Cubra con tiras de pasta. Cueza en horno caliente (450°F) por 10 minutos; baje el fuego a 350°F y cueza por 20 minutos más.

PASTEL DE ALBARICOQUES SECOS
6 a 8 raciones

¾ libra de albaricoques
1½ tazas de azúcar

2 cucharaditas de mantequilla
¼ cucharadita de canela

Siga las instrucciones para Pastel de ciruelas, pero deje la fruta en agua durante la noche. En igual forma se prepara el pastel de otras frutas secas.

PASTEL DE CALABAZA

6 a 8 raciones

2 tazas de calabaza majada
1 taza de azúcar
1 cucharadita de canela
½ cucharadita de jengibre
4 cucharadas de maicena

½ cucharadita de sal
3 huevos batidos
½ taza de leche
1 cucharada de mantequilla

Mezcle la calabaza con los demás ingredientes y cueza a fuego lento por algunos minutos. Deje enfriar antes de echar sobre la pasta. Cueza en horno caliente a 450°F por 10 minutos; baje el fuego a 350°F y cueza por 20 minutos.

Nota: Este pastel puede dejarse descubierto si se desea.

Pastel de frutas cubierto con pasta

Divida la pasta en dos partes iguales y extienda para formar dos círculos. Coloque un círculo de pasta sobre el molde, vierta el relleno y cubra con el otro círculo de pasta. Recorte la pasta que sobre y afirme las orillas con los dientes del tenedor.

PASTEL DE MANGÓ

6 a 8 raciones

6 mangós pintones
½ taza de azúcar

¼ cucharadita de sal
1 cucharada de mantequilla

Monde y parta los mangós en pedazos pequeños. Mezcle el azúcar con la sal. Coloque una camada de mangós sobre la pasta y espolvoree con azúcar. Repita. Divida la mantequilla en pedazos y ponga encima. Cubra con la pasta, recorte y afirme las orillas. Pinche encima con los dientes del tenedor para que el vapor se escape. Cueza durante 10 minutos a 450°F, baje el calor y cueza a 350°F por 20 minutos.

PASTEL DE MAMEY

2 mameyes grandes
1 taza de azúcar
1 cucharadita de jugo de limón

¼ cucharadita de sal
1 cucharadita de canela
1 cucharada de mantequilla

Monde los mameyes y parta en pedazos pequeños para obtener 3 tazas. Siga las instrucciones para el Pastel de mangó.

PASTEL DE MANZANA

Siga las instrucciones para Pastel de mangó, usando 6 manzanas agrias o una lata de 1 libra de manzanas en conserva para hacer pastel. Añada 1 cucharadita de canela en polvo al azúcar.

PASTELILLOS DE FRUTAS

2 tazas de harina de trigo
¾ cucharadita de sal

½ taza de mantequilla
Agua con hielo

Prepare de la misma manera que la masa para pasteles dulces. Corte círculos pequeños y acomode en moldecitos individuales. Pinche la masa del fondo. Ponga el horno a 450°F durante 10 minutos. Rellene con frutas o crema.

Panecillos

Pan y panecillos

En tiempos primitivos el pan era uno de los alimentos que se hacía en el hogar; pero esta tarea, como otras muchas actividades, han pasado al dominio de la industria moderna. No obstante, este arte no se ha olvidado, pues hay muchas amas de casa que prefieren hacer pan y panecillos de fantasía para ocasiones especiales.

Ingredientes para hacer pan

En la confección del pan se utilizan distintos cereales: trigo, centeno, maíz y avena; también se usan tubérculos hervidos y majados como yautía y yuca, para sustituir una parte de la harina.

Por su composición, la harina de trigo es la harina ideal para hacer pan. La mejor harina es la que se hace del trigo duro, porque éste contiene una substancia conocida como gluten, que hace que la masa suba y el bollo de pan quede grande. Las harinas que tienen mucho gluten absorben más agua. Los panaderos las llaman "harinas fuertes".

Como durante el refinamiento de la harina se le quita al trigo el salvado o cascarilla exterior el cual contiene vitamina B, en la actualidad se está usando una harina a la cual se le ha añadido dicha vitamina. Esta harina se conoce en el mercado como "harina enriquecida".

Para preparar la masa del pan, puede usarse agua o leche; desde luego, la leche es preferible porque aumenta el valor nutritivo del pan. También se le añade sal, un poco de grasa y azúcar para darle sabor, y levadura para ayudar a subir el pan. La levadura que se emplea para hacer el pan se consigue en dos formas: en pastillas o granulada. La levadura es una planta muy pequeña que vive en el aire y que al multiplicarse en la masa bajo condiciones favorables de calor y humedad, produce un poco de alcohol, gas y bióxido de carbono, que hace subir la masa. Al cocer el pan en el horno, el gas se escapa y se forman en la masa los agujeros que lo hacen esponjoso y liviano.

Métodos para hacer el pan

Hay dos maneras de hacer el pan: una es por el método directo o rápido, y la otra por el método de "amasijo" o "pie".

Método directo: Se mezclan juntos los ingredientes necesarios para hacer la masa. Se deja subir la masa hasta que doble su tamaño, se le da forma, se deja subir de nuevo y se cuece en el horno.

Método de amasijo: Se mezclan primero una parte de la harina, el líquido y la levadura para hacer el pie o amasijo. Después de algunas horas, cuando ha subido un poco y tiene muchas burbujas, se le añade el resto de la harina y los demás ingredientes para formar la masa. Esta masa se deja subir otra vez, se le da forma y, después que el pan doble su tamaño, se hornea.

Diferentes pasos en la elaboración del pan

Se miden o pesan todos los ingredientes necesarios y se tienen en la mesa de trabajo.

La levadura se disuelve en un poco de leche o agua tibia.

Hay que tener en cuenta que si el líquido está muy caliente mata el fermento, y el pan no sube.

Se calienta el líquido y se le añade el azúcar, la grasa y la sal.

Cuando está tibio, se une con la levadura.

Se agrega la harina al líquido para formar una masa suave, que puede amasarse sin que se pegue a las manos.

La masa se trabaja un poco, amasándola hasta que esté bien unida y se nota suave al tacto. Entonces se coloca en un envase engrasado y se deja subir hasta que doble su tamaño. Cuando haya subido bastante se amasa ligeramente otra vez para que se distribuya uniformemente el aire que contiene, o sea, el gas producido por la fermentación. Después se le da forma al pan y se deja subir hasta que doble su tamaño.

Cocción del pan

La temperatura del horno varía de acuerdo con la clase de pan que se desea hacer. Durante los primeros veinte minutos, el horno debe estar caliente; luego se disminuye el calor y, durante la última etapa debe haber muy poco calor.

El tiempo durante el cual el pan está en el horno puede dividirse en la forma siguiente:

1er. cuarto	El pan empieza a subir.
2do. "	Continúa subiendo y empieza a dorar.
3er. "	Termina de subir y de dorarse.
4to. "	Ya el pan está cocido y se separa de los lados del molde.

TABLA XIV

	TEMPERATURA	TIEMPO
Pan en bollos	400° - 450°F	40-60 min.
Panecillos	375° - 400°F	15-25 "
Pan de nueces	375° - 425°F	45-60 "

Cómo se sabe cuándo el pan está cocido

Cuando se toca con la yema de los dedos, se siente esponjoso y no cede a la presión del dedo.

Cuando ha formado una corteza dorada y los lados se han separado del molde.

Recomendaciones

Los ingredientes deben medirse cuidadosamente.

El líquido debe estar tibio para disolver la levadura.

La masa debe ponerse en sitio resguardado, fuera de las corrientes de aire.

Para que el pan suba ligero, la escudilla con la masa se pone sobre una vasija con agua caliente de modo que reciba el vapor. Por eso debe cubrirse con un paño.

La masa debe dejarse subir lo suficiente, pues si el pan se hornea antes de tiempo, queda agrio y duro.

La temperatura del horno debe graduarse de acuerdo con la clase de pan que se va a hornear: bollo o panecillos.

El pan debe sacarse del molde tan pronto esté cocido.

El pan debe guardarse en un envase bien tapado, como en cajas propias para ese fin o cubierto, para que no se reseque ni pierda su buen sabor.

Método directo

Para hacer los siguientes panecillos y pan se usa el método directo, que consiste en mezclar todos los ingredientes para la masa. Éste es un método rápido y fácil si se desea acortar el tiempo de fermentación, la escudilla con la masa se coloca sobre agua caliente y el vapor ayuda a que la masa suba ligero.

PANECILLOS TRÉBOL
18 panecillos

1 sobre de levadura granulada[1]
½ taza de agua tibia
¼ taza de azúcar
¾ taza de agua caliente

1 cucharadita de sal
6 cucharadas de manteca
1 huevo batido
5 tazas de harina de trigo

Añada 1 cucharadita del azúcar al agua tibia, eche la levadura poco a poco, y deje en reposo por 10 minutos. Cuando haya subido añada el huevo y mezcle. Al agua caliente añada la sal la manteca y el resto del azúcar y cuando esté tibia mezcle con la levadura. Agregue suficiente harina para formar una masa blanda. Espolvoree harina en la tabla y amase un poco. Haga bolas pequeñas de masa y junte tres para formar un panecillo. Ponga en un molde de bizcochitos engrasado. Deje subir hasta doblar su tamaño[2] y cueza en horno caliente (400°F) por 10 ó 15 minutos.

1. Siga las instrucciones que trae el sobre.
2. Para que los panecillos suban ligero coloque el molde sobre agua caliente, de modo que reciban calor.

PANECILLOS
10 panecillos

2 sobres de levadura granulada
1 taza de agua tibia
¼ taza de azúcar
⅓ taza de mantequilla

½ cucharadita de sal
½ taza de leche caliente
1 huevo batido
5 a 6 tazas de harina de trigo

Añada una cucharadita del azúcar al agua, eche la levadura poco a poco y deje en reposo por 10 minutos. Cuando haya subido agregue la mantequilla y la sal a la leche caliente y cuando esté tibia añádale la levadura y el huevo batido. Agregue suficiente harina para formar una masa suave. Amase un poco para que una bien. Coloque en una escudilla y deje subir hasta doblar su tamaño. Vuelva a amasar un poco y forme los panecillos. Coloque en el molde y deje subir hasta doblar su tamaño. Cueza en horno caliente (400°F) por 10 minutos.

PANECILLOS DE HARINA DE MAÍZ

12 panecillos

1 sobre de levadura granulada
½ taza de agua tibia
1 cucharada de azúcar
2 cucharadas de manteca derretida

½ cucharadita de sal
1 huevo batido
1½ tazas de harina de trigo
½ taza de harina de maíz

Añada una cucharadita del azúcar al agua, eche la levadura poco a poco y deje en reposo por 10 minutos. Cuando haya subido bata un poco y agregue el azúcar, la manteca, la sal y el huevo. Cierna juntas las harinas y agregue a la levadura. Mezcle bien y amase. Deje subir hasta doblar su tamaño. Divida la masa en 12 panes iguales y dé forma a los panecillos. Coloque en el molde y deje subir de nuevo hasta doblar su tamaño. Cueza en horno caliente (400°F) por 15 ó 20 minutos.

PANECILLOS "PARKER HOUSE"

14 panecillos

1 sobre de levadura granulada
½ taza de agua tibia
1 cucharadita de azúcar
½ taza de leche caliente

½ cucharadita de sal
2 cucharadas de mantequilla derretida
3 a 4 tazas de harina de trigo

Añada el azúcar al agua, eche la levadura poco a poco y deje en reposo por 10 minutos. Cuando haya subido bata un poco. Agregue la sal y la mantequilla a la leche, deje enfriar y mezcle con la levadura. Agregue la harina para formar una masa, amase un poco y deje subir hasta doblar su tamaño. Extienda la masa con el rodillo hasta ¼ de pulgada de espesor. Corte círculos pequeños, como de 2 pulgadas de ancho, unte mantequilla por encima, marque el centro con un cuchillo doble en dos. Deje subir hasta doblar su tamaño. Cueza por 15 minutos en horno caliente (425°F).

PANECILLOS DE FANTASÍA

12 panecillos

1 sobre de levadura granulada
½ taza de agua tibia
¼ taza de azúcar
¼ cucharadita de sal

1 huevo batido o 2 yemas
¼ taza de mantequilla derretida
2 tazas de harina de trigo

Añada 1 cucharadita del azúcar al agua, eche la levadura poco a poco y deje en reposo por 10 minutos. Cuando haya subido mezcle bien y añada el resto del azúcar, la sal, el huevo y mantequilla. Añada suficiente harina para formar una masa. Amase para que una bien y deje subir hasta doblar su tamaño. Extienda la masa con un rodillo hasta que tenga ¼ de pulgada de grueso. Corte tiras de masa de ½ pulgada de ancho, tuerza un poco y luego enrosque en forma circular. Coloque en un molde y deje subir de nuevo. Antes de poner al horno, unte huevo batido por encima y espolvoree con almendra, nueces o maní partido. Cueza por 12 minutos en horno caliente (425°F).

TRENZA

1 trenza

Después que la masa de los Panecillos de fantasía ha subido, extienda con el rodillo en forma rectangular, procurando que tenga como ½ pulgada de espesor. Corte tres tiras, pero déjelas unidas en uno de los extremos. Teja una trenza floja. Humedezca las puntas para que unan bien y no se separen al subir la masa. Póngala en un molde; cuando haya doblado su tamaño, espolvoree con azúcar y nueces picadas o ajonjolí. Cueza en un horno caliente por 20 minutos (425°F).

PANECILLOS DULCES CON NUECES

12 panecillos

Extienda la masa de Panecillos de fantasía hasta que tenga como ¼ de pulgada de grueso. Unte mantequilla por encima, espolvoree con azúcar mascabado y enrolle. Corte en ruedas de 1 pulgada de ancho. En el fondo de un molde llano ponga 4 cucharadas de mantequilla derretida y ¾ taza de azúcar mascabado. Coloque encima los panecillos y deje subir hasta doblar su tamaño. Cueza en horno caliente (425°F) por 15 ó 20 minutos.

PAN DE AGUA

3 ó 4 bollos u hogazas

2 sobres de levadura granulada
½ taza de agua tibia
2 cucharadas de azúcar
2 tazas de agua caliente

2 cucharadas de manteca
1½ cucharaditas de sal
6 a 8 tazas de harina de trigo

Añada 1 cucharadita del azúcar al agua, eche la levadura poco a poco, y deje en reposo por 10 minutos. Cuando haya subido, bata y mezcle bien. Añada la manteca, la sal y el resto del azúcar al agua caliente. Cuando esté tibia mezcle con la levadura. Añada la harina poco a poco para formar una masa. Amase unos minutos hasta que la masa esté suave y compacta. Coloque en una escudilla, cubra con un paño y deje subir hasta doblar su tamaño. Cuando haya subido déle forma de bollo u hogaza y ponga en el molde. Deje subir de nuevo hasta doblar su tamaño. Cueza en horno caliente (400°F) por 40 ó 60 minutos.

PAN DE YUCA

1 bollo

1 sobre de levadura granulada
½ taza de agua tibia
1 cucharadita de azúcar
1 huevo batido

2 cucharadas de manteca derretida
1 cucharadita de sal
½ taza de leche caliente
1¼ tazas de harina de trigo
¾ taza de harina de yuca

Añada el azúcar al agua, eche la levadura poco a poco y deje en reposo por 10 minutos. Bata un poco cuando haya subido. Cierna las harinas juntas. Añada la manteca, la sal y el huevo batido a la leche. Cuando la leche esté tibia mezcle con la levadura. Agregue la harina poco a poco para formar una masa. Amase durante unos minutos para que se unan bien. Coloque la masa en una escudilla o vasija honda engrasada por dentro. Cubra con un paño y ponga en un sitio donde no haya corriente de aire. Deje subir hasta doblar su tamaño. Amase de nuevo y ponga en el molde. Deje subir de nuevo hasta doblar su tamaño. Cueza en horno caliente (400°F) por 20 minutos.

PAN DE YAUTÍA

2 bollos

1 taza de yautía majada
2 tazas de agua caliente
½ cucharadita de sal
½ taza de melao
1 sobre de levadura granulada

½ taza de agua caliente
1 cucharadita de azúcar
1 cucharada mantequilla derretida
5 tazas de harina

Añada el agua a la yautía, y deje reposar por una hora. Añada el azúcar al agua, eche la levadura poco a poco y deje en reposo por 10 minutos. Cuando haya subido bata un poco. Agregue la levadura a la yautía, luego la sal, el melao y la mantequilla. Añada la harina para formar una masa; amase ligeramente. Coloque en una escudilla y deje subir hasta doblar su tamaño. Amase un poco y coloque en un molde. Cuando haya subido de nuevo, cueza en horno caliente (400°F) por 40 ó 60 minutos.

PAN DE PASAS

15 raciones

1 sobre de levadura granulada
½ taza de agua tibia
¼ taza de azúcar
¾ taza de leche caliente
4½ tazas de harina de trigo

½ cucharadita de sal
⅓ taza de mantequilla
1 huevo batido
¾ taza de pasas

Añada 1 cucharadita del azúcar al agua, eche la levadura poco a poco y deje en reposo por 10 minutos. Cuando haya subido, bata un poco. Agregue el resto del azúcar, la sal y la mantequilla a la leche. Cuando esté tibia mezcle con la levadura. Añada el huevo batido, las pasas y la harina para formar una masa. Coloque en una escudilla y deje subir hasta doblar su tamaño. Cuando haya subido extienda un poco de la masa en un molde llano, hasta una pulgada de grueso. Deje subir de nuevo y doblar su tamaño. Para que la superficie quede dorada, cubra con lo siguiente: derrita ⅓ taza de azúcar y añada 3 cucharadas de mantequilla derretida y 1 cucharada de canela en polvo. Cueza en horno de calor moderado (375°F) de 25 a 30 minutos.

ROSCA DE NUECES

4 roscas

1 sobre de levadura granulada
½ taza de agua tibia
1 cucharadita de azúcar
2 tazas de leche caliente
½ taza de mantequilla

⅔ taza de azúcar
1 cucharadita de sal
2 huevos batidos
8 tazas de harina de trigo
1 taza de nueces partidas

Añada 1 cucharadita de azúcar al agua, eche la levadura poco a poco y deje en reposo por 10 minutos. Cuando haya subido, mezcle bien. Agregue la mantequilla, el azúcar y la sal a la leche caliente, y cuando esté tibia, mezcle con la levadura. Agregue los huevos batidos y la harina, y mezcle para formar una masa. Trabaje un poco la masa hasta que esté suave. Coloque en una escudilla y deje subir hasta doblar su tamaño. Extienda una parte de la masa sobre la tabla hasta que tenga ¼ de pulgada de grueso, y déle forma rectangular. Unte mantequilla derretida, espolvoree con azúcar y nueces partidas. Enrolle y luego forme un círculo. Humedezca los dos extremos para que la masa una bien. Haga unos cortes diagonales con tijera cada dos pulgadas de separación y extienda las puntas un poco hacia afuera. Deje subir hasta doblar su tamaño. Cueza en horno de calor moderado (350°F) por 15 ó 20 minutos.

COCA DE SARDINAS

1 coca de 9"

1 sobre de levadura granulada
½ taza de agua tibia
1 cucharadita de azúcar
½ cucharadita de sal
3 cucharadas de mantequilla derretida
1 huevo batido
2 tazas de harina de trigo
1 mazo de acelgas

½ libra de tomates
½ libra de cebollas
¼ libra de pimientos verdes
1 cucharada de sal
¼ taza de aceite de oliva
2 pimientos morrones en tiras
10 sardinas

Añada el azúcar al agua, eche la levadura poco a poco y deje en reposo por 10 minutos. Cuando haya subido añada la sal, la mantequilla y el huevo batido, y mezcle. Agregue la harina poco a poco hasta que la masa esté suave y compacta. Amase un poco y coloque en una escudilla engrasada. Deje subir hasta doblar su tamaño. Cuando haya subido, extienda la masa con el rodillo en forma circular y cuando tenga ¼ de pulgada de grueso coloque en un molde llano, redondo, y enrolle las orillas, para formar un borde. Corte la acelga, los tomates y los pimientos verdes en pedazos pequeños, añada la sal y sofría en el aceite. Cubra el fondo de la pasta con el picadillo anterior y coloque encima las sardinas, del centro hacia la orilla, sobre cada sardina ponga una tira de pimiento morrón. Cueza por 25 minutos en horno de calor moderado (350°F).

Método de amasijo

El siguiente método para hacer pan es el método de amasijo o pie. El pan se tarda más en subir porque los ingredientes se van mezclando poco a poco; pero la masa queda muy liviana.

PANECILLOS
26 panecillos

1 sobre de levadura granulada
½ taza de agua tibia
¼ taza de azúcar
¾ taza de leche tibia
1 cucharadita de sal

¼ taza de mantequilla
2 tazas de harina de trigo
2 huevos batidos
½ cucharadita de ralladura de limón
3 tazas de harina de trigo

Añada 1 cucharadita del azúcar al agua, eche la levadura poco a poco, y deje en reposo por 10 minutos. Cuando haya subido mezcle bien. Añada el resto del azúcar, la sal y la mantequilla a la leche caliente. Cuando la leche esté tibia añádale la levadura y 2 tazas de harina. Mezcle bien. Éste es el pie, o sea, una masa blanda. Cubra con un paño y deje subir como 1½ a 2 horas o hasta que tenga muchas burbujas de aire. Añada los huevos batidos, la ralladura de limón y la harina para formar una masa. Deje subir hasta que doble su tamaño. Extienda la masa ¼ de pulgada de grueso en forma rectangular. Unte mantequilla y enrolle como Brazo de gitano. Corte en pedazos de 1 pulgada de ancho. Coloque los panecillos en un molde llano, descansando sobre la parte cortada. Deje subir hasta doblar su tamaño. Cueza en horno caliente (400°F) por 10 ó 15 minutos.

PAN DE MALLORCA
12 panes

1 sobre de levadura granulada
1 taza de agua tibia

1 cucharadita de azúcar
1 taza de harina de trigo

Añada el azúcar al agua, luego la levadura poco a poco y deje en reposo por 10 minutos. Cuando haya subido mezcle bien y agregue la harina. Cubra con un paño, hasta que suba, que es cuando se forman muchas burbujas. Entonces añada los siguientes ingredientes:

¼ taza de azúcar
4 huevos batidos
2 tazas de harina de trigo

¼ cucharadita de sal
4 cucharadas de aceite o
  manteca derretida

Mezcle todo bien y deje en un sitio resguardado de 4 a 5 horas pasta que suba de nuevo. Agregue entonces los siguientes ingredientes:

½ taza de azúcar
½ taza de aceite o manteca
  derretida

2 cucharaditas de sal
4 a 5 tazas de harina de trigo

Amase bien, untando la tabla de amasar con un poco de aceite. Cuando la masa esté bien unida y suave, coloque en una escudilla, cubra con un paño y deje subir hasta doblar su tamaño. Divida entonces la masa en partes iguales. Extienda cada pedazo de masa con un rodillo, y déle forma rectangular, como de 12 pulgadas de largo por 3 pulgadas de ancho. Enrolle a lo largo y envuelva en forma circular, sin apretar la masa, tomando un extremo del rollo y envolviendo alrededor del otro extremo. La punta del rollo que queda hacia afuera se pincha con los dedos para afirmarla. Deje subir de 6 a 7 horas, y cueza en horno de calor moderado de 15 a 20 minutos. Al sacarlos del horno espolvoree con azúcar molida.

Nota: Es conveniente, si se usa manteca derretida, sustituir parte de ésta por aceite, que es lo que le da al Pan de Mallorca su sabor característico. Si el día es caluroso, la masa sube más ligero; si el día es frío y se desea que la masa suba ligera, se coloca la escudilla con la masa sobre una vasija con agua caliente. No obstante, el Pan de Mallorca se tarda casi 24 horas en su preparación. Puede seguirse el siguiente horario o pueden alterarse las horas a conveniencia del que prepara el pan:

8:00-9:00 A.M.	*Se prepara el pie.*
11:00-12:00 A.M.	*Se añaden huevos y demás ingredientes.*
5:00-6:00 P.M.	*Se le agrega el resto de la harina y se amasa y deja subir.*
10:00-11:00 P.M.	*Se da forma a los panes y se deja subir toda la noche.*

Al día siguiente:	
6:00-7:00 P.M.	*Se hornea.*

Panecillos ligeros, panqueques y barquillos

Entre los panecillos ligeros se incluye los panecillos americanos estilo "biscuit", los molletes, barquillos y panqueques. Para éstos se usan los mismos ingredientes que para hacer pan, pero en lugar de la levadura, se usa polvo de hornear.

La masa de los panecillos es más firme y se extiende para cortarlos o se echa por cucharadas; la de los molletes es más blanda y se echa en moldes para cocerlos; la de los barquillos y panqueques es un batido.

Cuando se preparan los panecillos, todos los ingredientes deben estar medidos, el horno prendido y el molde engrasado antes de empezar. Hay que trabajar con rapidez y ponerlos inmediatamente en el horno. La masa no debe manipularse demasiado. Los panecillos pueden prepararse como media hora antes de servir la comida, es decir, sacarlos entonces del horno para llevarlos a la mesa.

PANECILLOS AMERICANOS I
8 panecillos

2 tazas de harina de trigo	1 cucharadita de sal
4 cucharaditas de polvo de hornear	4 cucharadas de manteca
2/3 taza de leche	

Cierna juntos la harina, el polvo de hornear y la sal. Incorpore la manteca a la harina cortándola con dos cuchillos. Cuando la manteca forme granos pequeños, añada la leche poco a poco, hasta que forme una masa seca.

Ponga sobre la tabla de amasar y extiéndala con el rodillo hasta que tenga ¾ de pulgada de espesor. Corte en círculos y coloque en un molde engrasado. Cueza en horno caliente (450°F) por 10 ó 12 minutos.

PANECILLOS AMERICANOS II

9 panecillos

2 tazas de harina
4 cucharaditas de polvo de hornear
1 cucharadita de sal

4 cucharadas de manteca
¾ taza de leche

Cierna juntos la harina, la sal y el polvo de hornear. Añádale la manteca y córtela con dos cuchillos. Agregue toda la leche de una vez, y mezcle trabajando con ligereza. Debe quedar una masa áspera, pero toda la harina debe quedar humedecida. Eche por cucharadas en moldes individuales de molletes engrasados. Cueza en horno de calor moderado (375°F) por 15 minutos.

PALITOS DE QUESO

Añada a la masa para Panecillos americanos I, ½ taza de queso Parmesano, rallado, y extienda con el rodillo hasta que tenga ¼ de pulgada de espesor. Corte en tiras como 3 pulgadas de largo y ¼ de pulgada de ancho. Cueza en horno caliente (450°F) por 10 minutos.

PANECILLOS PARA CHOCOLATE

12 panecillos

2 tazas de harina de trigo
½ cucharadita de sal
2 cucharadas de azúcar
⅓ taza de leche

4 cucharadas de mantequilla
2 huevos batidos
4 cucharaditas de polvo de hornear

Cierna juntos la harina, la sal, el azúcar y el polvo de hornear. Incorpore la mantequilla a la harina cortándola con dos cuchillos. Mezcle la leche con el huevo batido y añada a la harina poco a poco para formar una masa. Extienda sobre la tabla con el rodillo para darle ¾ de pulgada de espesor. Corte en forma de triángulos, unte encima clara batida y espolvoree con azúcar. Cueza en horno caliente (450°F) por 10 ó 15 minutos.

MOLLETES PARA CAFÉ

8 molletes

2 tazas de harina de trigo
1 cucharada de polvo de hornear
¾ cucharadita de sal
4 cucharadas de azúcar

2 huevos
1 taza de leche
3 cucharadas de mantequilla

Cierna juntos la harina, el polvo de hornear y la sal. Bata la mantequilla y añada el azúcar; agregue los huevos enteros uno a uno, y luego la leche. Añada la harina, y cuando se haya formado la masa, no la bata, y eche por cucharadas en un molde engrasado para molletes. Cueza en un horno de calor moderado (375°F) por 25 minutos.

MOLLETES DE HARINA DE MAÍZ

12 molletes

2 tazas de harina de trigo
1 taza de harina de maíz
4 cucharaditas de polvo de hornear
½ cucharadita de sal

¼ taza de mantequilla
¾ taza de azúcar
2 huevos batidos
1 taza de leche

Cierna juntos las harinas, el polvo de hornear y la sal. Bata la mantequilla y agregue el azúcar, luego los huevos y la leche. Incorpore la harina a la leche y mueva solamente hasta que se forme la masa, la cual debe quedar áspera. Eche en un molde engrasado y cueza en horno de calor moderado (375°F) por 25 minutos.

PAN DE MAÍZ ESPONJOSO

1 bollo

2 tazas de harina de maíz
1 taza de harina de trigo
5 cucharaditas de polvo de hornear
2 cucharaditas de sal

½ taza de azúcar
2 tazas de leche
2 huevos batidos
3 cucharadas de mantequilla derretida

Cierna juntos las harinas, la sal, el polvo de hornear y el azúcar. Mezcle la leche, el huevo batido y la mantequilla, y añada la harina. Engrase un molde para pan y eche la masa. Cueza en horno a 350°F de 40 a 60 minutos.

PANQUEQUES
4 a 5

1 taza de harina de trigo
½ cucharadita de sal
2 cucharaditas de polvo de hornear

1 cucharada de azúcar
1 huevo
½ taza de leche

Cierna la harina con la sal, el polvo de hornear y el azúcar. Añádale el huevo sin batir y la leche, y bata con un batidor hasta que esté bien mezclado. Engrase la sartén y caliente. Eche el batido hasta que tenga tres pulgadas de diámetro. Cuando tenga unas burbujas encima y alrededor de las orillas voltee y cueza hasta que dore. Sirva en seguida con mantequilla o almíbar.

BARQUILLOS (WAFFLES)
7 barquillos

4 yemas batidas
2½ tazas de leche
¾ taza de mantequilla derretida fría
4 tazas de harina de trigo

6 cucharadas de polvo de hornear
2 cucharaditas de sal
4 claras batidas a punto de merengue

Cierna la harina junto con la sal y el polvo de hornear. Añada la leche a las yemas, luego la mantequilla y la harina. Bata e incorpore las claras, y mezcle para que el batido quede suave. Hay que echar la leche poco a poco, y reservar un poco, pues hay harinas que absorben más líquido que otras. Caliente el barquillero, y eche como ¾ de taza en el centro, deje extender un poco y tape. Cueza por algunos minutos hasta que la tapa suba un poco y no despida más vapor. Sirva caliente, con mantequilla y sirop o jalea.

Capítulo XX

EMPAREDADOS

Emparedado Club

Emparedados

El diccionario define el término emparedado como "porción pequeña de jamón u otra vianda, entre dos rebanadas de pan de molde".[1] En inglés el emparedado lleva el nombre de su noble inventor. El conde de Sandwich era un gran jugador, y cuando las apuestas subían en la sala de juegos él no se separaba ni para comer; ordenaba a su camarero que le sirviera lonjas de carne entre dos rebanadas de pan.

Clases de emparedados

El emparedado es un bocadillo, conveniente para servir en distintas ocasiones y en su preparación pueden utilizarse los sobrantes de comidas. De acuerdo con la ocasión en que se sirvan y el relleno que contengan, pueden clasificarse en distintos grupos:

Emparedados sustanciosos para jiras y almuerzos.
Emparedados delicados para fiestas, recepciones y bodas.
Emparedados especiales:
Enrollados
Canapés
Combinación de pan blanco y moreno[2] en tiras y para formar juego de damas

Hay emparedados de carne, pescado o pollo, huevo o queso, hortalizas, frutas, jaleas o combinación de varios alimentos.

Los emparedados para jiras o los que se sirven como almuerzo son sustanciosos. Se le deja la corteza al pan y se parte en rebanadas que no sean muy finas. Se le pone mantequilla a cada rebanada. El relleno debe ser abundante, y puede consistir de lonjas gruesas de jamón, pernil, pollo o cualquier otro alimento.

Los emparedados propios para fiestas son pequeños, delicados, artísticos, pero no deben elaborarse demasiado. El relleno estará bien sazonado y se usará en cantidades pequeñas. Por lo general, el jamón, pollo, queso, etcétera está partido en rebanadas muy finas, picado o molido a máquina.

El pan de molde o americano es el que se presta mejor para hacer emparedados, por su forma cuadrada y su miga blanda y compacta. En algunas ocasiones, en vez de pan se usan panecillos, galletas de soda o galletas dulces pequeñas, pan dulce, pan de nueces o de pasas, o bizcocho.

Instrucciones generales

El pan debe ser del día anterior porque es más fácil para cortar.

El bollo de pan se corta como de un cuarto de pulgada de espesor, a lo largo, o a través.

1. Diccionario de la Real Academia Española.
2. Pan de trigo integral.

Para los emparedados de fantasía cortados con un molde, el pan se rebana a lo largo, pues así resulta más económico.

Para que el pan no se reseque mientras se trabaja, se cubre con un paño húmedo.

Las rebanadas de pan se colocan en pares y se les recorta las orillas de modo que ambas tengan la misma forma. Esto debe hacerse antes de ponerles el relleno. La mantequilla debe batirse hasta que tenga la consistencia de la crema, para que sea posible extenderla con facilidad sobre el pan.

Se coloca suficiente relleno sobre una de las rebanadas, extendiéndolo ligeramente del centro hacia las orillas y esquinas, sin aplastar el relleno; entonces se coloca encima la otra rebanada, afirmándola un poco en las orillas, para que unan bien.

Nos permitimos sugerir algunos de los alimentos que pueden combinar para el relleno de los emparedados; pero la originalidad e imaginación del que trabaja ha de encontrar nuevas combinaciones.

Carne, pollo, pescado

Lonjas de jamón, pernil, pechuga de pollo o pavo, y cualquier embutido, como mortadella, bolonia, sobreasada.

Pollo, pavo o jamón molido con mayonesa.

Jamón molido con huevos y pepinillos dulces.

Jamón y queso en rebanadas con lechuga.

Picadillo de carne con aceitunas.

Rebanadas de lengua con lechuga y mayonesa.

Hígado cocido majado con cebolla y repollo fino.

Atún con salsa blanca espesa, y queso parmesano rallado.

Salmón con pepinillos partidos y aceite y vinagre.

Sardinas y huevos duros partidos y jugo de limón y berros.

Huevo y queso

Tocineta con huevos hervidos duros, todo picado y sazonado con aceite y vinagre.

Huevos duros con pimientos morrones, molidos juntos o con   pimientos verdes asados.

Huevo y tomate en rebanadas, con lechuga y salsa mayonesa.

Queso con pimientos morrones.

Queso crema con cebolla molida.

Otras combinaciones

Tomate con tocineta.

Pepinillos verdes con cebolla y aceitunas picadas y mayonesa.

Aguacate con una pizca de ajo, sal y aceite.

Aguacate con repollo y cebolla picada.

Zanahoria con coco rallado.

Emparedados dulces

Queso crema con dátiles.

Queso crema con piña molida.

Guineos con nueces picadas. Mantequilla de maní con ciruelas.

Queso amarillo con mermelada de toronja. Queso blanco del país con jalea de guayaba.

Zanahorias con pasas, molida a máquina. Dátiles y nueces molidos.

Pan de nueces con jalea de guayaba.

Pan de nueces con queso crema.

Relleno para emparedados

PIÑA Y QUESO
12 emparedados

2 tazas de piña rallada
14 onzas de queso rallado

1 cucharadita de jugo de limón

Mezcle el queso y la piña, y añada el jugo de limón.

MERMELADA Y QUESO
24 emparedados

2 tazas de mermelada

2 tazas de queso americano rallado

Mezcle la mermelada con el queso y extienda sobre el pan.

Nota: Puede usarse queso americano, de crema o suizo; así como jalea de guayaba o mermelada de china o melocotón.

AGUACATE Y AJO
12 emparedados

2 aguacates
2 dientes de ajo

Sal a gusto

Maje el aguacate, machaque el ajo y mezcle para formar una pasta. Sazone.

PERNIL
12 emparedados

12 lonjas de pernil
¼ taza de salsa francesa

Hojas de lechuga
Sal a gusto

Coloque una lonja de pernil sobre el pan y, encima, la hoja de lechuga. Espolvoree con sal y añada un poco de salsa.

POLLO
12 emparedados

2 tazas de pollo cocido picado
½ taza de mayonesa
½ cucharadita de pimienta

1 cucharada de cebolla rallada
Sal a gusto

Mezcle todos los ingredientes y sazone a gusto.

PAVO
12 emparedados

El relleno se prepara igual, usando pavo en lugar de pollo.

HÍGADO DE TERNERA
12 emparedados

1 libra de hígado
1 cebolla partida
1 cucharadita de sal

¾ taza de mantequilla
½ cucharadita de nuez moscada en polvo
¼ libra de jamón partido

Parta el hígado en pedazos, y añada la cebolla y la sal y el jamón. Cueza en baño de María durante media hora. Muela en la máquina usando la cuchilla más fina. Añada la mantequilla y la nuez moscada, y mezcle bien. Sazone a gusto.

HÍGADO DE POLLO
12 emparedados

2 tazas de hígado de pollo
1 cebolla
1 cucharada de sal
3 lonjas de tocineta frita

1 cucharadita de jugo de limón
1 cucharadita de salsa Wortcestershire
1 taza de agua
½ taza de mayonesa

Hierva el hígado junto con la cebolla y muela en la máquina. Añada la tocineta partida, el jugo y las salsas, y mezcle bien.

JAMÓN, PEPINILLO Y LECHUGA
12 emparedados

½ libra de jamón hervido
6 pepinillos dulces

¼ taza de mayonesa

Muela el jamón y los pepinillos, y añada la mayonesa.

JAMÓN PICADO Y QUESO
12 emparedados

4 latas de jamón picado
  (14 onzas)

¼ libra de queso americano rallado
½ taza de mayonesa

Mezcle todos los ingredientes y extienda sobre el pan.

SALMÓN Y MAYONESA
12 emparedados

2 tazas de salmón desmenuzado
1 cucharadita de cebolla rallada

½ taza de mayonesa
¼ cucharadita de pimienta

Mezcle todos los ingredientes en el orden que aparecen.

ANCHOAS Y ACEITUNAS
12 emparedados

2 latas de anchoas de 6 onzas
1 taza de aceitunas picadas

½ taza de mayonesa

Desmenuce las anchoas y mezcle con las aceitunas y la mayonesa.

SARDINAS Y TOMATES
12 emparedados

1 lata 3½ onzas de sardinas
  desmenuzadas
½ taza de mayonesa

¼ libra de tomates rebanados
Sal a gusto

Mezcle las sardinas con la mayonesa. Extienda sobre el pan. Coloque encima ruedas de tomates y espolvoree con sal.

HUEVOS
12 emparedados

Hierva 6 huevos y maje bien, añada sal a gusto y 4 cucharadas de salsa mayonesa para ablandarlo. Si desea, puede añadirle un poco de cebolla picada.

HUEVO Y ATÚN
12 emparedados

2 latas de atún de 8 onzas
½ taza de mayonesa
3 huevos hervidos

1 cucharadita de sal
1 cucharadita de cebolla rallada

Desmenuce el atún y maje los huevos. Mézclelos y añada la mayonesa, la sal y la cebolla. Revuelva para que unan bien.

HUEVO Y JAMÓN MOLIDO
12 emparedados

4 huevos hervidos
1½ tazas de jamón picado

½ taza de mayonesa

Maje los huevos y mezcle con el jamón y la mayonesa.

HUEVO Y JAMÓN
12 emparedados

6 huevos hervidos duros
6 lonjas de jamón

Sal a gusto

Rebane los huevos. Coloque una lonja de jamón sobre una rebanada de pan, luego rebanadas de huevo y espolvoree con un poco de sal. Cubra con la otra rebanada de pan.

HUEVO Y TOCINETA
12 emparedados

½ libra de tocineta
6 huevos hervidos duros
½ taza de mayonesa

½ cucharadita de sal
⅛ cucharadita de pimienta

Fría la tocineta y parta en pedacitos. Parta los huevos y mezcle con la tocineta. Añada, sal y pimienta a gusto, y mezcle bien.

QUESO DE CREMA Y ACEITUNAS
12 emparedados

1 taza de queso de crema

1 taza de aceitunas rellenas

Pique las aceitunas y mezcle con el queso.

QUESO Y PIMIENTOS MORRONES

12 emparedados

½ libra de pimientos morrones
½ cucharadita de sal

½ taza de mayonesa
½ libra de queso

Muela los pimientos con el queso. Añada la mayonesa y la sal a gusto.

EMPAREDADOS ENROLLADOS

8 emparedados

Pan fresco
1 taza de queso

½ taza de pimientos morrones
Aceitunas rellenas

Rebane el pan a lo largo como de ¼ de pulgada de grueso. Remueva la corteza. Muela el queso con los pimientos, mézclelos y extienda sobre las rebanadas de pan. Ponga una línea de aceitunas al extremo de cada rebanada y enrolle empezando por ese lado, como se hace al preparar Brazo de gitano. Envuelva cada rollo en papel parafinado y ponga en la nevera pasta que los vaya a servir. De cada rollo corte de seis a ocho ruedas.

Nota: Se pueden preparar usando dátiles bien picados y humedecidos con jugo de china.

EMPAREDADOS CLUB

6 emparedados

6 rebanadas de pan
Mayonesa
2 pechugas de pollo
6 lonjas de tocineta

6 ruedas de tomate
6 aceitunas rellenas
Lechuga

Tueste el pan, úntele mantequilla mientras está caliente, y colóquelo en un plato. Cúbralo con las hojas de lechuga y sobre la lechuga ponga las lonjas finas de pechuga de pollo con mayonesa, la tocineta y el tomate. Espolvoree con sal. Adórnelo con las aceitunas.

Nota: También se puede preparar con el pan formando pisos, las tres rebanadas alternando con los otros ingredientes.

Canapés

Se preparan con pan blanco, de centeno, de trigo integral o con galletas pequeñas. El pan se parte en círculos, triángulos, cuadros o en formas caprichosas.

Combinaciones que pueden prepararse:

Atún con mayonesa
Queso crema con aceitunas rellenas
Sardinas con jugo de limón
Jamón picado con huevos duros
Queso con tocineta
Jalea de guayaba con queso
Piña rallada con nueces
Salchichón

Helado de limón

El postre

El postre debe considerarse como parte del menú al combinar los distintos alimentos que lo componen. Un buen postre es el toque final de la comida, y deja una sensación de satisfacción que contribuye al bienestar del individuo. Pero el postre, además de halagar al paladar, es el complemento de la comida. Si ésta ha sido rica en grasas y proteínas, el postre debe ser ligero y sencillo. Un postre a base de huevos y leche aumenta la proteína y otros elementos nutritivos necesarios en la comida.

Hay distintas clases de postres que pueden agruparse como budines, cremas, helados, dulces, pastelería y confites. Hay postres en que predomina la proteína porque contiene huevos, leche, nueces o se sirven con queso; en otros abunda la fécula, como en los bizcochos y budines, y en otros, las frutas y azúcar como las jaleas y dulces en almíbar.

Helados o sorbetes

Conocemos como helados cualquier bebida helada o congelada que adquiera consistencia sólida. Al decir helado no se hace distinción entre una y otra clase. De acuerdo con los ingredientes que se utilizan en su confección, hay dos clases de helados:

Helados
o sorbetes: A base de jugo de frutas o pulpa de frutas, agua y azúcar. A veces el jugo de fruta se combina con leche.

Mantecados: La base es una crema blanda que se prepara con leche o crema de leche, huevos y azúcar.

Direcciones generales para cuajar los helados

Los helados y mantecados se cuajan en una sorbetera usando una mezcla de hielo y sal gruesa. La consistencia del helado depende de la cantidad de hielo y sal que se emplee.

La proporción correcta de hielo y sal por peso es de 6 partes de hielo por 1 parte de sal, y si el hielo se mide por tazas, entonces se usan 6 tazas de hielo partido por cada taza de sal gruesa. Es conveniente picar todo el hielo que se necesita y mezclarlo con la sal. Para esto se pone el hielo dentro de un saco de tela gruesa y se machaca con un martillo.

El líquido debe estar bien frío, pues así se cuaja más ligero. Éste se echa en el envase de metal, el cual debe llenarse a dos terceras partes de su capacidad. El hielo debe acomodarse bien sin dejar huecos y, entonces, la manivela se mueve despacio por 7 minutos. Este movimiento lento al principio ayuda a enfriar el líquido uniformemente. Se incorpora más aire, aumenta el volumen, y el helado adquiere una consistencia suave. Luego la manivela se mueve rápidamente por 7 minutos hasta que esté bien pesada y difícil de mover, lo que indica que el helado está ya congelado.

Para una sorbetera pequeña de 2 litros, se necesitan de 10 a 11 libras de hielo y de 2 a 3 tazas de sal gruesa. Por cada litro de líquido que se congela se pueden servir 10 raciones de mantecado, sirviéndolo con un cucharón que hace aproximadamente media taza.

Recomendaciones

El agua del hielo derretido no debe vaciarse porque esto es lo que ayuda a congelar el líquido. No obstante debe evitarse que llegue hasta la tapa, por lo cual no se le pone el tapón al cubo de madera. El mantecado sabe mejor si se deja en reposo por una o dos horas después de congelado. Para esto se limpia bien la tapa y la manivela, se destapa, se saca el batidor, se le quita el mantecado, y se vuelve a tapar. Se agrega más hielo y sal, y se cubre bien con un paño o con periódicos, hasta el momento de servirlo.

Los helados deben servirse inmediatamente.

Si se sustituye parte de la leche de vaca por leche evaporada sin diluir, el mantecado es más rico en sabor y más suave.

Si se añade una clara de huevo batida al helado, le da más consistencia.

Para evitar que la leche se corte cuando se le añade jugos o pulpa de frutas ácidas, se enfría bien o se echa en la sorbetera, y se mueve por unos minutos; luego se destapa y se le añade el jugo o las frutas. Cuando se hace helado de piña, si la leche no está bien fría, cuando se le añade el jugo de piña o la piña molida, la leche adquiere un sabor amargo.

Después de hecho el helado o el mantecado, puede guardarse en las gavetas de la nevera mecánica y dejarlo endurecer.

Cuando se hace helado y se congela en la nevera, tan pronto empieza a cuajar, se saca de la gaveta y se bate bien. Así se le incorpora aire y se le da consistencia suave y volumen.

HELADO DE ACEROLAS
15 raciones

2 libras de acerolas
2 tazas de azúcar

3 tazas de agua

Maje las cerezas y remueva las semillas. Agregue el agua a la pulpa de cerezas y cuele. Añada el azúcar y cuaje en la sorbetera.

HELADO DE COCO
20 raciones

2 cocos secos
6 tazas de agua caliente

1½ tazas de azúcar
Ralladura de limón

Ralle el coco, añada el agua y exprima en un paño fino para extraer la leche. Añada el azúcar y la ralladura de limón. Cuaje en la sorbetera.

HELADO DE CIRUELAS
20 raciones

1 taza de ciruelas majadas
1¼ tazas de azúcar

2 cucharadas de jugo de limón
4 tazas de leche fría

Mezcle los ingredientes en el orden en que están escritos. Cuaje en la sorbetera.

Nota: Puede sustituir parte de la leche por crema o leche evaporada sin diluir.

HELADO DE GUAYABA
15 raciones

2 libras de guayabas maduras
3 tazas de agua

2 tazas de azúcar

Lave y monde las guayabas y parta en dos. Remueva la pulpa con una cuchara. Maje la pulpa y cuele. Agregue el agua y el azúcar a la pulpa, y cuaje en la sorbetera.

HELADO DE GUAYABA CON LECHE
20 raciones

4 tazas de leche fría
2 tazas de pulpa de guayaba

2 tazas de azúcar

Mezcle todos los ingredientes, eche en la sorbetera y cuaje.

HELADO DE GUINEO

15 raciones

2 tazas de guineo majado
1 taza de jugo de china

2 tazas de leche evaporada
1¼ tazas de azúcar

Añada el jugo de chinas al guineo y deje en reposo por ½ hora. Cuele y añada el azúcar y la leche evaporada. Cuaje en la sorbetera.

HELADO DE JENGIBRE

20 raciones

4 onzas de jengibre
2 tazas de agua

8 tazas de leche
2½ tazas de azúcar

Lave el jengibre, machaque un poco e hierva en el agua por algunos minutos. Cuele. Añada el azúcar a la leche y el agua de jengibre fría. Eche en la sorbetera y cuaje.

HELADO DE LIMÓN

15 raciones

½ taza de jugo de limón
2 tazas de azúcar

4 tazas de leche fría
2 gotas colorante verde

Mezcle el jugo de limón con el azúcar y el colorante, y ponga a enfriar en la nevera. Enfríe la leche y añada el jugo de limón poco a poco. Eche en la sorbetera y cuaje.

HELADO DE CHINA

15 raciones

Para helado de china se sustituye el jugo de limón por 1 taza de jugo de china. Si el jugo de china resulta muy dulce, se le añade una o dos cucharadas de jugo de limón. Eche en la sorbetera y cuaje.

HELADO DE PIÑA

15 raciones

2 tazas de jugo de piña
2 tazas de agua

2 tazas de azúcar

Hierva el agua y el azúcar hasta obtener un almíbar ralo. Deje enfriar y añada el jugo de piña. Eche en la sorbetera y cuaje.

Nota: Puede sustituir el jugo de piña por 3 tazas de piña rallada.

HELADO DE MAMEY

15 raciones

2 tazas de mamey
6 tazas de agua en la que hirvió
 el mamey

2 tazas de azúcar
2 cucharadas jugo de limón

Monde y parta el mamey en pedazos; quítele las fibras. Hierva en agua hasta que esté blando. Maje y cuele el mamey, y añada el azúcar y el limón. Cuaje en la sorbetera.

HELADO DE MANGÓ I

20 raciones

4 tazas de agua
1 taza de azúcar

4 tazas pulpa de mangó
¼ taza de jugo de limón

Hierva el agua y el azúcar por 5 minutos. Enfríe. Añada el jugo de limón al mangó, luego, el agua de azúcar. Cuaje en la sorbetera.

HELADO DE MANGÓ II

20 raciones

2 tazas de pulpa de mangó
4 cucharadas de jugo de limón
3 tazas de leche fría

2½ tazas de azúcar
¾ taza de agua
1 clara de huevo

Hierva el azúcar y el agua, enfríe. Añada el jugo de limón y la leche y la pulpa de mangó. Bata la clara un poco y mezcle con lo anterior. Cuaje en la sorbetera.

HELADO DE PAPAYA

20 raciones

4 tazas de leche
1 taza de azúcar
Pizca sal

4 tazas pulpa de papaya
3 claras batidas

Mezcle la leche y el azúcar. Añada la sal y la papaya. Bata las claras a punto de merengue, y añada a lo anterior. Cuaje en la sorbetera.

LECHE MERENGADA

12 raciones

4 tazas de leche
Cáscara de ½ limón

5 claras batidas
1¼ tazas de azúcar

Hierva la leche con la cáscara de limón. Añada el azúcar y las claras poco a poco. Cueza en baño de María por 5 minutos. Cuele y enfríe. Cuaje en la sorbetera.

MANTECADO

15 raciones

4 huevos
1 taza de azúcar
5 tazas de leche

1 cucharada de vainilla
½ cucharadita de sal

Bata los huevos hasta unir bien las yemas y las claras. Añada el azúcar a la leche. Cueza en baño de María, aproximadamente 4 minutos, moviendo constantemente hasta obtener una crema rala. Enfríe, agregue la sal, la vainilla y eche en la sorbetera. Cuaje.

Nota: Puede sustituir la mitad de la leche por leche evaporada o crema, y la vainilla por unas rajas de canela, hervida con la leche, para darle sabor.

MANTECADO DE FRUTAS

15 raciones

Prepare una receta de Mantecado, suprima la vainilla y añada 2 tazas de frutas partidas y, si es necesario, 2 cucharas de jugo de limón.

MANTECADO DE MANTEQUILLA

15 raciones

Prepare una receta de Mantecado, suprima el azúcar y la vainilla. Añada al mantecado un almíbar espeso preparado con:

1 taza de azúcar
1 taza de sirop de maíz

3 cucharadas de mantequilla

Cuaje en la sorbetera.

MANTECADO DE ALMENDRAS
15 raciones

Prepare una receta de Mantecado, suprima la vainilla, y añada:

¼ libra de almendras tostadas y molidas
1 cucharadita de esencia de almendras

Cuaje en la sorbetera.

MANTECADO DE CAFÉ
15 raciones

4 yemas
4 tazas de leche caliente
1 taza de azúcar

½ cucharadita de sal
½ taza de café tinta

Bata las yemas con el azúcar y añada la leche. Cueza a fuego lento hasta que espese un poco. Deje enfriar. Agregue el café, mezcle bien y cuaje en la sorbetera.

MANTECADO DE CARAMELO
15 raciones

2 yemas
½ taza de azúcar
½ cucharadita de sal
1 litro de leche caliente

½ taza de agua
1 taza de crema o leche evaporada
2 claras batidas
1½ tazas de azúcar

Bata las yemas con el azúcar, añada la sal y la leche. Cueza a fuego lento hasta que espese un poco. Retire del fuego y deje enfriar. Mezcle 1½ tazas de azúcar con ½ taza de agua, y prepare el caramelo. Añada el caramelo a la leche, luego la leche evaporada y las claras. Enfríe y cuaje en la sorbetera.

MANTECADO DE COCO Y CEREZAS
15 raciones

Al mantecado de caramelo añada:

1 taza de leche de coco
½ taza del agua en que vienen las cerezas
½ taza de cerezas picadas

Cuaje en la sorbetera.

MANTECADO DE COCO

20 raciones

4 yemas
2 tazas de leche caliente
1¾ tazas de azúcar

½ cucharadita de sal
2 tazas de leche fría
2 tazas de leche de coco

Bata las yemas con el azúcar, añada la leche caliente, la sal y cueza a fuego lento hasta que se espese un poco. Añada la leche fría y la leche de coco. Enfríe y cuaje en la sorbetera.

MANTECADO DE CHOCOLATE

15 raciones

1 taza de azúcar
¼ cucharadita de sal
1 yema batida
4 tazas de leche

2 onzas de chocolate amargo
½ taza de agua
1 cucharadita de vainilla
1 clara batida

Bata la yema y añada el azúcar, la sal y la leche. Ralle el chocolate, añada el agua y derrítalo. Agregue el chocolate a la leche y cueza a fuego lento hasta que adquiera la consistencia de una crema rala. Enfríe y agregue la vainilla y la clara. Cuaje en la sorbetera.

MANTECADO DE GUANÁBANA

20 raciones

2 tazas de pulpa de guanábana
5 tazas de leche

1½ tazas de azúcar

Maje la pulpa con el azúcar y añada la leche. Si la guanábana es muy dulce, agregue 2 cucharadas de jugo de limón. Cuaje en la sorbetera.

Flan

El huevo es el ingrediente más importante para hacer flan. Los huevos se baten un poco, solamente para mezclar las yemas y las claras, y se les añade la leche o el jugo de frutas.

El flan se puede cocer en el horno o en baño de María con brasas sobre la tapa. Adquiere una consistencia firme; para saberlo, se introduce un palillo y si sale limpio, el flan está cocido.

FLAN
8 flanes

6 huevos
¾ taza de azúcar
3 tazas de leche
½ cucharadita de sal

½ cucharadita de vainilla
Caramelo
1 taza de azúcar
2 cucharadas de agua

Bata los huevos lo suficiente para mezclar las yemas y las claras. Añada los demás ingredientes y cuele. Prepare caramelo y vierta un poco en el fondo de los moldes. Llene los moldes y colóquelos dentro de una vasija o molde llano con agua caliente. Cueza en horno de calor moderado por 1 hora.

FLAN DE PIÑA
8 flanes

2 tazas de jugo de piña
1 taza de azúcar

8 huevos

Haga un almíbar con el jugo de piña y el azúcar. Enfríe. Bata los huevos ligeramente y mezcle con el almíbar. Cuele. Hornee igual que el Flan.

FLAN DE CHINA
8 flanes

Sustituya el jugo de piña por jugo de china y siga las instrucciones para hacer el Flan de piña.

FLAN DE MANGÓ

6 raciones

2 tazas de leche
4 huevos batidos
⅛ cucharadita de sal

¼ cucharadita de nuez moscada
1 taza mangó en pedacitos
½ taza de azúcar

Caliente la leche un poco, añádale el azúcar, la sal y la nuez moscada. Agregue a los huevos poco a poco, batiendo. Ponga el mangó en un molde y eche por encima la leche. Coloque el molde dentro de una vasija con agua caliente. Cueza en horno a 300°F por 35 minutos o hasta que cuaje. Enfríe y sirva con crema batida.

FLAN DE CAFÉ

6 flanes

4 huevos
6 cucharadas de azúcar
2 tazas de leche

¼ cucharadita de sal
⅓ taza de café tinta

Bata los huevos un poco, añada el azúcar, la leche y la sal. Cuele y agregue el café. Vierta en moldes de flan y coloque dentro de una vasija con agua caliente. Cueza en horno de calor moderado por 1 hora.

FLAN DE YUCA Y COCO

6 raciones

4 huevos
¼ taza de azúcar
1 taza de leche de coco

¼ taza harina de yuca
1 cucharadita de vainilla
¼ cucharadita de sal

Bata los huevos ligeramente, añada el azúcar y sal. Añada la leche de coco alternando con la harina de yuca. Mezcle bien y agregue la vainilla. Eche en moldes individuales para flan y coloque dentro de una vasija o molde llano con agua caliente. Cueza en horno de calor moderado por 1 hora o hasta que esté firme.

CREMA

6 raciones

2 yemas
¾ taza de azúcar
½ cucharadita de sal
6 cucharadas de maicena

4 tazas de leche
1 cascarita de limón
2 claras
4 cucharadas de azúcar

Bata las yemas con el azúcar y añada la sal y la maicena. Agregue el limón y la leche, poco a poco a las yemas. Cueza en baño de María o a fuego lento moviendo constantemente. Cuando cuaje vierta en platillos hondos. En vez de merengue, vierta un poco de caramelo encima o espolvoree canela.

CREMA PLANCHADA
6 raciones

Prepare Crema y vierta en un platón grande. Cubra con bastante azúcar y pase por encima una plancha de hierro bien caliente para derretir el azúcar.

ISLA FLOTANTE
6 raciones

Siga las instrucciones para Crema, pero use solamente la mitad de la maicena. Vierta la crema blanda en platillos hondos o copitas. Bata las claras a punto de merengue, añada el azúcar, eche por cucharaditas sobre la crema y adorne con jalea de guayaba. Puede omitir el azúcar, y mezclar la jalea con las claras.

BUÑUELOS DE VIENTO
6 raciones

1 taza de agua
2 cucharadas de mantequilla
¼ cucharadita de sal
1 cucharadita de azúcar
Manteca

¼ cucharadita de anís
1 taza de harina de trigo
4 huevos
2 tazas de almíbar

Hierva el agua con la mantequilla, la sal, el azúcar y el anís. Añada la harina toda de una vez, y mueva rápidamente hasta que se forme una masa que se adhiera a la cuchara. Retire del fuego y deje enfriar. (Mientras tanto, eche bastante manteca en un caldero, y caliente.) Añada los huevos enteros uno a uno y bata rápidamente por unos minutos, cada vez que añada uno. Eche por cucharadas en la manteca caliente. Cuando los buñuelos suban a la superficie, reduzca el fuego un poco, y eche manteca por encima con una cuchara grande. Escurra sobre papel. Sirva los buñuelos con almíbar.

PALITOS DE JACOB
25 palitos

1 taza de agua
½ taza de mantequilla
1 taza de harina de trigo
4 huevos

Caramelo
1 taza de agua
2 tazas de azúcar

Hierva el agua con la mantequilla y agregue la harina toda de una vez. Bata ligero para que la harina no forme pelotones. Retire del fuego cuando tenga una masa. Añada los huevos uno a uno y continúe batiendo constantemente cada vez que incorpore uno a la masa. Eche por cucharadas en una lámina de hornear engrasada. Déle forma alargada o redonda. Cueza en horno a 375°F por 45 minutos. Rellene cada uno con crema de chocolate o jalea. Prepare caramelo y vierta sobre cada palito.

YEMAS REALES
8 raciones

7 yemas
2 claras
2 cucharadas de maicena
1 cucharadita de polvo de hornear

2 tazas de azúcar
1 taza de agua
1 raja de canela

Bata las yemas intensamente. Bata las claras a punto de merengue e incorpore a las yemas batidas. Mezcle la maicena con el polvo de hornear y agregue revolviendo de arriba hacia abajo en forma circular. Vierta en un molde llano engrasado. Cueza en horno de calor moderado por 30 minutos. Saque del molde y corte en cuadritos. Prepare un almíbar con el agua y el azúcar y la canela. Eche las yemitas (cuadritos) en el almíbar e hierva por 2 minutos, o hasta que éstas absorban parte del almíbar. Sirva en una dulcera y vierta por encima el almíbar que haya quedado.

Budín

El budín es un postre agradable y muy fácil de preparar. Éste es un postre de origen inglés, y hay muchas variedades.

Por lo general, se hace con pan viejo; también se usan galletas o bizcocho viejo. El budín se sirve frío o caliente; a veces se le vierte ron encima y se le aplica fuego, se lleva a la mesa con el ron ardiendo, y se sirve en seguida. El budín puede hacerse en baño de María o en horno, y se sabe cuando está cocido porque los lados se separan del molde.

BUDÍN DE ARROZ
8 raciones

1½ tazas de arroz cocido
¾ taza de azúcar
¼ cucharadita de sal
1 taza de leche

¾ taza de pasas
2 cucharadas de mantequilla derretida
2 huevos batidos

Mezcle todos los ingredientes en el orden en que están escritos. Vierta en un molde engrasado y cueza en horno de calor moderado por 30 minutos.

BUDÍN DE ALMENDRAS

8 a 10 raciones

½ libra de pan, sin corteza
2 tazas de leche
2 huevos batidos
2 cucharadas de mantequilla derretida
1½ tazas de azúcar

½ cucharadita esencia de almendras
½ taza de almendras molidas
¼ cucharadita de sal
1 cucharada de brandy

Desmenuce el pan y remoje en la leche. Agregue los demás ingredientes, excepto el brandy, y cuele. Agregue el brandy y vierta en un molde engrasado. Cueza en horno de calor moderado por 30 minutos.

BUDÍN DE BATATA

8 a 10 raciones

1 libra de batata hervida y majada
½ taza de azúcar
¼ cucharadita de canela
¼ taza de harina de trigo

¼ taza de leche
2 cucharadas de mantequilla derretida
2 huevos batidos
¼ cucharadita de sal

Mezcle los ingredientes en el orden que aparecen. Bata para unirlos bien. Vierta en un molde engrasado y cueza en horno de calor moderado de 20 a 30 minutos.

BUDÍN DE BATATA Y CHINA

8 a 10 raciones

1 libra de batata hervida
3 cucharadas de mantequilla derretida
½ taza de azúcar mascabado

1 cucharada de ralladura de limón
½ taza de jugo de china
¼ cucharadita de sal

A la batata majada agregue los demás ingredientes y mezcle bien. Vierta en un molde engrasado y cueza en horno de calor moderado por 30 minutos.

BUDÍN DE CALABAZA

12 a 16 raciones

3 tazas de calabaza majada
6 cucharadas de mantequilla derretida
9 cucharadas de harina de trigo
1 cucharadita de vainilla

1 cucharadita de sal
1 taza de azúcar
½ taza de leche
5 huevos batidos

Mezcle la calabaza con la mantequilla, la harina y la sal. Añada el azúcar y la leche, y cuele. Agregue los huevos y la vainilla, y vierta en un molde. Cueza en horno de calor moderado (350°F) por 45 minutos.

BUDÍN DE CARAMELO

8 a 10 raciones

½ libra de pan, sin corteza
2 tazas de leche caliente
2 huevos batidos
2 cucharadas de mantequilla derretida

¾ taza de azúcar
¼ cucharadita de sal
½ taza de azúcar
2 cucharadas de agua

Desmenuce el pan y añada la leche para que se ablande. Agregue los huevos, la mantequilla, el azúcar y la sal, y mezcle bien. Prepare un caramelo con el azúcar y el agua. Añada el caramelo al budín. Vierta en un molde engrasado y cueza en horno de calor moderado por 30 minutos.

BUDÍN DE CHOCOLATE

8 a 10 raciones

2 onzas de chocolate
2 tazas de leche caliente
½ libra de pan, sin corteza
3 huevos batidos

2 cucharadas de mantequilla derretida
1 cucharadita de vainilla
¼ cucharadita de sal
1½ tazas de azúcar

Ralle el chocolate y agregue la leche caliente. Desmenuce el pan y añádalo. Cuando el pan esté blando, cuele y añada los demás ingredientes. Vierta en un molde engrasado y cueza en horno de calor moderado de 20 a 30 minutos.

BUDÍN DE DÁTILES

6 raciones

¼ taza de harina
1 cucharadita polvo de hornear
⅛ cucharadita de sal
1 taza de coco rallado

2 huevos batidos
¾ taza de azúcar
1 taza de dátiles

Mezcle la harina, sal y polvo de hornear, añada a los huevos y luego el azúcar. Parta los dátiles en pedacitos y añada a la masa con el coco. Eche en molde llano engrasado. Cueza en horno de calor moderado (350°F) por 25 minutos. Sirva con crema batida por encima adornado con media cereza.

BUDÍN DE GUINEOS

10 a 12 raciones

4 guineos maduros rebanados
3 cucharadas de jugo de limón
1 cucharada de ralladura de limón
½ taza de azúcar

3 tazas de pan rallado
2 cucharadas de mantequilla derretida
1½ tazas de leche
3 huevos batidos
¾ taza de azúcar

Cubra el fondo de un molde engrasado con las rebanadas de guineo, humedezca con jugo de limón y espolvoree con azúcar y ralladura de limón. Cubra luego con la tercera parte del pan rallado. Repita esta operación hasta que se terminen los ingredientes. Mezcle la mantequilla, la leche, el azúcar y los huevos. Vierta sobre el budín. Coloque el molde dentro de una vasija más grande con agua caliente. Cueza al horno de calor moderado por 35 minutos.

BUDÍN DE PAN

16 raciones

½ libra de pan
4 tazas de leche
4 huevos batidos
1 taza de azúcar
1 cucharadita de canela

4 cucharadas de mantequilla derretida
¼ cucharadita de sal
1 taza de pasas
3 cucharadas de harina de trigo

Quite la corteza al pan y desmenuce. Añada la leche y maje para que una bien. Espolvoree las pasas con la harina y agregue al pan. Añada los demás ingredientes. Vierta en un molde engrasado y cueza en horno de calor moderado de 40 a 60 minutos.

BUDÍN DE FRUTAS

16 raciones

Prepare el Budín de pan y cuando esté casi cocido, cubra con 1 taza de frutas partidas. Bata 4 claras a punto de merengue, y añada 6 cucharadas de azúcar y ¼ cucharadita de crémor. Cubra las frutas con el merengue, y cuando éste endurezca sáquelo del horno.

BUDÍN DE YUCA Y COCO
24 pedacitos

2 libras de yuca rallada
1 coco seco grande rallado
1 pedacito de jengibre rallado

1½ tazas de azúcar
1 cucharada de mantequilla
¼ cucharadita de sal

Mezcle la yuca, el coco y el jengibre, y añada el azúcar, la mantequilla y la sal. Vierta en un molde engrasado llano y cueza en horno de calor moderado (350°F) por 30 minutos. Debe dorarse por encima. Retire del horno y corte en pedazos pequeños.

ARROZ CON COCO
8 raciones

1 taza de arroz
1 coco seco rallado
1 taza de azúcar
1 cucharadita de sal

6 rajas de canela
1 cucharadita de clavos de
   especia en polvo
½ taza de pasas

Extraiga la leche al coco y añádale agua caliente hasta obtener seis tazas. Ponga el arroz en agua por media hora. A cinco tazas de leche añada el jengibre, los clavos, las rajas de canela, la sal y el arroz, y cueza a fuego lento. Cuando se haya gastado un poco la leche, añada el azúcar, las pasas y la otra taza de leche. Sirva y espolvoree con canela.

ARROZ CON DULCE
12 raciones

6 tazas de agua
1 pedazo de jengibre machacado
½ cucharadita de anís en grano
1¼ tazas de arroz
1 taza de azúcar

4 cucharadas de manteca
1 cucharada de sal
1 cucharada de anís molido
1 cucharada de canela
1 cucharadita de clavo de especia

Ponga el arroz en agua por dos horas. Hierva el agua con el jengibre y el anís, y cuele. Cueza el arroz a fuego lento y, cuando esté casi seco, se le añade el azúcar, la manteca y la sal. Cuando esté cocido y antes de retirarlo del fuego, agregue las especias. Sirva con casabe molido por encima.

ARROZ CON LECHE
10 raciones

1 taza de arroz
4 tazas de leche
1 cucharadita de sal

1 raja de canela
1 taza de azúcar

Ponga el arroz en agua por 2 horas. Escurra y añada la leche, la sal y la canela, y cueza a fuego lento. Mueva constantemente. Cuando el arroz haya absorbido la mayor parte de la leche, añada el azúcar. Retire del fuego cuando el grano esté blando.

MAZAMORRA
8 raciones

12 mazorcas de maíz sarazo
1 litro de leche
Canela en polvo

1 taza de azúcar
1 cucharadita de sal

Ralle el maíz, añada la leche y cuele por un paño fino para extraerle toda la fécula al maíz. Añada el azúcar y la sal. Cueza a fuego lento hasta que espese. Vierta en platillos y espolvoree con canela por encima.

TEMBLEQUE
8 raciones

2 tazas de coco rallado
Agua caliente
½ taza de azúcar

½ taza de maicena
¼ cucharadita de sal
1 cucharadita de vainilla

Añada el agua al coco y exprima bien para extraerle 4 tazas de leche. Mezcle la maicena con el azúcar y la sal. Añada la leche, y cueza a fuego lento, moviendo constantemente. Cuando espese añada la vainilla, viértalo en tazas o moldes humedecidos y deje enfriar. Saque de los moldes y sirva con canela en polvo por encima o con frutas en almíbar o salsa de chocolate.

MAJARETE
6 raciones

6 cucharadas de harina de arroz
¼ cucharadita de sal
6 cucharadas de azúcar

2½ tazas de leche caliente
1 cascarita de limón
Canela en polvo

Mezcle la harina, la sal y el azúcar. Añada la leche y la cascarita de limón. Cueza a fuego lento, moviendo constantemente para que no se empelote. Vierta en platos y espolvoree por encima con canela en polvo.

ALFAJOR
8 alfajores

1 taza de casabe molido
2 tazas de azúcar mascabado
1 taza de agua

1 pedazo de jengibre machacado
¼ taza de casabe molido

Mezcle el casabe, el azúcar, el agua y el jengibre. Cueza a fuego lento hasta que la pasta se separe de los lados de la vasija. Saque el jengibre, y extienda la pasta en una tabla. Marque en cuadros y espolvoree casabe molido por encima.

MAMPOSTIAL O MARRAYO
12 pedacitos

1½ tazas de melao
½ taza de agua

1 pedacito de jengibre machacado
1½ tazas de coco rallado

Mezcle y cueza a fuego lento. Cuando se separe del fondo y los lados de la vasija, retire del fuego. Vierta en un plato de mármol engrasado y marque en cuadros.

Postres de batata

La batata, por su contenido de azúcar, se utiliza en distintos postres, ya sea sola o en combinación con otros alimentos. Incluimos aquí algunos, entre ellos, las pastas, que por no ser frutas, forman un grupo aparte.

CAZUELA I
16 raciones

2 tazas de batata majada
2 tazas de calabaza majada
¼ cucharadita de sal
¾ taza de azúcar
2 cucharaditas de canela

¾ cucharadita de clavos de especia
¼ taza de harina de arroz
4 huevos batidos
1 taza de leche de coco
Canela en polvo

Mezcle la batata y la calabaza, cuele para quitarle cualquier fibra. Agregue los demás ingredientes en el orden que están escritos. Eche en un molde llano engrasado y cueza en horno de calor moderado (350°F) por 1 hora.

CAZUELA II

16 raciones

2 tazas de batata majada
1 taza de calabaza
1 taza de yautía majada
3 huevos batidos
6 cucharadas de mantequilla derretida

½ cucharadita de sal
1 cucharadita de canela
½ cucharadita de clavos especia
1 taza de azúcar
1 taza de leche de coco

Mezcle la batata, la calabaza y la yautía majadas con los huevos, la mantequilla, la sal y las especias. Añada la leche de coco y el azúcar. Cuele. Vierta en un molde engrasado y cueza en horno de calor moderado por 1 hora.

NÍSPEROS DE BATATA

20 nísperos

1 libra de batata hervida y majada
1 libra de azúcar

Canela en polvo
Clavos de especia

Mezcle la batata con el azúcar, y cueza a fuego lento, mueva hasta que se despegue de los lados de la vasija. Enfríe y forme bolitas. Envuelva en canela en polvo y ponga un clavo de especia para imitar el tallo.

PASTA DE BATATA

16 raciones

4 tazas de batata majada
4 tazas de azúcar

½ cucharadita de esencia
de almendras o vainilla

Mezcle la batata y el azúcar, y cueza a fuego lento, mueva hasta que se separe de los lados de la vasija. Extienda sobre una tabla o mármol, déle forma de pasta y deje enfriar.

PASTA DE BATATA Y PIÑA

Siga las instrucciones para Pasta de batata y sustituya la mitad de la batata por 2 tazas de piña rallada.

PASTA DE BATATA Y COCO

Añada 1 taza de leche de coco a la Pasta de batata y agregue 1 taza más de azúcar. Cueza igual que la Pasta de batata.

Otros postres

BIENMESABE
10 a 12 raciones

1 coco seco mediano
¼ taza de agua caliente
4 yemas de huevo
2 tazas de azúcar

½ taza de agua
1 raja de canela
1 bizcocho esponjoso partido en pedazos

Mezcle el azúcar y el agua, y prepare un almíbar espeso. Enfríe. Ralle el coco y añada el agua caliente para extraer 1½ tazas de leche. Bata las yemas y añádale la leche del coco, el almíbar y la canela. Cueza en baño de María o a fuego lento, moviendo constantemente, hasta que espese un poco. Vierta sobre el bizcocho.

COCADA
8 raciones

2 tazas de dulce de coco
2 cucharadas de mantequilla derretida

2 huevos batidos
2 onzas de almendras peladas

Añada la mantequilla y los huevos al dulce de coco. Vierta en un molde llano engrasado. Adorne con las almendras. Hornee a fuego moderado por 20 minutos.

TORTA MOCA
8 raciones

¼ taza de mantequilla
1 taza de azúcar
1 taza de café tinta

1 bizcocho esponjoso
2 onzas de almendras tostadas y picadas
2 yemas de huevo

Bata la mantequilla y añada el azúcar poco a poco, las yemas y el café. Parta el bizcocho en rebanadas, y coloque en el fondo y los lados de un molde engrasado. Vierta un poco de la crema de café. Coloque rebanadas de bizcocho y vierta un poco de crema de café. Repita hasta llenar el molde. Tape el molde y ponga algo pesado encima para prensar el bizcocho. Guarde en la nevera por varias horas. Saque del molde y espolvoree por encima con las almendras.

TORREJAS GALLEGAS

6 raciones

½ libra de pan de agua
1 taza de leche
½ taza de vino dulce
½ cucharadita de canela
2 huevos batidos

¼ cucharadita de sal
2 tazas de azúcar
1 taza de agua
1 raja de canela

Corte el pan en rebanadas como de ½ pulgada y quítele la corteza. Moje el pan con la leche y el vino, y espolvoree con la canela. Envuelva las rebanadas de pan en el huevo batido. Fría y dore por ambos lados. Con el azúcar, el agua y la canela prepare un almíbar, y deje enfriar. Vierta el almíbar sobre las torrejas.

Dulces a base de azúcar

El azúcar, el melao, la miel y el sirop de maíz se combinan con frutas secas, nueces, chocolate, ajonjolí, coco rallado, maní o claras de huevos para preparar distintos confites.

El azúcar se disuelve en agua o leche y se hierve para formar un sirop o almíbar; a medida que el agua hierve y se evapora, el sirop va tornándose espeso. Este sirop se deja enfriar o se bate, y al enfriar se endurece y adquiere una consistencia ya sea cristalina como el caramelo o espesa y suave como los bombones.

La consistencia depende de la temperatura a que se somete y de los ingredientes que se le añaden. El sirop de maíz, crémor tártaro, vinagre o limón evitan la formación de cristales en el sirop al endurecerse y le da al confite esa consistencia suave como crema. El sirop de maíz es el mejor para producir este efecto.

Cuando se preparan estos dulces, es necesario tener un termómetro Fahrenheit para medir con exactitud la temperatura del sirop, pues después que el sirop llega a una temperatura de 220°F se calienta muy rápidamente y en cuestión de segundos se pasa de punto. Si no se tiene un termómetro, se hace la prueba siguiente: se pone un poco de agua en un platillo hondo, entonces se echan unas gotas del sirop y se forma una bolita, más o menos dura, la cual indica por su consistencia la temperatura aproximada. El sirop se retira del fuego mientras se hace la prueba.

Bola blanda	234 a 240°F
Bola un poco dura	246 a 248°F
Bola dura	265 a 290°F

CARAMELOS DE MANTEQUILLA

12 caramelos

1 taza de azúcar
1 taza de sirop de maíz

3 cucharadas de mantequilla

Mezcle e hierva hasta que se forme un caramelo duro al echar una gota del sirop en agua fría. Vierta en un plato engrasado, y marque los caramelos antes que se endurezcan.

PALETAS

30 paletas

2 tazas de azúcar
⅔ taza de sirop de maíz

½ cucharadita de esencia de menta
1 taza de agua

Mezcle el azúcar con el sirop de maíz y el agua. Ponga al fuego y mueva hasta que el azúcar se disuelva. Cueza y retire del fuego cuando se echa una gota del sirop en agua fría y forma una bola dura. Vierta sobre platos engrasados un poco del sirop y forme círculos de 2 pulgadas de diámetro. Introduzca un palillo, empujando de afuera hacia adentro. Cuando las paletas estén tibias, se despegan.

TIRIJALA O MELCOCHA

6 pedacitos

Hierva dos tazas de melao a fuego lento. Cuando el sirop comience a espesar retire del fuego y eche unas gotas en agua. Debe formar una bola blanda. Vierta en un plato engrasado. Cuando esté tibia, estire para que enfríe. Cuando tenga un color dorado claro corte en pedacitos.

TURRÓN DE COCO (COQUITOS I)

12 pedacitos

2 tazas de azúcar
¼ cucharadita de crémor tártaro

⅔ taza de leche de coco
1 cucharadita de vinagre

Mezcle el azúcar, el crémor, la leche y el vinagre. Cueza sin moverlo. Limpie el azúcar de los lados de la cacerola con un paño húmedo envuelto en la punta del tenedor. Cuando esté algo espeso, retire del fuego y haga la prueba, debe formar una bola un poco dura. Vierta en un plato o mármol engrasado. Cuando esté tibio saque del plato y estire como la Tirijala. Cuando comience a endurecer forme tiras de una pulgada de ancho, y corte en pedacitos.

TURRÓN DE COCO II

1 taza de azúcar   *1 taza de coco rallado*

Saque un poco de la leche para que la cachipa de coco esté bien seca. Siga las instrucciones para Turrón de maní.

ALFEÑIQUE
12 alfeñiques

2 tazas de azúcar   *1 cucharadita de vinagre*
¼ cucharadita de crémor tártaro   *½ cucharadita de esencia de menta*
⅔ taza de agua

Mezcle el azúcar, el crémor, el agua y el vinagre. Cueza igual que Turrón de coco. Cuando esté un poco tibio y antes de estirarlo, añada la esencia de menta. Trabaje igual que el turrón. Corte en pedazos de 3 a 4 pulgadas de largo.

Nota: Si desea hacer los alfeñiques en colores, añada ⅛ cucharadita de colorante vegetal cuando añada la esencia de menta.

TURRÓN DE ALMENDRAS
8 pedacitos

4 claras batidas   *½ cucharadita de ralladura de limón*
6 onzas de almendras molidas   *Azúcar en polvo*

Añada las almendras a las claras, luego la ralladura de limón. Agregue suficiente azúcar para formar una pasta. Coloque en un molde, marque en cuadros, y deje secar. Espolvoree con azúcar en color.

TURRÓN DE MANÍ
8 pedacitos

1 taza de azúcar   *½ taza de maní tostado*

Extienda el maní sobre un plato engrasado o molde llano. Derrita el azúcar a fuego lento y, cuando esté a punto de caramelo, vierta sobre el maní para cubrirlo todo. Cuando enfríe un poco, corte en cuadritos.

PENUCHI

18 pedacitos

2 cucharadas de mantequilla
3 tazas de azúcar mascabado
1 taza de leche

½ cucharadita de vainilla
1½ tazas de nueces partidas

Cueza juntos el azúcar, la leche y la mantequilla. Eche una gota de sirop en agua y si forma una bola blanda, retire del fuego. Enfríe, añada la vainilla y las nueces. Deje enfriar un poco y bata continuamente hasta que empiece a endurecer. Vierta en un molde engrasado y parta en cuadritos.

BOMBONES DE COLORES

18 bombones

2 tazas de azúcar
1 taza de agua
¼ cucharadita de crémor

1 cucharadita de esencia de almendras
Colorante vegetal

Cueza juntos el azúcar, el agua y el crémor. Eche una gota del sirop en agua y, si se forma una bola dura, retire del fuego. Añada la esencia de almendras y color vegetal a gusto. En plato hondo eche bastante azúcar. Marque hoyos pequeños y, en cada hoyo, vierta un poco del sirop.

BOLA DE NIEVE

12 bolas

2 tazas de azúcar
½ cucharadita de crémor tártaro

½ taza de agua
3 claras de huevo

Mezcle el azúcar, el crémor y el agua. Cueza hasta que el sirop forme un hilo al gotear de la cuchara. Bata las claras a punto de merengue y vierta el sirop poco a poco, y continúe batiendo. Cuando comience a endurecer forme las bolas en una taza con un poco de azúcar en polvo. Envuelva en papel de seda con los extremos cortados en flecos.

FUDGE

20 pedacitos

2 onzas de chocolate amargo
2 tazas de azúcar
2 cucharadas de mantequilla
1 cucharadita de vainilla

2 cucharadas de sirop claro de maíz
¼ cucharadita de sal
1 taza de leche

Ralle y derrita el chocolate, añada el azúcar, la sal, la mantequilla, el sirop de maíz y la leche. Hierva hasta que se espese un poco y se forme una bola blanda al echar unas gotas en agua fría. Retire del fuego y deje enfriar un poco. Añada la vainilla, y bata continuamente hasta que empiece a endurecer. Vierta en un plato engrasado y marque en cuadros.

MERENGUES

10 merengues

3 claras de huevos
1 taza de azúcar

¼ cucharadita de crémor
Ralladura de 1 limón

Bata las claras hasta que estén bien duras y añada el azúcar poco a poco. Añada luego el crémor y la ralladura de limón. Moje una tabla de pino, coloque encima papel, y moje también. Eche el batido por cucharadas. Cueza en horno de calor moderado (325°F) de 15 a 20 minutos. Una dos mitades para formar un merengue.

BOLITAS DE COCO

15 a 20 bolitas

1½ tazas de coco rallado
1½ tazas de azúcar

Ralladura de 1 limón

Mezcle todos los ingredientes y cueza a fuego lento. Cuando esté casi seco y se separe de los lados de la vasija, vierta sobre un platón para que enfríe un poco. Coja por cucharaditas y forme las bolitas. Envuelva en azúcar y seque al sol si es necesario.

Nota: Si desea hacerlas en color, agregue unas gotas de colorante vegetal antes de formar las bolas.

Capítulo XXII
CUANDO TENGA INVITADOS

Ocasiones especiales

Hay ocasiones en que el ama de casa tiene que preparar comida para un grupo mayor que el de su familia; en Nochebuena, Año Nuevo, el Día de Reyes, en las reuniones de familia y de amigos íntimos el grupo puede ser mayor de veinticinco personas. Hay otros acontecimientos sociales como bodas, bautizos, fiestas de aniversario, en que el grupo es de cien o más invitados. También el ama de casa tiene ciertas obligaciones sociales con el club a que pertenece y con frecuencia celebra fiestas como comidas estilo buffet, tés, etc., para allegar fondos para llevar a cabo su programa o realizar obras caritativas.

Organización

Ofrecemos en este capítulo algunas recetas para servir a grupos numerosos, lo que facilita la tarea de calcular los comestibles que se necesitan y estimar por anticipado el costo del menú que se va a servir. Además del aspecto económico, hay que atender infinidad de detalles. El éxito de toda comida depende de la organización que se haga, tomando en consideración todos los detalles que merecen atención. ¿Cuenta con servicio que ayude? Creo son pocas las dueñas de casa que aún conservan una buena criada, ya que las empleadas domésticas pertenecen al pasado. Como el ama de casa tendrá que hacerlo todo, lo mejor es sentarse con libreta y lápiz a poner por escrito el orden del trabajo, los detalles de cada tarea y cuando debe hacerse cada cosa, esto es, planificar la comida, empezando por escribir el menú que ha escogido hasta la lista de los invitados. La iniciativa del ama de casa la ayudará, pues hay muchos medios o recursos que puede emplear para simplificar el trabajo. Es bueno hacer un repaso de las facilidades con que cuenta, por ejemplo:

1. Vajilla, cristalería, cubiertos, etc., las piezas necesarias de acuerdo con el menú y el número de invitados.

2. Utensilios de cocina de tamaño adecuado para la cantidad de alimentos que se van a preparar.

3. Espacio en la nevera y el congelador para guardar ciertos alimentos como ensaladas, postres o lo que se prepare el día anterior.

4. Tamaño del horno y de los moldes que pueden ponerse a la vez, por ejemplo, dos moldes rectangulares o dos o tres redondos, y así economizar espacio y tiempo.

5. Saber que los cuchillos de cocina cortan y cogen filo, si tiene escudillas grandes, cucharas de mezclar de mango largo, etcétera.

6. Cuantas raciones de bizcocho pueden obtenerse de cada molde, de acuerdo a su tamaño, por ejemplo, del molde de brazo gitano se obtienen 16 raciones; del molde de pastel (pie) de 9" de diámetro, 6 raciones.

Raciones uniformes

No es fácil la tarea de servir y de servir a cada persona igual cantidad, es decir, raciones uniformes. Cuando hay que servir a muchas personas con rapidez es necesario buscar el modo de hacerlo y así economizar trabajo y tiempo.

El uso de moldes individuales y cucharas y cucharones de servir de cierta capacidad facilita en esta tarea. Veamos algunos otros:

Cazuelitas de barro de tamaño variado se usan para servir asopao, espaguetis, arroz con pollo, etcétera.

Moldes individuales de 3 a 4 onzas, de los que se usan para flan, se utilizan para las ensaladas heladas que luego se sacan con facilidad para servirlas. Éstas se pueden preparar el día anterior y guardarse en la nevera.

Uso de cucharones de los de servir helados para servir arroz, papa majada, cóctel de frutas, ensalada mixta, ensalada de papas, hortalizas a la crema, guisantes, etc. El tamaño de los cucharones es por número:

		Raciones por litro
Núm.	10	7 - 8
	12	7 - 10
	16	10 - 13
	20	14 - 17
	24	17 - 20
	30	21 - 25

Uso de moldes que se sabe su capacidad y número de raciones que se obtienen, por ejemplo:

	Tamaño	N.° de raciones
Molde de pastel (pie)	9" diámetro	6 raciones
Molde de brazo gitano	17" x 11" x 1"	16 raciones
Molde de pan	8½" x 4½" x 3"	8 a 10 raciones

Para los pasteles, hayacas y empanadas de yuca se mide la cantidad de masa por cucharones, así como el relleno. Al extender la masa, a lo largo y ancho de la hoja, con la ayuda de un papel cortado con las dimensiones del pastel terminado, todos los pasteles tendrán el mismo largo y ancho, y serán uniformes. Hay personas que lo hacen a ojo, y unos pasteles quedan más grandes y gruesos y otros más pequeños. No obstante, hay un tamaño que podríamos decir tiene la aceptación general como, por ejemplo:

Pasteles   6" de largo y 2½" de ancho
Hayacas   6" de largo y 3" de ancho
Empanadas 8" de largo y 2½" de ancho

Para marcar los pastelillos se usan platillos de diferentes diámetros. Por lo general, los pastelillos para servir con cócteles son de 3½ pulgadas de diámetro y para almuerzos son de 5¼ pulgadas de diámetro, éstos son tamaños aceptables.

Lo ideal para cortar pastelillos son unos aros o círculos de hojalata, de diferentes diámetros que al mismo tiempo que marcan, cortan la masa.

Además de las recomendaciones que ofrecemos, el ama de casa utilizará otros recursos a su alcance para festejar sus amistades con sencillez, elegancia y sin dar muestras de agotamiento. El esfuerzo que ella ponga se verá recompensado con el reconocimiento y grata compañía de sus invitados con quienes ella comparte lo que tiene y lo ofrece con cariño y sinceridad.

Platos principales

FILETE MIGNON
42 raciones

15 libras de filete
2 libras de tocineta
3 cucharadas de sal

6 cucharadas de aceite
5 dientes de ajo machacados

Limpie el filete y parta en pedazos como de 5 onzas. Mezcle el ajo con la sal y añada el aceite, y adobe. Vierta sobre la carne el adobo que le quede. Envuelva cada pedazo de filete en una lonja de tocineta y afirme con un palillo de dientes. Coloque en la parrilla superior del asador (broiler) y cueza por 10 ó 15 minutos.

BISTEC REBOZADO
50 raciones

15 libras de lomillo
½ cabeza de ajo machacado
6 cucharadas de sal

12 huevos batidos
1½ libras de pan rallado
2 libras de manteca (para freír)

Limpie el lomillo. Corte a través, en ruedas y machaque un poco para extenderlo. Adobe con el ajo y la sal. Deje reposar por unas horas, hasta el momento de freír. Bata los huevos, añada sal a gusto. Sumerja los bistecs en el huevo y luego en el pan rallado. Fría. Escurra sobre papel absorbente.

CARNE MECHADA
30 raciones de 2 ruedas

12 libras de lechón de mechar
1 libra de jamón en lonjas
¼ libra de cebollas picadas
1⅓ cucharadas de sal
3 cucharadas de sal

4 dientes de ajo machacados
1 libra de tocino en lonjas
4 cucharadas de vinagre
¾ libra de manteca

Introduzca un cuchillo de mondar en los lados opuestos de lechón y meche con lonjas de jamón y tocino y un poco de sal. Adobe la carne con la cebolla, la sal, el ajo y el vinagre. Caliente la manteca y dore la carne, agregue agua hasta cubrir la mitad del lechón, tape y cueza a fuego lento hasta que la carne esté blanda y parte del agua se haya gastado y la salsa esté espesa. Si desea, se le añade papas partidas media hora antes de retirarla del fuego.

ROLLO DE CARNE
40 raciones de 4 rollos

4 libras de carne de cerdo molida
4 libras de carne de res molida
2 libras de jamón molido
2 tazas de galletas molida

Sal a gusto
1 cucharadita de pimienta
1 cucharadita de nuez moscada
14 huevos

Mezcle bien las carnes. Añada los huevos, sin batir, uno a uno, y revuelva para que se unan bien. Sazone con sal, pimienta y nuez moscada. Divida la carne en cuatro partes iguales y déle forma de rollo. Pase por galleta molida. Sofría para dorarlo. Coloque en un molde y cueza en horno de calor moderado (350°F) de 30 a 45 minutos.

PERNIL DE TERNERA MECHADO
30 raciones

1 pernil de 9 ó 10 libras
4 cucharadas de sal
2 cucharaditas de pimienta en polvo
2 cucharaditas de orégano molido
4 dientes de ajo machacados
4 libras de papas

¼ taza de vinagre
6 huevos duros, picados
½ libra de jamón partido
½ libra de tocineta partida
½ libra de manteca
2 tazas de agua caliente

Mezcle la sal, la pimienta, el orégano, los ajos y el vinagre, adobe el pernil unas horas antes o el día anterior. Con un cuchillo fino haga unos cortes y adobe, e introduzca el jamón, los huevos y la tocineta. Caliente la manteca y dore. Añada el agua poco a poco y cueza a fuego lento por una hora. Eche un poco más de agua y sal a gusto, y añada las papas. Retire del fuego cuando las papas estén blandas.

ALBÓNDIGAS
40 albóndigas de 2 onzas

4 libras de babilla molida
1 libra de jamón molido
2 libras de cebollas picadas
½ libra de pan sin corteza
1 libra de manteca

1 cucharadita de nuez moscada
4 cucharadas de sal
8 huevos batidos
2 tazas de harina

Humedezca el pan y mezcle con la carne y el jamón. Añada la cebolla, la nuez moscada, la sal y los huevos batidos y mezcle bien. Mida la carne con un cucharón de dos onzas y forme las albóndigas. Envuelva en harina y fría a fuego lento.

CANELONES

25 raciones de 3 a 4 canelones

Salsa para los canelones
2 cebollas partidas
½ taza de aceite
2 cucharaditas de sal
1 lata de 28 oz de tomates al natural

3 dientes de ajo machacados
3 hojas de laurel
2 cucharaditas de azúcar
1 cucharadita de pimienta

Fría la cebolla en el aceite. Añada los demás ingredientes y cueza a fuego lento hasta que espese, como por media hora. Retire del fuego y cuele.

2 cajas de canelones de 1 libra
8 litros de agua
4 cucharadas de sal
6 cucharadas de manteca
3 libras de carne de cerdo molida

1 libra de jamón molido
6 cebollas partidas
1½ cucharaditas de pimienta
2 cucharadas de sal
½ libra de queso parmesano

Hierva los canelones con manteca y sal. Retire del fuego, cuando estén un poco blandos. Mezcle la carne de cerdo con el jamón, la cebolla, la pimienta y la sal. Cueza a fuego lento por varios minutos, agregue 6 cucharadas de queso y revuelva, y retire del fuego. Saque los canelones del agua según los vaya a rellenar, dos o tres a la vez, escurra y rellene. Ponga una camada de canelones en un molde engrasado, vierta encima un poco de la salsa y espolvoree con queso. Repita hasta llenar el molde. Cueza en horno de calor moderado por 20 minutos. Use 3 moldes 15¾" x 10" x 2".

PASTELES DE PLÁTANO

70 pasteles

15 plátanos rallados
5 libras de yautía blanca rallada
1½ tazas de leche evaporada
2 cucharadas de sal
½ taza de manteca con achiote
5 libras de carne de cerdo
½ libra de tomates
½ libra de pimientos verdes
1 libra de cebollas
10 mazos de hojas de plátano

1 libra de jamón ahumado
½ libra de tocino
2 tazas de aceitunas
1/3 taza de alcaparras
3 hojas de cilantro
3 ramitas de perejil
1 libra de garbanzos cocidos
1 libra de pasas
Manteca
Cordón para amarrar

Mezcle los plátanos y la yautía; añada la sal y la manteca con achiote. Agregue la leche para que ablande un poco. Cubra y deje en reposo. Parta en pedacitos los tomates, los pimientos, las cebollas, el jamón, el tocino y la carne. Pique el cilantro y el perejil, y agregue la carne. Sofría por unos minutos, añada media taza de agua caliente y cueza a fuego lento por media hora. Cinco minutos antes de retirar la carne del fuego, añada las aceitunas, las alcaparras, las pasas y los garbanzos. Limpie las hojas de plátano y corte en pedazos rectangulares. Engrase cada hoja y eche ¼ de taza de masa, y extienda en forma rectangular. Ponga encima de la masa hacia un lado y de un extremo a otro, dos cucharadas de relleno. Doble la hoja a lo largo, envuelva sin apretar, y doble los extremos de la hoja hacia abajo; ponga los pasteles de dos en dos con el doblez hacia adentro y amarre. Hierva en agua con sal por 30 minutos. Saque del agua, escurra y sirva sobre un pedazo de la hoja.

EMPANADAS DE YUCA
70 empanadas 8 x 2½"

22 libras de yuca
3 tazas de manteca con achiote
10 cucharadas de sal
4 tazas de leche
8 libras de carne de cerdo
1 libra de jamón
1½ libras de cebollas

12 onzas de pimientos
2 libras de tomates
½ taza de alcaparras
1 taza de aceitunas
Sal a gusto
13 paquetes de hojas de plátano
½ libra de tocino

Ralle la yuca y lave para quitarle un poco del almidón. Sazone con sal y añada la manteca con achiote. Ablande con la leche. Parta la carne y demás ingredientes en pedazos pequeños, y prepare igual que el relleno para pasteles. Extienda tres cucharadas de la masa sobre un pedazo de hoja de plátano en forma rectangular. Ponga 2 cucharadas de carne en el centro y hacia un lado, y doble la hoja de modo que la carne quede cubierta con la masa, déle otro doblez a la hoja. La empanada queda como 8 pulgadas de largo por 2½ de ancho. Ponga sobre una placa de hornear con el doblez hacia abajo y cueza en horno de calor moderado (350°F) por 40 minutos.

PASTELILLOS DE QUESO
80 pastelillos 4" diámetro

2 libras de harina de trigo
1 cucharada de sal
1 libra de queso parmesano rallado
¼ libra de manteca

2 huevos batidos
2½ tazas de leche
4 libras de manteca para freír

Cierna juntos la harina y la sal. Agregue la manteca cortándola con dos cuchillos hasta que quede reducida a granos pequeños. Mezcle la leche y el huevo, y añada a la harina poco a poco para formar una masa blanda y seca. Extienda un poco de la masa con el rodillo hasta que tenga ⅛ de pulgada de grueso. Corte en círculos con un platillo de 4 pulgadas de diámetro. Eche una cucharadita de queso sobre un lado de cada círculo. Humedezca las orillas y doble en dos, afirme las orillas con un tenedor. Fría en manteca caliente y escurra sobre papel absorbente.

CROQUETAS DE QUESO

50 croquetas

¾ taza de mantequilla
1 taza de harina
4 tazas de leche
8 yemas de huevos
Polvo de galletas

4 tazas de queso americano partido
   en pedacitos pequeños
2 tazas de queso parmesano rallado
Sal y pimienta a gusto

Derrita la mantequilla, añada la harina y la leche, y mueva hasta que espese y la harina éste cocida. Añada las yemas de huevo sin batirlas y revuelva bien para que todo quede unido. Agregue el queso rallado, retire del fuego y añada el queso partido. Sazone con la sal y la pimienta. Extienda la masa en un molde llano para que se enfríe. Forme bolitas, envuélvalas en polvo de galleta. Fría en manteca caliente y póngalas sobre papel absorbente para que escurran la manteca.

ARROZ CON POLLO

50 raciones

16 libras de pollo
12 granos de ajo machacados
1 cucharada de pimienta molida
2 cucharadas de orégano en polvo
6 cucharadas de sal
3 libras de tomate partido
½ libra de manteca
2½ tazas de aceitunas
½ taza de alcaparras

10 libras de arroz
5 litros de agua
6 cucharadas de sal
2 cucharadas de manteca con achiote
6 onzas de pimientos verdes partidos
¾ libra de cebolla partida
2 latas de 8 oz pimientos morrones
2 latas de 15 oz de guisantes

Parta el pollo en presas y adobe con los ajos, la pimienta, el orégano y la sal. Prepare un sofrito con los tomates, pimientos verdes, cebolla y la manteca. Añada el pollo y cueza a fuego lento por ½ hora. Agregue el arroz al sofrito y la manteca con achiote, y revuelva bien. Añada el agua y la sal, y cueza a fuego bajo, y destapado hasta que toda el agua se haya evaporado. Revuelva y tape. Antes de retirarlo del fuego revuelva dos o tres veces. Sirva adornado con guisantes y pimientos morrones.

PAELLA VALENCIANA

30 raciones

6 libras de pollo partido en presas
2 cucharadas de sal
4 tazas de aceite
4 onzas de tocino partido
1 libra de habichuelas tiernas partidas
6 dientes de ajo
6 litros de agua
2 cucharadas de pasta de tomate
4 alcachofas partidas

½ cucharadita de azafrán[1]
6 tomates partidos
12 almejas
1 lata n.° 2 de guisantes
1 cucharadita de pimentón
Sal a gusto
6 libras de arroz
1 lata de 8 onzas de pimientos morrones

Adobe con sal las presas de pollo. Caliente el aceite y sofría el pollo con el tocino para dorarlo. Añada las habichuelas tiernas y el ajo. Revuelva y agregue el agua, la pasta de tomate, el azafrán, los tomates, las alcachofas, las almejas, los guisantes y el pimentón, y sal a gusto. Agregue el arroz y mueva una sola vez. Cuando eche el arroz el agua debe estar hirviendo a borbotones y debe continuar hirviendo uniformemente. Deje cocer a fuego vivo, destapado y sin moverlo hasta que seque. Sirva adornado con pimientos morrones.

Nota: Puede echarse conejo en lugar de pollo y añadirse marisco como calamares, langostas, etc. Se hace en una paellera, utensilio de hierro redondo con dos asas llano, parecido a la sartén pero un poco más hondo.

1 El azafrán es el estigma de la flor del azafrán. Es de color rojo anaranjado. Se tuesta en una tapa sobre vapor y se pulveriza para echarlo a la paella.

ESPAGUETI CON POLLO

25 raciones de ¾ a 1 taza

6½ libras de pollo
3 cucharadas de sal
¾ cucharadita de pimienta
3 dientes de ajo machacados
1½ tazas de aceite
¾ libra de cebollas picadas
6 cucharadas de manteca

6 pimientos maduros picados
3 dientes de ajo machacados
3 hojas de laurel
3 tazas de salsa de tomate
3½ libras de espagueti
3 cucharadas de sal

Parta el pollo en presas y adobe con la sal y la pimienta. Dore en el aceite. Añada las cebollas, los pimientos, los ajos, las hojas de laurel y la salsa de tomate. Cueza a fuego lento, tapado, hasta que el pollo esté bastante blando. Hierva los espaguetis, añada la sal y la manteca para que no se peguen. Cuando estén un poco blandos escurra y agregue el pollo. Cueza por cinco minutos y retire del fuego. Sirva con queso parmesano por encima.

BUDÍN DE SALMÓN
50 raciones

12 tazas de salmón desmenuzado
1½ tazas de leche
3 cucharaditas de sal
6 tazas de migas de pan

¾ taza de queso de Holanda rallado
2 cucharadas de mantequilla
Pimienta a gusto
12 huevos batidos

Se mezclan todos los ingredientes y se echa en moldes de pan engrasado. Cueza en horno de calor moderado (350°F) por 40 minutos hasta que esté firme.

SUFLÉ DE PESCADO
35 raciones

1 taza de mantequilla
3 tazas de harina de trigo
1⅓ cucharadas de sal
1 litro de agua hirviendo
1 litro de leche

½ taza de perejil picado
¼ taza jugo de cebolla
3 litros pescado hervido desmenuzado
2 docenas de huevos
3 tazas migas de pan

Derrita la mantequilla. Añada la harina y la sal, revuelva para mezclarlo bien, eche el agua, y cueza hasta que la salsa comience a espesar, entonces añada la leche. Continúe cociendo en baño de María, hasta que espese. Añada las migas de pan, perejil, jugo de cebolla y el pescado. Bata las yemas y agregue luego las claras batidas a punto de merengue. Vierta en el molde y coloque dentro de otro molde con agua caliente. Cueza en horno a 325°F como por hora y cuarto.

JAMÓN CON PIÑA
25 a 30 raciones

1 jamón de 7 a 8 libras
1 libra de azúcar mascabado

Clavos de especia
8 ruedas de piña (1 lata de 20 oz)

Deje deshelar el jamón, saque de la lata y quite un poco de la grasa de los lados. Coloque en un molde llano de budín. Cubra con azúcar por todos lados. Vierta el jugo que trae la piña en el molde. Cueza en horno a 350°F por 30 minutos. Como 10 minutos antes de sacar del horno, haga sobre la superficie del jamón líneas oblicuas en ambas direcciones y entierre los clavos donde se cruzan las líneas. Cubra los lados del jamón con ruedas y medias ruedas de piña. Afirme con palillos para que no se caigan. Deje en el horno si es necesario unos minutos más.

Ensaladas

ENSALADA DE PAPAS
30 raciones

10 libras de papas hervidas
2 tazas salsa francesa
1 taza de cebollas picadas
½ taza de pimientos verdes picados

½ taza de perejil picado
Pimentón
Lechuga

Parta las papas en cuadritos y añada la salsa francesa. Revuelva y añada los demás ingredientes. Sirva fría sobre hojas de lechuga. Adorne con pimentón o aceitunas o pepinillos para darle color.

ENSALADA MIXTA
50 raciones. Cucharón n.° 12

5½ libras de tomates
5 mazos de zanahorias
4½ libras de repollo
¾ taza de aceite

½ taza de vinagre
2½ cucharadas de sal
1 cucharadita de pimienta

Lave las hortalizas. Parta los tomates y zanahorias en pedazos pequeños. Parta el repollo bien fino. Mezcle el aceite, el vinagre, la sal y la pimienta. Añada a las hortalizas y revuelva. Sirva frío.

ENSALADA DE SALMÓN
80 raciones

12 latas de salmón de 1 libra
12 pepinillos partidos
2 tazas pepinillos dulces encurtido

2 tazas salsa francesa
1 taza de mayonesa
Lechuga

Desmenuce el salmón y añada los pepinillos. Añada la salsa francesa y mezcle. Deje reposar. Sirva sobre lechuga y adorne con salsa mayonesa y pimientos morrones.

ENSALADA DE SALMÓN Y PAPAS

25 raciones. Cucharón n.° 12

3 latas de 1 libra de salmón
12 huevos hervidos duros
8 libras de papas hervidas
1 taza de salsa francesa

1 taza de mayonesa
2 mazos de lechuga
1 lata de pimientos morrones
de 8 onzas

Parta las papas y los huevos en cuadritos. Desmenuce el salmón. Mezcle las papas, el salmón y los huevos. Añada la salsa francesa, y revuelva. Guarde hasta el momento de usarla. Cuando vaya a servirla añada la mayonesa, y mezcle bien. Sirva sobre hojas de lechuga, adornada con pimientos morrones.

ENSALADA DE ATÚN

50 raciones. Cucharón n.° 12

7 latas 14 onzas de atún
½ libra de apio americano
1 libra de col
1 libra de pepinillos encurtidos dulces

1 taza de mayonesa
1 onza de perejil picado
2 latas de 15 oz de guisantes
5 cabezas de lechuga americana

Desmenuce el atún. Parta en pedacitos el apio, la col y los pepinillos. Mezcle todo con los guisantes. Añada la mayonesa. Sirva sobre hojas de lechuga y adorne con el perejil.

Nota: Si desea sustituya los pepinillos encurtidos por manzanas, y la col por pepinillos.

ENSALADA CALIENTE DE PAPAS

40 raciones

13 libras de papas
Sal
Pimienta
6 limones rebanados

1 taza perejil picado
1½ tazas vinagre
1½ tazas de aceite de oliva

Hierva las papas en agua con sal hasta que estén blandas. Deje enfriar, remueva la cáscara y pártalas en rebanadas bien finas. Cubra el fondo del molde con papas, espolvoréele sal, pimienta y perejil. Mezcle el aceite y el vinagre, y añádale los limones, ponga al fuego hasta que hierva. Eche sobre las papas, tape y ponga al horno hasta que esté bien caliente. Sirva.

Ensaladas heladas

Para las ensaladas heladas se usa la gelatina sin sabor que se vende en cajitas de 4 sobres, cada sobre contiene una cucharada de gelatina y los 4 sobres pesan una onza. Esto es suficiente para 20 raciones de ensalada de 3 onzas cada una.

La ventaja de las ensaladas heladas de hortalizas o frutas es que pueden prepararse el día anterior y conservar en la nevera hasta el momento de servirlas.

Pueden hacerse muchas combinaciones de hortalizas y frutas. Las hortalizas, algunas cocidas y otras crudas, y las frutas, pueden utilizarse las del país y algunas en conserva o frescas de las importadas. Para dar mejor sabor a las ensaladas de frutas, puede sustituirse parte del agua por jugo de frutas. Si se usan frutas ácidas como piña, disminuya parte del agua.

Engrase con aceite el molde individual, y la ensalada sale con facilidad, sólo moviendo el molde.

ENSALADA DE FRUTAS HELADA
50 raciones

2 onzas de gelatina
2 tazas de agua fría
6 tazas de agua caliente
6 tazas de jugo de frutas

1 taza jugo de limón
2 tazas de azúcar
8 tazas de frutas[2]

Eche la gelatina en el agua fría; cuando haya absorbido toda el agua, disuelva con el agua caliente. Añada el jugo de frutas y azúcar a gusto. Deje enfriar y, cuando comience a helarse, añada las frutas; revuelva y eche en moldes individuales. Ponga en la nevera.

[2] Cualquier combinación de frutas como: guineos, piñas, mangós, guayabas, papaya, etc. o frutas en conserva combinadas con las frutas del país.

ENSALADA DE HORTALIZAS
50 raciones

2 onzas de gelatina
4 tazas de agua fría
11 tazas de agua caliente
4 cucharaditas de sal
2 libras de pepinillos partidos

4 onzas de pimientos morrones partidos
4 tazas de habichuelas tiernas
   cocidas partidas
2 tazas de tomates partidos

Eche la gelatina en el agua fría, cuando haya absorbido toda el agua disuelva con el agua caliente, y deje enfriar. Mezcle las hortalizas con la sal. Cuando la gelatina comience a endurecer añada las hortalizas y revuelva. Eche en moldes individuales. Ponga en la nevera.

Emparedados

EMPAREDADOS DE POLLO
200 emparedados

2 tazas de mayonesa
20 libras de pan especial
25 libras de pollo picado

Sal a gusto
1 libra de almendras picadas

Adobe el pollo y cueza en horno de calor moderado (300°F) en un asador tapado, como por 2 horas, hasta que el pollo esté blando. Reserve el caldo que soltó el pollo. Deje enfriar, separe la carne del hueso y corte en pedazos pequeños, preferible con unas tijeras de cocina. Añada las almendras, el caldo y la mayonesa al pollo. No debe quedar muy blando, así es que use sólo el caldo necesario. Extienda sobre las ruedas de pan, cubra con otra rueda y quite las orillas. Para fiestas corte cada emparedado en cuatro, ya sea en forma de cuadros o triángulos. Cubra con un paño húmedo hasta el momento de servirlo.

EMPAREDADOS DE JAMÓN Y QUESO
50 emparedados

1 libra de jamón hervido
1 libra de queso americano
6 bollos de pan especial

4½ onzas de aceitunas
1 taza "Sandwich Spread"
1 lata 4 onzas pimientos morrones

Muela el jamón, el queso, las aceitunas y los pimientos. Añada el "Sandwich Spread" y mezcle bien.

EMPAREDADOS DE HÍGADO Y HUEVO
50 emparedados

2 libras de hígado
2 cucharadas de sal
6 huevos duros picados
1 taza de leche evaporada en polvo

4 onzas de cebollas ralladas
1 cucharadita de pimienta
6 bollos de pan especial
1 cucharadita de mostaza

Cueza el hígado en fuego moderado en agua con sal por 30 minutos o hasta que ablande. Deje enfriar y muela usando la cuchilla más fina de la máquina. Añada los demás ingredientes, excepto la leche. Mezcle bien y agregue la leche poco a poco para ablandar el relleno para que se pueda extender.

EMPAREDADOS DE TOMATE Y TOCINETA
25 emparedados

1 libra de tocineta
4 libras de tomates picados

1 taza salsa mayonesa

Parta la tocineta en pedazos bien pequeños y fríala. Escúrrala y mézclela con el tomate y la mayonesa.

EMPAREDADOS DE PASAS Y MANÍ
50 emparedados

2½ libras de pasas sin semilla
1½ libras mantequilla de maní
6 bollos de pan especial

4 cucharadas jugo de limón
Leche evaporada
1 cucharadita de sal

Muela las pasas, usando la cuchilla más fina de la máquina de moler. Añada la mantequilla de maní, el jugo de limón y la sal. Mezcle bien y añada, si es necesario, un poco de leche para ablandar el relleno y poderlo extender.

Postres

BIZCOCHO DE FRUTAS
40 a 50 raciones

¾ libra de mantequilla
1¾ libras de azúcar
1 cucharada de agua
2 cucharaditas de soda
2 tazas de leche
1½ libras de harina de trigo
6 yemas batidas
2 cucharaditas de canela en polvo

¾ taza de jugo de uvas
1 libra de pasas de Corinto
½ libra de cidra abrillantada picada
¼ libra de cerezas abrillantadas picadas
½ libra de nueces picadas
1 cucharadita de clavos de especia
  en polvo
6 claras batidas

Bata la mantequilla con el azúcar. Disuelva la soda en el agua, mezcle con la leche y añada a la mantequilla. Cierna la harina junto con las especies y agregue a la mantequilla. Añada las yemas una a una y luego las claras batidas a punto de merengue. Agregue el jugo de uvas. Añada las frutas al batido, revuelva bien para unirlo. Cueza por media hora en horno de calor moderado (350°F) de hora y media a dos horas. Se necesitan 2 moldes redondos de tubo (9¾" de ancho por 3" de alto y 1 molde para pan rectangular de 8¼" x 4½" x 1½").

BIZCOCHO AL REVÉS

48 a 60 raciones

6 cucharadas de mantequilla
3 tazas de azúcar

2 latas de 20 oz de piña en ruedas
Ciruelas secas sin semillas

Derrita la mantequilla en un molde cuadrado o rectangular llano. Eche el azúcar y mueva hasta que el azúcar se disuelva. Coloque las ruedas de piña y ciruelas sobre el caramelo, y vierta encima la masa del bizcocho.

2¼ tazas de mantequilla
4½ tazas de azúcar
9 yemas batidas
9 tazas de harina de trigo

3 tazas de leche
1½ cucharadas de vainilla
9 claras de huevo a punto de merengue
3½ cucharadas de polvo de hornear

Bata la mantequilla y añada el azúcar poco a poco, cuando esté como crema agregue las yemas. Cierna y mezcle la harina, la sal, el polvo de hornear e incorpore a la mantequilla alternando con la leche. Agregue la vainilla. Añada las claras y mezcle bien. Vierta en el molde sobre las frutas y cueza en horno de calor moderado (350°F) por 30 minutos.

BIZCOCHO DE CHOCOLATE

48 raciones 3" x 2"

2¼ tazas de leche
1 cucharada de vinagre
2 tazas de mantequilla
5¼ tazas de azúcar
6 huevos

6 onzas de chocolate amargo derretido
7½ tazas de harina de trigo
1½ cucharadas de soda
1 cucharada de vainilla
Pizca de sal

Añada el vinagre a la leche poco a poco y deje en reposo por media hora. Bata la mantequilla, agregue el azúcar, los huevos uno a uno y la vainilla. Enfríe el chocolate y añada a la mantequilla. Cierna la harina con la soda y la pizca de sal, y eche a la mantequilla alternando con la leche. Vierta en un molde llano engrasado y cueza en horno de calor moderado (350°F) de 25 a 30 minutos. Deje el molde y prepare lo siguiente:

2 claras batidas
1 taza de azúcar mascabado

⅛ cucharadita de crémor tártaro

Mezcle todos los ingredientes bien y extienda sobre el bizcocho con una espátula. Espolvoree con nueces o almendras partidas. Vuelva a poner en el horno por pocos minutos hasta que el merengue endurezca un poco.

BIZCOCHO ESPONJOSO

50 a 60 raciones

2 docenas de claras batidas
2 docenas de yemas batidas
6 tazas de azúcar

Ralladura de limón
6 tazas de harina de trigo cernida

Bata las claras a punto de merengue y añada las yemas y bata de nuevo. Agregue el azúcar y continúe batiendo. Luego añada la harina revolviendo de arriba hacia abajo hasta que los ingredientes estén bien mezclados, y en seguida eche en un molde llano y cueza en horno de calor moderado (350°F) durante 40 minutos

BIENMESABE

34 raciones de 2 onzas

3 libras de azúcar
3 tazas de agua
3 cocos rallados

1 taza de agua tibia
12 yemas de huevos
3 rajas de canela

Prepare un almíbar espeso con el azúcar y el agua. Deje enfriar. Añada el agua tibia al coco y extraiga la leche. Bata las yemas y añada la leche de coco y las rajas de canela, luego le agrega el almíbar. Cuele. Cueza en baño de María hasta que espese un poco. Enfríe, vierta sobre el bizcocho.

BIZCOCHITOS CON SALSA DE CHOCOLATE

25 raciones

½ taza de mantequilla
1½ tazas de azúcar
2 huevos batidos
2 tazas de leche

4½ tazas de harina de trigo
3 cucharadas de polvo de hornear
1 cucharadita de sal

Ablande la mantequilla y añada el azúcar poco a poco. Bata un poco y agregue el huevo. Cierna juntos la harina, la sal y el polvo de hornear. Añada a la mantequilla alternando con la leche. Eche en moldes individuales, engrasados. Cueza en horno de calor moderado por 30 minutos, o hasta que al introducir un palillo, éste salga limpio. Enfríe. Sirva con salsa de chocolate por encima.

SALSA DE CHOCOLATE
50 raciones

3 litros de leche
½ taza de maicena

¾ de libra de chocolate amargo derretido
4 tazas de azúcar

Mezcle la maicena y la leche, y cueza en baño de María por unos minutos. Añada el chocolate y el azúcar. Cueza hasta que espese un poco.

Nota: Si se usa chocolate dulce se disminuye el azúcar.

FLAN
55 a 60 flanes de ½ taza

3½ litros de leche
4½ tazas de azúcar
7½ tazas de azúcar (para el caramelo)

30 huevos
2 cucharadas de vainilla
Sal a gusto

Bata un poco los huevos enteros con un tenedor. Mezcle la leche con las 4½ tazas de azúcar y añada a los huevos. Añada la vainilla y la sal. Cuele. Prepare el caramelo, vierta en los moldes suficientes para cubrir el fondo y los lados. Eche como ½ taza de la mezcla. Coloque los moldes de flan dentro de un molde llano con un poco de agua caliente. Cueza en horno de calor moderado (350°F) por una hora.

TEMBLEQUE
50 raciones

8 litros de leche de coco
4 cucharaditas de sal

4 tazas de maicena
8 tazas de azúcar

Mezcle la maicena con la sal y el azúcar, y añádale la leche de coco. Cueza en baño de María o a fuego lento moviendo para que no se empelote. Retire del fuego cuando esté cocido. Eche en moldes para flan, humedezca el molde. Cuando enfríe, sirva en un platillo y espolvoree con canela.

CREMA
40 raciones

12 yemas
4¾ tazas de azúcar
1 cucharada de sal
2¼ tazas maicena

5¼ litros de leche
Cáscara de 2 limones
12 claras
1½ tazas de azúcar

Bata las yemas con el azúcar, y añada la sal y la maicena. Agregue la leche poco a poco a las yemas y la cáscara de limón. Cueza a fuego lento moviendo constantemente. Cuando haya cuajado vierta en platillos hondos. Bata las claras a punto de merengue, añada el azúcar y adorne la crema. Si prefiere espolvoree con canela en polvo.

ARROZ CON COCO
50 raciones

4 tazas de arroz
6 litros de leche de coco
 (de 8 cocos grandes)
4 tazas de azúcar
4 pedacitos de jengibre machacados

1 cucharadita de clavos de especia
4 tazas de pasas
Canela en raja
4 cucharadas de sal

Ponga el arroz en agua por dos o tres horas. En 2 tazas de leche hierva el jengibre, la canela y los clavos. Cuele la leche, añada el resto de la leche y el arroz, e hierva hasta que el arroz esté bastante blando. Añada el azúcar, baje el fuego. Agregue las pasas y cueza a fuego lento. Sirva y espolvoree con canela en polvo.

Helados y refrescos

HELADO DE GUINEO
35 raciones. Cucharón n.° 12

5 tazas de guineo majado
2½ tazas de jugo de china

5 tazas de leche fría
3⅛ tazas de azúcar

Añada el jugo de china al guineo, cuele y deje en reposo en la nevera por ½ hora. Añada el azúcar y la leche. Cuaje en la sorbetera.

HELADO DE LIMÓN
35 raciones. Cucharón n° 12

1 taza de jugo de limón
4 tazas de leche evaporada sin diluir
4 latas de azúcar

4 tazas de leche de vaca
25 libras de hielo
4 libras de sal en grano

Mezcle el jugo de limón con el azúcar y ponga a enfriar en la nevera. Mezcle las leches y enfríe también. Añada el jugo de limón a la leche poco a poco. Cuaje en la sorbetera.

HELADO DE GUAYABA
25 raciones. Cucharón n.° 12

9 libras de Guayabas (5 tazas pulpa)
10 tazas de agua
6 tazas de azúcar

1 cucharadita de sal
25 libras de hielo
4 libras de sal en grano

Saque la pulpa de la guayaba y pase por un cedazo. Añada el agua, el azúcar y la sal. Coloque el líquido en una sorbetera y cuaje.

HELADO DE JENGIBRE

25 raciones. Cucharón n.° 12

6 onzas de jengibre
¾ litro de agua
3 litros de leche evaporada

2¼ libras de azúcar
4 libras de sal en grano
25 libras de hielo picado

Lave y machaque el jengibre. Hierva en el agua por 7 u 8 minutos. Cuele, enfríe y añada al agua ¾ de taza de leche. Agregue la leche evaporada y el azúcar al jengibre. Vierta en la sorbetera y cuaje.

MANTECADO DE MELOCOTONES

35 raciones

1½ litros de leche de vaca
2 latas de leche evaporada de 14½ onzas
8 huevos
2 tazas de azúcar

1 cucharadita de sal
2 latas de 8 oz de melocotones
30 libras de hielo
5 libras de sal en grano

Bata los huevos, añada el azúcar y la leche. Cueza en baño de María como por 5 minutos, moviendo constantemente hasta obtener una crema rala. Enfríe. Agregue la sal y los melocotones partidos y el almíbar. Cuaje en la sorbetera.

Nota: Puede sustituir los melocotones por fresas congeladas o añadirle picadillo de varias frutas del país.

PONCHE CHINAS Y GINGER ALE

54 litros

21 litros de jugo de china
2 litros de jugo de limón
6 litros de agua

25 libras de azúcar
24 botellas de 12 onzas de "ginger ale"

Mezcle el azúcar en 6 litros de agua, y caliente para disolver el azúcar. Enfríe. Añada los jugos y el "ginger ale" en el momento de servirlo.

PONCHE DE FRUTAS

80 raciones de 4 onzas

6 tazas de jugo de uva
6 tazas de jugo de manzana
3 tazas de jugo de toronja

3 tazas de jugo de limón
Azúcar a gusto
12 tazas de agua de soda

Mezcle los jugos. Sazone a gusto. Vierta en la bulera sobre bastante hielo picado. Añada el agua de soda minutos antes de servirlo.

Bebidas alcohólicas

PONCHE DE CHINA
40 raciones

7 tazas jugo de china
2½ tazas ron de Puerto Rico
2½ tazas de sirop

5 tazas agua de soda
Ruedas de china y limón
Cerezas

Mezcle los ingredientes en el orden que aparecen. Sírvalo con hielo picado y adorne con las ruedas de china, limón y cerezas.

PONCHE DE RON
20 raciones

2 tazas de ron
20 cerezas
1 taza jugo de piña
½ taza de azúcar

4 tazas de agua de soda
Hielo picado
Ruedas de limón
Cuadritos de piña

Mezcle el ron con el jugo, el azúcar y las cerezas. Cuando vaya a servirlo añada el agua de soda y el hielo. Adorne con el limón y la piña.

PONCHE DE NAVIDAD I
10 a 12 raciones

5 yemas de huevo
½ taza de azúcar
2 cucharadas crema de cacao

1⅔ tazas de leche evaporada sin diluir
¾ taza de ron

Bata las yemas, añada el azúcar, la crema de cacao, la leche y el ron. Mezcle bien y cuele. Ponga en botellas y guarde en la nevera. Sirva bien frío y espolvoree canela por encima.

PONCHE DE NAVIDAD II

20 a 25 raciones

6 yemas de huevo
2½ tazas de azúcar
3½ tazas de leche evaporada sin diluir

1 taza de ron
1 cucharada de vainilla
Nuez moscada en polvo

Bata las yemas, añada el azúcar poco a poco y bata hasta que esté bien suave. Agregue la leche y cueza a fuego lento. Retire del fuego antes de que hierva. Deje enfriar y guarde en la nevera. Añada el ron y la vainilla. Sirva bien frío y espolvoree por encima con un poco de nuez moscada.

COQUITO

12 a 15 raciones

1 taza leche de coco
1½ cucharadas de azúcar
4 yemas de huevo

1 lata de leche condensada
1 taza y 2 cucharadas de ron blanco
1 cucharadita de vainilla

Bata las yemas con el azúcar y añádale la leche condensada, la leche de coco, el ron y la vainilla. Cuele y guarde en botellas en la nevera. Sírvalo bien frío.

ÍNDICE ALFABÉTICO

Q

R